中国民间金融的规范化发展

2019

高晋康　汪　蕾　主编

ZHONGGUO MINJIAN JINRONG DE
GUIFANHUA FAZHAN

法律出版社
LAW PRESS · CHINA

主办单位：西南财经大学法学院
承办单位：西南财经大学中国金融法研究中心
协办单位：成都市律协金融与保险专业委员会

参编人员：左茂凡　陈　林　陈艾玲　夏梦平

目　录

第九届中国民间金融规范化发展论坛会议综述

2019年12月1日，"第九届中国民间金融规范化发展论坛"在西南财经大学光华校区文渊园学术报告厅成功举办。本次论坛由西南财经大学法学院主办，西南财经大学中国金融法研究中心承办，成都市律协金融与保险专业委员会协办。来自中国证监会北京监管局、四川省地方金融监管局、四川省工商联维权处、四川省证券期货业协会、成都金融街企业家协会、四川省保险行业协会法律部、四川省高级人民法院、上海市高级人民法院金融审判庭、成都市中级人民法院、达州市中级人民法院、成都铁路运输中级人民法院执行局、阿坝州中级人民法院、成都市高新区人民法院、成都市青羊区人民法院、美国佩伯代因大学、武汉大学、中国政法大学、西南政法大学、西南科技大学、四川省社会科学院、中共四川省委党校、西华大学、四川师范大学、西南财经大学、四川省高级人民法院四川法官学院、中国建设银行总行资产负债管理部、北京中信创投企业管理有限公司、中国农业银行四川省分行法律事务部、民生银行成都分行法务部、成都农商行、中国人寿保险股份有限公司成都市第三支公司、四川明星电力股份有限公司、成都传媒集团法务审计部、成都高新电缆有限责任公司、北京大成律师事务所、北京金杜

(成都)律师事务所、北京金诚同达(成都)律师事务所、四川衡平律师事务所、四川路标律师事务所、四川炬衡律师事务所等实务部门和高校相关领域的专家、学者共同出席了会议。本次论坛以“金融治理现代化”为主题,深入探讨了在金融科技发展的背景下,如何跟进金融市场监管、完善地方金融监管立法、明确民间金融的法律规制等一系列问题。

四川省法学会金融法学研究会会长高晋康教授首先代表四川省法学会在论坛上致辞。高晋康首先介绍了过去八年里研讨会在各方面作出的成功探索及所取得的诸多成绩,继而介绍了本届年会的具体情况及出席的各位嘉宾,为年会的正式开始拉开了序幕。

西南财经大学副校长尹庆双为论坛开幕致欢迎辞。尹庆双指出,党的十九届四中全会审议通过了《中共中央关于坚持和完善中国特色社会主义制度、推进国家治理体系和治理能力现代化若干重大问题的决定》,该决定指出,要坚持和完善社会主义基本经济制度,推动经济高质量发展,加强资本市场基础制度建设,健全具有高度适应性、竞争力、普惠性的现代金融体系,有效防范化解金融风险。当前,金融与科技正深度融合,在大数据、云计算、人工智能、区块链等技术的驱动下,金融业正呈现前所未有的变革。尹庆双表示,此次会议是西南财经大学法学学科紧跟金融热点、推进金融治理现代化、服务地方金融法制建设、提升学科综合实力的重要举措。

四川省地方金融监管局党组书记童梦表示,当前我国经济已由高速增长阶段转向高质量发展阶段,经济增长保持韧性,总供求基本平衡,增长动力加快转换。目前,四川省正在加快构建“一干多支、五区协同”区域发展新格局,四川省的高质量发展,需要地方金融系统提供坚实的支撑与保障。西南财经大学为学者们搭建了一个新形势下我国金融法制建设及金融安全与风险防范问题的高端平台,在这里,期待各位专家学者闪烁着智慧与灵动的思想能够为我国民间金融的规范发展和地方金融监管体系建设碰撞出最耀目的火花,更期望四川省地方金融监管局与西南财大继续紧密合作,共同完成四川省地方金融监管这个大课题,为四川省以及我国经济金融的发展做出积极的贡献!

我国著名金融学家、中国金融终身成就奖获得者曾康霖首先发表演讲。曾康霖教授从四中全会入手,对于关于金融方面的建设,从三个方面进行了注解。第一,要加强资本资产的基础制度建设;第二,要健全具有高度适应性、竞争的、普惠的现代金融体系;第三,有效地防范化解社会风险。

本次论坛主要从金融消费者权益保护、地方金融监管的现状与实践、金融科技发展及其规制等几个议题展开，与会的专家、学者通过向组委会提交论文和会议发言两种方式，从各自独特的研究视角，就中国民间金融如何在大数据和金融创新的背景下在规范化中谋求发展，以及如何在发展中走向规范化展开深入交流，形成了以下认识：

一、民间金融在实践中的现状与监管

在民间金融互联网化的变迁过程中，民间金融运营主体、信任机制以及资金运作方式不断演变，以其低成本、高效率、跨区域等优势，在一定程度上弥补融资缺口，丰富了金融产品与服务，但逐利的民间金融基本运营逐渐“脱虚向实”，进入高风险领域，引致各类金融案件频繁发生。部分民间金融者披着“互联网金融”的外衣，设计骗局，损害投资者权益。

（一）《全国法院民商事审判工作会议纪要》出台之后的法律热点问题

在会上，各地法院一线审判人员提出了法院在审判民间金融案件时发现的问题，并提出了各自的见解。

上海市高级人民法院金融审判庭法官程功介绍了上海法院金融审判机制建设和队伍建设概况，并对上海金融法院的案件及其审判情况做了梳理。基本情况如下：上海法院金融案件金额持续增长，传统金融业务中产生的新类型纠纷增多，金融商事案件的涉众性日益凸显，由此带来了新的挑战：金融商事纠纷案件的涉外因素将逐步增多；金融商事案件专业性要求不断提高，与国际金融交易惯例及交易规则确认有关的案件逐步显现；涉外金融风险防范的重要性日益显现，这其中包括境外金融市场对国内金融市场的传导效应将进一步增强、外资金融机构在国内开展业务的合规性风险、金融机构跨境投融资、跨境担保等业务中存在的法律风险及金融争端解决机制选择上的潜在风险等问题。

四川省高级人民法院二级高级法官张兴全说道，《全国法院民商事审判工作会议纪要》（以下简称《九民纪要》）对法院的审判工作有很大意义，对民间借贷也具有重要的指导意义。第一是关于高利转贷的问题。高利转贷这次做了很详细的规定，从关于高利转贷的第一条规定上看，民间出借行为被认定为高转贷的概率将会大大提高。对高利贷高点问题没说具体的标准，只要把钱借出去是赚钱的，也就属于高点。第二是关于职业放贷人。最高人民法院在纪要里面专门就职业放贷做了规定,但是,要从实践之中规范。最高人民法院直接做了一个关于职业放贷的规定,但民间借贷比较活跃地方的高级人民法院或者经其授权的中级人民法院,可以根据本地区的实际情况制定具体的认定标准。浙江和江苏这两个地方就是上述情形。第三是纪要里面的第三大部分的第五十项。纪要里面明确地提到,双务合同不能以司法解释规定的24%作为利率上限的规定,实际上就让司法解释发挥了更大的作用,就是它已经超出了自身功能的范围。

阿坝州中级人民法院院长秦海说道:"这一次《全国法院民商事审判工作会议纪要》,就是《第九次全国的会议纪要》,把以往司法实践中出现的矛盾统一了起来,明确地对让与担保做了规定。要注意《担保法》及其司法解释与物权法对独立担保、控额担保有关期间制度的不同规定,根据新的规定优于旧的规定的法律适用原则,优先适用物权法的规定;从属性是担保的基本属性,要慎重认定独立担保行为的效力,将其严格限定在法律和司法解释明确规定的情形,要根据区分原则准确认定担保合同的效力;要坚持物权法定公示公信原则,区分不动产和动产担保物权,在物权变动效力规则等方面的异同,准确适用法律;要充分发挥担保对缓解融资难、融资贵问题的积极作用,不轻易否定新类型担保、非典型性担保的合同效力和担保功能,从总体上肯定了非典型担保的合同效力。这些规定可以得出一些结论,就是非典型担保、新类型担保的意定性体现得非常明显了。以后可以用物权作为担保,也可以用债权作为担保,推知以后可能有一些人格权也可能作为担保形式。以后担保形式会非常多样化,会走向越来越民间化,越来越低龄化。"

(二)民间金融审判的实践思考

随着金融行业的不断发展,金融审判案件逐渐增多,金融审判如何做到高效公正,如何厘清金融治理和司法规制的关系,引发了实务界的一些思考。

温州市人民检察院副检察长林越坚认为,《九民纪要》是非常显著的一个司法规则主义,它是近些年来的宣言,它在说明司法规制主义的问题。规制实际上所讲的现代规则概念非常广阔,它主要是指一些中心性的、命令性的、强制性的。现在的规制不仅是公共机构和官方所提供的规制,还有比如说局部的规制和平台所提供的规制、半公共机构所提供的规制,那么实际上已经泛指一切的行为控制,所以,在规制的概念下就代表着司法的一个取向的变化。规制,无论是中心化的规制还是去中心化的规制,共同的特点就是一个目的导向和社会政策方向。《九民纪要》有这些司法规制的表达,第一个表达明确讲到要处理好民商事审判与行政监管关系,这第一个其实叫做司法追随监管。第二个表达是典型的穿透司法、穿透监管,是改变司法进入模式的一个穿透范畴问题。实质上,就是法制或者民商事审判从形式主导走向实质主导。第三个表达是规制的去中心化,在实践中都能碰到。不管是民商事还是刑法问题,都在认定一些关键性的问题上使用高层级法规。

成都市中级人民法院民二庭副庭长吴爽介绍了成都地区推进金融市场改革的情况。吴爽认为,随着金融政策和金融环境的发展变化,以及基于金融审判的特殊性,越来越感受到和认识到,金融审判不光是解决纠纷,还包括一些金融规则、商品位置的确定,还有一些服务保障职能的发挥。所以,要推进金融审判的专业化、国际化和智能化的改革,要围绕以专业化为基础,国内化到国际化的视野和智能化引领,防控金融风险,优化金融的司法贡献,打造服务金融中心的金融司法平台。改革自推出以来,受到了社会各界的广泛关注和支持,成立了金融市场改革的专家咨询委员会。推进改革的时候,注重改革的协同性和统筹性,推进金融审判专业化、国际化、智能化,围绕服务保障及实体经济,强化金融风险的监测预警,强化金融风险的信息共享,强化金融风险防范组织,强化金融创新司法保护;强化金融违法犯罪的惩处,构建西部金融审判专业化,构建具有国际影响力的金融审判国际化体系,构建智慧高效的金融审判智能化体系。

成都市高新区人民法院员额法官周寓先介绍了限制高利贷的问题。周寓先认为,限制高利贷究竟是限制谁的高利贷?是限制债权人不得获得高利贷,还是要求债务人不用承担高利贷?这两者区别如下:如果限制的是债权人不得获取高利贷,那么如果一个债务人对三个债权人,一个签利息,一个签保证金,一个签服务管理费,甚至签咨询费,也许每一个都是12%,并不是高利息,但加在一起就48%了,那么这时候就会看到有明显的区别,究竟是应该限制债务人他不承担高利贷,还是限制债权人不得获取高利贷;第二个问题还会陷入一个难题,最特殊的债权人是否就不用限制高利贷?我们应当转向限制债务人不承担高利贷,但这里面必然会面临这三个问题:第一个问题就是合同相对性,因为合同都是不同的主体签的,怎么把这些合同放在一块,说要限制债务人不承担的高利贷,但基于合同相对性,这种情况下其实可以推定,所以说合同相对性可能也是个伪概念;第二个问题是平等保护,即所谓的平等保护银行,实际上一定要将银行与民间金融平等保护,如果不平等保护的话,就会产生把银行的钱拿到民间去炒,或者民间又转个头,形成这样一种互动,这样一来传导风险就会越来越大;第三个问题实际上是金融的伪创新,其实守住了债务人不承担高利贷的底线。

(三)监管实务的现状与困境

民间金融的良性发展与经济的平稳运行,离不开监管部门的宏观调控和监督手段,央地监管的关系也一直是学者们探讨的话题。

中国人民银行成都分行法律事务处处长肖安富说道,在推进违法金融广告宣传治理中有一个问题就是违法利用广告和宣传政策。把当前了解到的违法宣传广告可以分成两类:第一类是对持牌金融机构的不当宣传。它的投放形式多样,广告数量很大,并且在互联网金融监管活动中,该类违法行为不仅包含持牌的机构,还包括一些非持牌的机构。第二类是对广告的监管。对宣传行为无法鉴定,广告里面主要还有夸大收益的类型。采取行动的机构是否有资格不太清楚。解决措施从以下方面着手:解决打击标准问题、突出重点、完善政策机制、创新手段、加强宣传推介。

西南政法大学经济法学院讲师刘志伟认为,讨论地方金融监管的前提是两个文件:《国务院关于界定中央和地方金融监管职责和风险处置责任的意见》(国发〔2014〕30号)和《中共中央关于服务实体经济、防控金融风险、深化金融改革的若干意见》(中发〔2017〕23号)。刘老师在论述央地监管时认为:“地方金融监管的定位是监管而非发展、金融监管权责的划分是政策而非法定、地方金融管理体制是半垂直而非纯属地、地方金融监管模式是智能与人工融合。”

二、金融科技创新发展下的金融安全与规制问题

金融科技的迅速发展,作为新兴行业,其业务类型和盈利模式十分多样化,并呈现出高度细分且相互交叉的特点。综观金融科技的本质,金融科技业务以“脱媒”、“去中心化”和“定制化”为主要特征。在我国金融科技公司迅猛发展的基础上,总体而言,金融科技主要包括互联网和移动支付、网络信贷、智能金融理财服务以及区块链技术等四个部分。在金融科技如火如荼的发展过程中,金融安全、金融稳定、金融创新、金融监管与法律对接等问题亟待解决。

西南财经大学教授、博导、中国区块链研究中心主任、教育部新世纪优

秀人才段江发表题为“区块链定调为国家战略”的主题演讲。段主任首先说明了区块链到底是什么：人类社会发展的每次重大技术突破中，大部分都是在解决效率问题，但是，第一次开始更加有效地解决信任问题的技术突破，就是从目前的区块链开始，而且基于区块链的社会信用体系建设正在实施。以蓉青公益和区块链版权为例，段主任为我们展示了区块链在实务当中的应用，同时也指出了其存在很多法律问题：公众号抄袭、非法转载现象严重、确权困难、销售不透明、内容难以发现等，这些都需要法律进行规制和完善，保障区块链技术能够在法治护航之下有序发展。

北京中信创投企业管理有限公司总经理尹隆从老龄化背景下分析了金融创新。尹隆总经理表示：“人口老龄化是经济社会发展到一定程度产生的一个必然结果，也就是说，不发达不会有老龄化，要发达才有老龄化问题。国家对于中国的老龄化有一个高度的概括，就是三个准则：人数最多，时间最短，任务最重。”尹隆总经理在中信一直从事与养老相关的金融服务工作，他发现养老的问题，实际上就是个金融问题。“金融实际上就是一个资源的跨期分配问题，养老也是保单的问题，是一个资源的跨界分配。中国经济之所以发展得这么好，实际上是因为它有效地解决了跨区资源的跨期分配。所以，说老龄化的出路、解决，一定要有金融的市场、金融的思维和金融的手段。对于四川落实中央的政策，打造西部的金融高地，重要的是要解决老年人的实际问题。这次在四川落地的产品是亚马逊做的，有一点变形，它是利用了信托具有的无所不能的优势，但是，在国家法律上信托受益凭证的问题还没有解决，信托财产登记制度也还没有明确。实际上，中国养老这个问题，真正要解决的是要把从人对人的信任转变成人对法的信任，把一个跨期的资源分配问题真正纳入法律框架上来。”

温州市大数据局局长、原金融办主任顾威表示：“民间金融应运而生且有自己的逻辑性，而且传统的民间金融与传统的经济发展模式一向是匹配的。要解决目前的一些问题，需要探求需求侧和供给侧的趋势。”第一个趋势，从温州来看，民间金融确实一直是逐步萎缩的；第二个趋势，从全国来看，实际上很多银行都在谈资产方面的问题，但需求到底如何尚未得知；第三个趋势，从全球来看，目前，实际上低通胀是全球经济学家讨论的一个话题。这种低通胀和宽松的货币政策结合起来，实际上更多的是低增长，是资产的问题，是需求化的问题。所以，供给端、需求端，实际上都有一些问题。信息技术可以做到的是：第一，以大数据为代表的信息技术，可以帮助在供给侧发现好的资产;第二,在需求侧,可以帮助把资产变得更好。对待创新还是应该给予更多的包容,更多的支持,用市场化法治化的手段来推动治理的现代化。

北京大成律师事务所高级合伙人陈胜律师结合上海自贸区最新的金融创新及发展趋势,思考了自贸区的发展及未来。陈胜律师认为,上海自贸区临港新片区迎来新政策,随着的就是新办法迎来新突破。接着陈胜律师阐述了新办法对金融建设的影响。陈胜律师认为,目前的办法集中于扩大和推动金融业对外开放,致力于发展跨境金融业务,支持跨境金融服务、跨境发债、跨境投资并购和跨境资金集中运营等方面,作为发展金融业务的有力后盾,临港新片区实施资金便利收付的跨境金融管理制度,简化优质企业跨境人民币业务办理流程,力求为企业提供便捷的人民币业务办理服务,争取实现投资自由、贸易自由、资金自由、运输自由和人员从业自由的良好局面。

中国政法大学教授刘振宇认为,以前说科技部对金融方向不支持,当时一直觉得银行太有钱了,不需要科技部的支持,但现在看来可能发生了变化。因为从2018年6月开始,成立了一个单独的方向——市场与金融安全方向。这个方向下一共规划了16亿元,其中与金融密切相关的,包括非法集资的线索发现、金融互联网方面风险安全监测、市场与金融安全的监测与智能决策、跨境资本监测、跨境资本动态监测、信用信息融合风险监控,还有保险欺诈。跟市场相关的还有好多,一共是16个方向。规划当中的重点,第一个要求,最大的方向就是做数据融合。第二个要求,数据不仅给人看,要能够机器可读,机器可执行,机器可对接。现在四中全会开过之后,国家特别强调治理能力现代化,从大的趋势看,产生的相关结果很快就会被推广开来。对于人工智能、大数据,从国家到地方,监管和技术相融合的趋势,只会越来越明显,越来越深入。

西南财经大学金融学院博导张晓玫教授介绍了金融科技和金融安全的关系。张晓玫教授说道,金融科技是用大数据、云计算、人工智能、物联网、区块链等互联网来解决金融产品的风险和成本问题,来让金融机构降本增效,所以说,实际上金融科技跟科技型完全不同。其实不管是区块链、人工智能、互联网在金融科技领域里面都是一个正向的,但是,金融科技从睁开眼睛那天起,这个词就不是"高大上",就是为了让中小企业融资难问题能得到缓解,能够实现普惠金融。中国联通、中国移动、中国电信有更廉价的融资方式,叫直接融资、股票市场,这就是金融科技的终极使命。供应链金融会是金融科技最好的一个实践场景,接下来就有很多的风险隐患。大数据的隐患、数据泄露问题是最大的问题,区块链同样具有两面性。张晓玫教授继续说道:"在省金融局和高院长的带领下,目前已经布局成功了一个金融生态系统,如何解决资金需求端的供应问题,将是未来的发展方向。"

三、银行证券市场发展中的问题及对策

中国建设银行总行资产负债管理部副总经理刘津峰作了"银行业高质量发展之路:规范化、规模化、法治化"的主题发言。刘津峰副总经理表示:"《银行家》杂志对全球一千家银行进行了排名,前 10 名有 4 家是中国的银行,包括工行、建行、农行和中行。在前 50 名当中,中国银行有 12 家,占 20%。20 年前,即 1999 年那个时候,中国银行业现状,用一句话来概括——几大国有银行在技术上已经破产。"刘津峰副总经理在资产负债管理部工作,所以,他对整个资本状况和不良贷款的情况非常了解。"不良贷款已经超过了资本,所以说,在技术上破产也不是言过其实。那么经过 20 年的发展,现在做了金融治理现代化。现代化就是规范化、集约化、法治化。中国现代金融的风险,可能还是在银行里,因为证券公司、保险公司、信托公司都比较规范,没有什么大的问题,而银行的风险主要体现在一些地方性的金融银行,如农信社、城商行等。化解风险最主要的是要走规范化、集中化、法治化发展之路。"

四川蜀达律师事务所合伙人蒋红对我国外汇保证金市场进行了梳理,并且做了一个实证研究,结合国外的监管[英国 FC 是监管最严,美国 NFA,澳大利亚 ASIC +(AFSL)+(AFSL)],提出了我国在完善外汇保证金市场方面的一些建议:"外汇保证金并非赌博,是一个正常的金融产品,在发达国家都是正规交易的,只是对于零售客户而言,风险较高,都是有监管要求的,以防平台商非法操作。国内只是需要一些时间发展,在大部分投资者都了解风险的情况下,市场自然会放开。"

成都农商行合规部总监肖山以"不良资产回表处置"为切入点谈到以下几点:"一是探讨背景——资管业务发展与风险共存。资管业务规模是一把'双刃剑',促进了国民经济和金融市场的发展,但也导致金融生态系统潜在风险的累积;二是表外不良资产回表原因:从负债端来说,资金来源特别是同业资金可能会存在断崖式下跌的风险,影响资管业务的资金来源,为了防止没有足够资金续接存量资产的情况,资产端必须用自营资金接回表内;三

是就表外不良资产回表存在的问题和困难提出了建议:加强商业银行不良资产回表的积极性,建议监管机构在资管新规落地后,积极与商业银行沟通,完善过渡期前后配套的制度,出台更多个性化的配套安排,加强表外不良资产清收。”

江苏省国际信托有限责任公司成都业务部总经理刘敏,通过自身在实务中的经验,期待债券市场能够实现创新。刘敏表示:“信托前要干制造业,其实信托除了干通道业务,还要管财务管理业务。监管对我们的定位就是受人之托,代客理财。现在信托传统的非标的‘三驾马车’,一个是政府平台,一个是房地产,一个是通道。ABN 这个名字其实就是把 ABS 放到交易商协会搞了一个标准化的产品,底层都是评级较高的,包括供热、供水等有 3A 评级的这种融资人发的具有底层资产现金流的。虽然目前 ABN 这款产品是很好,但还没有做好定期的风控技术和指引,产品设计比较粗放,现金流如何归集等等,都需要日后积极改进。”

四、金融消费者权益保护及救济途径

目前我国金融消费者的数量日渐增多,由于金融行业对消费者的要求较高,但实际上消费者的信息不对称使其面临着更多的风险,因此,如何保护金融消费者的权益也是实务界和法学界需要思考的议题。

民生银行成都分行法务部总经理王锐以论文的形式现场向与会人员展示了消费者隐私权保护的相关问题。王锐认为:“当前互联网金融消费者隐私保护存在监管不到位和内部管理虚化的问题。”文章主要从金融活动中个人隐私权的特性出发,围绕金融消费者个人隐私权的界定、金融消费者个人隐私权保护现状、现阶段国内金融消费者个人隐私权保护存在的问题、国外金融消费者隐私权保护制度机制比较研究、相关建议和改进措施等几大内容开展研究和讨论,旨在将金融活动中的个人隐私权从传统隐私权中进行提炼和区分,力图从其权利边界的角度,厘清金融活动中个人隐私权的权利主体、客体和内容等,进而探寻出金融行业发展和金融消费者隐私权保护二者之间的相互平衡。王锐总结道:“金融隐私权作为传统隐私权在金融领域的延伸,是金融消费者非常重要的一项权利,对其权利的准确界定才能更有效地保护消费者的权利。在信息技术和互联网高速发展的今天,对金融消费者的保护需与时俱进,应明确侵犯金融消费者隐私权的民事责任,统一制定金融消费者保护法律,建立防范金融隐私泄露预案和救济制度,借鉴发达国家消费者保护的先进经验，完善我国金融消费者保护制度机制构建，进一步提升我国金融消费者权益保护水平。”

美国佩伯代因大学法学院施特劳斯学院的黄琴从美国的纠纷解决机制现状出发，提出了对金融消费者可以采取多元化的救济机制，以保障自己的权益。在美国，多用替代性纠纷解决机制，可分为调解、仲裁、谈判和其他方式解决争议，在美国现在非常火的是调解方式，当然仲裁是它的传统优势。法院外的调解有其很大的优势，大概分为两类：一类是行政化的调解组织，另一类是高度市场化的调解组织，而且后者应用范围更广，因此在美国，实际上真正的金融纠纷案件，最后走到法院的是极其少数的。接着，黄琴介绍道：“美国的调解员大部分都是退休的律师和法官，这样高度专业化的调解机制，能够高效快速专业地解决纠纷。该机制在美国之所以发展得如此完善，得益于它的多元文化土壤和意识形态基础，但是我国依旧可以进行借鉴，为我国的金融消费者提供多元化的纠纷解决机制。”

五、学术界对于民间金融及其发展的看法

西南财经大学法学院副教授廖振中对支付令的相关问题进行了分析。廖振中副教授认为：2016 年最高人民法院《关于进一步推进案件繁简分流优化司法资源配置的若干意见》和最高人民法院《关于人民法院进一步深化多元化纠纷解决机制改革的意见》对此进行了规定。但是，目前存在四大制度障碍：当事人异议与虚假案件、《民事诉讼法》第 214 条第 2 款规定支付令生效的条件是“支付令能够送达债务人、支付令管辖的不确定性、督促程序中保全制度缺失”。对此，廖振中副教授建议：“选取适当领域试点，逐步放开支付令司法适用；以大型信用良好的金融机构作为突破口，‘点对点’推行支付令的司法适用；以点带面，推行支付令司法适用的金融行业标准；强化支付令司法适用中的异议审查机制；构建支付令诉前送达地址确认机制；探索电子支付令技术，实现人工智能化；向最高人民法院和人大法工委提供修法依据（担保和异议）。”

武汉大学副教授李安安对公司债券违约的司法救济体系进行了思考。李安安副教授认为：“债券违约的集中爆发、目前的处置机制、司法对公司债券违约的‘疏离化’都是值得关注的现象。”由此，引入司法介入公司债券违约的正当性，比如民商法原理的基础性支撑，“能动司法”理念的兴起打破了传统意义上司法“不告不理”的被动性，以及法院在公共政策制定和执行中

的特殊角色为司法介入公司债券违约提供了现实依据等。因此,公司债券违约司法救济的体系建构要做到:观念更新,转变“主动收缩”为“积极介入”;基础性制度不足,包括了契合债券本质的信息披露法律制度、归位尽责的债券信用评级增级制度、便捷高效的债券登记托管结算制度、合理多元的债券市场风险分担机制、灵敏精准的债券风险监测预警机制、及时透明的债券风险化解处置制度;操作性规则的程序建构,包括明确诉讼主体资格以及债券持有人、债券持有人会议、受托管理人在诉讼中的关系,关于公司债券违约的诉讼方式、诉讼担保、债券欺诈发行引发的违约之诉、损失的认定以及因果关系的抗辩、增信机构与发行人之间的责任分配等。

西南财经大学法学院博士生李秀沛主要从刑法角度看如何维护金融消费者的权益,探讨了非法吸收公众存款罪的刑法适用与控制的问题。李秀沛认为,这个问题由来已久,之所以又被提上议程,是因为几年前发生的于欢杀人案,大家讨论比较激烈的是正当防卫问题,其实背后还有一个原因,就是非法吸收公众存款罪——于欢的父母吸收公众存款引发的一个命案。非法吸收公众存款犯罪案件数量不断增加并在近几年高位运行,主要原因在于法律上没有用途控制、入罪门槛多年未变。在司法实践中,对于非法吸收公众存款罪的立案标准,在100万元以下只占15%。由此引发了对非法吸收公众存款进行进一步限缩适用的讨论。在大众创业、万众创新、支持民企发展的背景下,非法吸收公众存款罪的适用有控制的必要。对此,目前学术界主要分为两大部分进行入罪的限制,第一部分是资金用途分类控制,对吸资用于实业生产经营者(尤其是民营企业)适度限制入刑;第二部分主要是从非法吸收公众存款的入罪门槛进行进一步限制,提高本罪的入罪门槛。

西南财经大学硕士研究生杨博宇指出:经济与金融共生共荣,金融与复利相关甚密。复利在我国广泛实践,依照裁判叙事,司法程序对复利的认识存在诸多矛盾,业已形成复利难题。法律推理是司法程序中复利难题的理论土壤。目前司法存在裁判冲突,理论适用存在可能性,因此,审视之下得出疑问,开放性结构的衍生理论在冲突案例中的适用失效,是因为衍生理论自身的误区——如逻辑推理错误、不周全思维,抑或是对原初理论的部分误读,还是原初理论诞生之初就已经将此“恶果”埋下。在某些规则存在之处,人类的行为依然是无限选择,进而此情景下开放性结构局面无法避免。或许正是由于利息约定的开放性结构之情景过于宽广,英国、德国、奥地利等国家采用民法上的显失公平、乘人之危以事后判断进行利息管制,复利被纳入其中。需要指出的是,即使开放性结构诠释某些复利案例时具有适用之弱,但建构层面上的某些罅隙并不足以否定它,司法程序中复利难题的背后不仅限于数学公式,更有坚实的法理学基础。在新技术和新思潮对人类族群文化再塑造背景下,事物的界定越发艰难,言语、规则和法律的开放性结构的永恒图景可能越发扩大。

实务与理念:聚焦当前民间借贷纠纷审理

王 锐*

内容提要 借贷法律规制古已有之,在改革开放转型时期普遍存在金融抑制的背景下,民间借贷迅速发展,相应民间借贷纠纷也大量涌现,近几年已经上升为民事审判第一大案由案件。虽然近年来最高人民法院关于民间借贷纠纷审理的司法规范性文件呈现加速颁发态势,但信息社会赋予民间借贷案件以新的特点,需要司法实践予以因应。把握当代民间借贷纠纷的特点,梳理民间金融市场的新形势、新特征,人民法院需要着重把握民间借贷纠纷审理中借贷合同的效力认定问题、民间借贷司法解释的当前适用范围问题、利率规制问题、与当事人诉讼能力与举证责任问题等,推动民间借贷纠纷审理实现程序正义与实体正义。

关键词 民间借贷 合同效力 利率规制 信息化

一、引言

借贷法律规制古已有之,《周礼》记载"听称责,以傅别"。[1] 此后随着民间借贷在封建王朝时代的不断发展,放贷主体日益多元,从地主、贵族、商贾发展至拥有独立

* 法学博士,国家法官学院教授。

〔1〕 参见《周礼·天官·小宰》。

产业的寺庙等,职业出借人逐渐出现;[1]借贷形式也渐次从无担保借贷发展出以典当形式出现的抵押借贷、互助合作的合会借贷等。总体而言,历代借贷法律规制的主要内容既包括利率规制,如汉代对非法放贷者予以惩处,[2]唐、宋、元、明、清等主要朝代基本上都有"息不过本"的规定;[3]又包括契约的履行方式、质物交付与处理、保人代偿等。[4]

改革开放之后,在转型时期存在金融抑制、亟需社会资本补充正规金融不足的背景下,民间借贷迅速发展,对支持我国经济、尤其是民营经济的迅速发展发挥了不可磨灭的积极作用;与此同时,也导致民间借贷纠纷的大量出现,甚至民间金融风险的阶段性、区域性积累与爆发。[5] 近年来,我国民间借贷纠纷数量不断增长,已经上升为位居民事审判第一大案由的案件类型,2017 年全国法院民间借贷合同纠纷一审结案 2,014,254 件,二审结案 128,998 件;2018 年全国法院民间借贷合同纠纷一审结案 2,179,284 件,二审结案 135,108 件。为有效应对,最高人民法院频发司法解释与规范性司法文件:1991 年颁行《关于人民法院审理借贷案件的若干意见》(以下简称《若干意见》),[6]2011 年颁行《关于依法妥善审理民间借贷纠纷案件促进经济发展维护社会稳定的通知》,[7]2015 年颁行《最高人民法院关于审理民间借贷案件适用法律若干问题的规定》(以下简称《民间借贷司法解释》),2018 年颁行《关于依法妥善审理民间借贷案件的通知》,[8]司法规范性文件颁发呈现加速态势。信息社会相伴而来的科技进步、出借人组织化、中介兴起、借贷标的大额化、借贷目的趋向生产而非生活需要等,赋予民间借贷案件以新的特点,对此,司法实践必须与时俱进地予以回应。由此,本文旨在对当代民间借贷纠纷的特点与民间金融市场的新形势、新特征进行梳理的基础

[1] 如汉代的"子钱家"。

[2] 如旁光侯刘殷、陵乡侯刘诉分别因为"取息过律"和"贷谷息过律"而被免去爵位。参见《汉书》《王子侯表》(卷一五,上、下)。

[3] 参见王林清、于蒙:《管控到疏导:我国民间借贷利率规制的路径选择与司法应对》,载《法律适用》2012 年第 5 期,第 60 ~ 66 页。

[4] 参见霍存福:《论中国古代契约与国家法的关系——以唐代法律与借贷契约的关系为中心》,载《当代法学》2005 年第 1 期,第 44 ~ 56 页。

[5] 如 2011 年温州民间金融资金链断裂,2012 年山西神木、内蒙古鄂尔多斯等地民间金融资金链断裂,2015 年起互联网金融风险爆发等。

[6] 法[民]〔1991〕21 号,后被《民间借贷司法解释》所取代。

[7] 法〔2011〕336 号,现行有效。

[8] 法〔2018〕215 号。

上,结合颁行的《全国法院民商事审判工作会议纪要》(法〔2019〕254号)(以下简称《九民纪要》),深入分析民间借贷案件审理中的要点与难点问题,以期为统一审判理念、规范信贷市场秩序提供思考与建议。

二、当前民间借贷案件基本特点及原因分析

当前我国经济整体进入"新常态"。新常态下实体经济不得不面临产业转型升级与新旧动能转换、利润空间挤压与落后产能淘汰的压力;与此同时,金融供给侧结构性改革下的金融行业同时面临信贷规模调整与金融市场化改革的压力;导致信贷供给结构发生变化,本来就处于信贷需求"歧视链"末端的中小企业尤其承受了巨大压力。据全国工商联调查,90%的小企业和95%的微小企业,没有与正规金融机构发生任何借贷关系,其融资多依靠民间借贷市场。〔1〕民间借贷虽然能在一定程度上缓解中小企业等借款人的"融资难"问题,但近年来受宏观经济影响,债务违约风险扩散,加之民间借贷行业大量存在投机性放贷、中介机构违规操作、地下运行监管缺失等因素,民间金融风险存在放大与爆发趋势,人民法院首当其冲,直面风险的承接与化解,民间借贷纠纷案件大量涌入法院。

(一)涉及法律问题繁多,案件呈现复杂化特征

近年来的民间借贷案件呈现出复杂化特征。首先,出借人身份更为多元,除自然人外,还可能以小贷公司、担保公司、保险公司、财务公司、投资管理公司等身份出现;其次,所主张的债权,既可能直接发生于借贷双方之间,也可能借由中介实现,还可能因债权人代为偿付贷款本息后追偿而产生;再次,融资担保类型不断创新,除涉及应收款账、股权、土地、建筑物、房屋、水电、公路收费权、采矿权等法律明确规定的担保客体外,汽车合格证、银行理财产品、银行账户、商铺租赁权、出租车经营权、寿险保单、排污权、用水权等等也都涵盖其中,而各种担保标的的抵押、质押办理登记方式各有差异,合同约定与实施登记的不规范易出现风险与纠纷;最后,融资担保方式已不限于法律明确规定的抵押、质押、留置、保证等方式,让与担保、回购担保等方式不断涌现,导致合同效力、物权效力认定难,增加案件审理难度。

---

〔1〕 转引自张西流:《民间借贷激增,立法应提速》,载《人民法院报》2019年7月16日,第2版。

(二)民间借贷隐蔽化现象凸显,案件定性不易

民间借贷属借款合同的一种,本以厘清债权债务关系及权利义务为要。但近年来,出借资金关系与婚姻家庭纠纷、房地产纠纷、担保纠纷、合伙纠纷等其他类型案件相互交织的情形不断增多,导致案件不易定性。例如,合同法与公司法的交织。资金提供方与接受方之间签订公司入股文书而非债权债务合同,约定当利息无法及时兑现时,双方当事人可以以公司经营亏损、不予分红为由否定认股合同,而主张按照民间借贷关系进行处理。再如,合同法与婚姻家庭法的交织。我国婚姻法允许夫妻间采用共同财产或分别财产制,由此借贷法律关系的后果能否及于配偶对方存在或然性,这一问题又随着社会经济飞速发展导致的借贷数额巨大、日常家事代理权的具体范围难以认定等因素而被放大,尤其是夫妻离婚案件中将借贷关系引入财产分配争议的现象,曾引发广泛社会讨论,[1]凸显合同法与婚姻法交织而引发的伦理争议。

(三)当事人滥用程序性权利,虚假诉讼现象增多

在民间借贷纠纷案件中,虚假诉讼高发,包括债权人虚增债务、债务人恶意逃债和借贷双方虚假诉讼。一方面,当事人滥用程序性权利,恶意拖延诉讼的现象增多,如有的借款人、担保人恶意制造下落不明假象,躲避司法送达;有的借款人在借款合同明确约定管辖法院的情况下,仍以明显不合理的理由提起管辖权异议并上诉;有的当事人恶意提起司法鉴定,但拒交鉴定费、拒绝参与鉴定;有的当事人恶意提起上诉,并通过申请缓交、免交上诉费拖延诉讼进程;等等。另一方面,虚假诉讼案件较多。民间借贷纠纷本来就是虚假诉讼多发的领域,加之某些法院过于强调调解率,过于轻率地认定双方当事人共同伪造的或者不予质证的虚假证据,也在一定程度上给当事人虚假诉讼提供便利。对此,《民间借贷司法解释》第 19 条、《民事诉讼法》第 112 条、第 68 号指导性案例以及《刑法》第 307 条均可为规制虚假诉讼提供依据。

---

〔1〕 如最高人民法院《关于适用〈中华人民共和国婚姻法〉若干问题的解释(二)》第 24 条就曾引发广泛争议,最后推动了最高人民法院通过对第 24 条的补充规定,平衡出借人与配偶另一方的权利与义务。

(四)民间借贷信息化与规模化特征显现,引发规制难题

近年来,随着互联网技术的高速发展以及大数据、云计算和移动互联技术的应用,P2P网络借贷、众筹融资、互联网支付以及"余额宝"类货币基金等互联网金融业态相继产生,在迅速增长的同时也引发诸多风险。P2P网络借贷平台资质良莠不齐,借贷业务运行过程不规范,信息披露不到位,出借主体不明确,风险控制能力较弱,加剧了投资人的投资风险。有的P2P网络借贷平台采用资金池模式,使借款人与投资人的部分资金在平台账户中沉淀,部分P2P网贷平台采用债权金额拆分转让方法向投资人销售债权凭证,涉嫌非法集资犯罪。个别P2P网贷平台采用"庞氏骗局"模式,挪用投资人的资金,携款跑路,侵害投资人的权益。民间借贷发展中的信息化、规模化特征,引发法律适用与规制难题。

三、当前案件审理中的重点难点问题

(一)民间借贷合同效力审查问题

合同效力是人民法院审理合同纠纷时需面对的第一个问题,也是人民法院应主动依职权审查的重要问题。尽管2015年《民间借贷司法解释》第14条规定了五大类无效事由,[1]但近年来关于效力问题的新争议不断,主要聚焦于出借人非法放贷、突破金融监管限制、乃至长期营利性放贷的行为等。

1. 非法放贷行为的效力

实践中,担保公司、投资公司、典当行、合会等对外发放贷款的效力问题,存在较大争议。一种观点认为,前述机构没有获得发放贷款业务的经营资格,其对外发放贷款违反法律、行政法规禁止经营的规定,合同应认定无效。[2] 另一种观点则认为,前述机构不属于金融机构,法律、行政法规并未

[1] 《民间借贷司法解释》第14条规定,具有下列情形之一,人民法院应当认定民间借贷合同无效:(1)套取金融机构信贷资金又高利转贷给借款人,且借款人事先知道或者应当知道的;(2)以向其他企业借贷或者向本单位职工集资取得的资金又转贷给借款人牟利,且借款人事先知道或者应当知道的;(3)出借人事先知道或者应当知道借款人借款用于违法犯罪活动仍然提供借款的;(4)违背社会公序良俗的;(5)其他违反法律、行政法规效力性强制性规定的。

[2] (2016)苏01民终8991号判决书。

明确禁止其对外发放贷款，“法无禁止即可为”。[1] 后一种观点一度十分盛行，但国务院1998年颁布的《非法金融机构和非法金融业务活动取缔办法》（以下简称《两非办法》）第4条规定，非法发放贷款属于非法金融业务活动；第5条第1款规定，未经中国人民银行批准，任何单位和个人不得擅自设立金融机构或者擅自从事金融业务活动。2018年5月，央行、公安部、银保监会、市场监管总局联合发布《关于规范民间借贷行为 维护经济金融秩序有关事项的通知》，再度重申了信贷规则，要求未经有权机关依法批准，任何单位和个人不得设立从事或者主要从事发放贷款业务的机构或以发放贷款为日常业务活动。此外，亦有部分针对专业机构的立法设定了禁止性规定，如国务院《融资性担保公司管理暂行办法》第21条规定，融资性担保公司不得从事发放贷款活动。由此可见，我国现行法禁止无法定授权者从事贷款业务的行为。信贷不仅是银行业的核心业务，也对市场资金供给产生实际影响，商业银行等亦肩负着通过信贷政策落实保证中央银行货币政策顺利实施的功能，由此各国事实上都对银行类金融机构的准入实施比较严格的监管。当前，解除金融抑制无疑是经济社会发展的大势所趋，但在立法未作突破的背景下，人民法院不能越俎代庖，为维护金融体系安全与稳定计，应在裁判中坚持非法放贷无效原则。

2. 突破金融监管限制的行为效力

经营性借贷的主体除因不具信贷资质，导致其行为无效外，还存在另外一种情况，即具备信贷资质者超越金融监管框架，突破金融监管限制，如经营范围限制、经营地域限制、经营额度限制等，其行为效力也应受严格审查。司法实践中，旨在服务“三农”的农村资金互助社反而成为农村资金的“抽水机”，投向异化，甚至流向融资性担保公司；小贷公司超越经营地域限制，以法定代表人或员工名义出借资金，或向借名用款人出借资金，规避金融监管；小贷公司大额贷款、超额度贷款，超越经营额度限制等。尽管越权无效是合同法的古老原则，但现代法律发展以尊重当事人意思自治，尽力维持交易稳定为目的，不再坚持绝对的无效原则。不过针对此类屡屡突破金融监管限制的借贷行为，人民法院仍有必要结合个案案情谨慎判定。《九民纪要》在重申合同效力认定中需要区分“效力性强制性规定”与“管理型强制性规定”的基础上，以类型化的方式推进了对两种强制性规定的区分认知，如

[1] 参见（2016）湘0382民275号判决书。

"涉及金融安全、市场秩序、国家宏观政策等公序良俗的……"构成"效力性强制性规定",对其违反可以引发合同无效之后果,这就为司法实践否定突破金融监管、危及金融市场秩序的行为效力的裁判提供了理念支撑。此外,由于监管政策与规则多出现在部门规章或低位阶文件之中,且部分规章或文件题目中包含"管理办法"等表述,在此前实践中曾被部分法院认定为系"管理性强制性规定",不影响合同效力。《九民纪要》对此予以特别强调,首先,"这种望文生义的认定方法,应予纠正";其次,若规章的内容涉及金融安全、市场秩序、国家宏观政策等公序良俗的,虽系违反规章也应否定行为效力,同时要求审理法官在认定规章是否涉及公序良俗时,要在考察规范对象基础上,兼顾监管强度、交易安全保护以及社会影响等方面进行慎重考量,并在裁判文书中进行充分说理。

3. 职业放贷人出借行为效力

当前,民间借贷存在职业化与中介化趋势。放贷主体扩大化,不囿于传统的熟人朋友,而是扩及陌生人、社会公众,甚至形成地籍帮派,专业从事小额甚至高利放贷。放贷行为呈专业化,借款合同的权利义务、违约责任、担保条款、款项交付方式均以格式条款事先单方面设计。通常伴随有高利牟利等不法现象,实践中"当头抽利""隐形高利""利息转付他人""空白债权人"等现象屡见不鲜。除传统的借贷主体外,信托公司、咨询公司、融资担保公司等机构介入民间借贷,形成"影子银行"系统。司法实践中,一方面,需要警惕专门从事放贷的"职业放贷人"和民间"食利"阶层的出现,规制其滥用市场地位、非法谋取高利的现象;另一方面,还需要警惕当前民间借贷案件中借款人动辄以对方系职业放贷人进行抗辩,逃避正常债务,剥夺出借人正当权益的行为。

(二)对《民间借贷司法解释》适用范围的重新考察

《民间借贷司法解释》第 1 条规定:"本规定所称的民间借贷,是指自然人、法人、其他组织之间及其相互之间进行资金融通的行为。经金融监管部门批准设立的从事贷款业务的金融机构及其分支机构,因发放贷款等相关金融业务引发的纠纷,不适用本规定。"该条第 2 款将经金融监管部门批准设立的金融机构(包括银行业金融机构和非银行业金融机构等)排除在民间借贷的主体范围之外,明确这些金融机构及其分支机构因发放贷款等相关金融业务引发的纠纷,适用其专门的法律、行政法规,不适用该司法解释。[1] 不过这一规定对于金融自由化泛滥时代不由金融监管机关发放牌照、却从事资金融通业务的机构,如由地方政府批准设立的小额贷款公司、由商务部批准设立的商业保理公司等是否适用,存在争议。

《民间借贷司法解释》颁行之初,曾有观点认为,《民间借贷司法解释》的调整范围较之最高人民法院1991年《若干意见》有所扩大,其所规范的非金融机构法人既包括依法设立登记的企事业法人,也包括一些经政府金融主管部门批准设立的小额贷款公司、担保公司、融资租赁公司等。[2] 然而,依照功能监管(functional regulation)理论,应对发挥同一金融功能的不同金融机构所开展的类似业务与金融活动进行大体相同的监管,以防范监管套利,提高市场效率,促进公平竞争等目标。[3] 功能监管是与机构监管相对的监管理念,主张应以“行为之实”而非“机构之名”确定监管政策与适用法律,据此不能因小贷公司、担保公司、融资租赁公司等名义与监管机关不同于商业银行,就忽略其与商业银行同样从事经营性借贷的事实,更不能因此适用不同的法律规制。由此功能监管理论事实上削弱了将《民间借贷司法解释》适用范围做广义解释的逻辑基础。“凡金融皆需监管”是过去数年金融自由化徒留一地鸡毛后的深刻教训,未经有权机关依法批准,从事或主要从事发放贷款业务的机构,并不应因其名义而规避《银行业监督管理法》第19条[4]的适用。

除金融机构外,企业间借贷行为是否属民间借贷的适用范围也存在争议。按照《若干意见》的规定,民间借贷的一方必须是公民(自然人),而《民间借贷司法解释》规定的主体则突破了这一限制,非金融机构法人及其分支机构之间、其他组织之间及相互之间发生的资金融通行为都纳入了民间借贷行为的范围之内。应该说,企业之间借贷的性质比较特殊,企业自有其主业,作为出借人企业一般并非专门从事信贷业务,而只是因与借款企业存在

---

〔1〕 参见杜万华主编、最高人民法院民事审判第一庭编:《民事审判指导与参考》(总第63辑),人民法院出版社2016年版,第24页。

〔2〕 杜万华主编、最高人民法院民事审判第一庭编著:《最高人民法院民间借贷司法解释理解与适用》,人民法院出版社2015年版,第48页。

〔3〕 Robert C. Merton, A Functional Perspective of Financial Intermediation, 24 Financial Management 23, 1995.

〔4〕 第19条规定:“未经国务院银行业监督管理机构批准,任何单位或者个人不得设立银行业金融机构或者从事银行业金融机构的业务活动。”

业务往来或者关联关系,进而发生借贷,严格说这种借贷行为已超越了狭义的民事性民间借贷的范畴。但从另一角度观察,企业间借贷与金融借贷又有不同,若其发生资金往来主要为关联企业或客户,亦可构成其供应链维持的经营模式,不可过苛评价。参考国外实践,美国纽约州《放债人法》为个人和企业偶尔的借贷行为设置例外,不需申领放债人牌照。在我国立法缺位的情况下司法可审慎把握,对于偶尔为之的企业间借贷,或具有上下游供应商关系或母子公司关系且因生产需要发生的借贷,可视同民间借贷处理;同时对部分企业追求资金空转受益的现象保持警惕,对于以营利为目的的、针对不特定对象的经常性借贷行为应审慎把握,将其视同职业放贷人处理。此外,企业出借行为中还需关注高利转贷行为的否定评价,依照《九民纪要》规定,对于套取金融机构信贷资金又转贷给借款人牟利的,除继续适用《民间借贷司法解释》第14条否定效力外,还需从宽认定作为判断高利转贷重要标准的"牟利"及借款人知情标准。

自然人之间的借贷行为所引发争议是传统民间借贷案件的主体组成部分,但其中经常向社会不特定对象出借款项、收取高额利息的,应认定为职业出借人,对其评价应当依据《银行业监督管理法》第19条及《合同法》第52条第5项进行。区分"职业放贷人"与民间借贷出借人的合理性在于,民间金融固然对于正规金融市场具有积极的补充作用,但一旦其规模与复杂性达到需要干预的程度,即民间金融已经发展成为正规金融的替代者而非补充者,则应当将其转化成正规金融加以规制,[1]从而使监管安排与风险程度相匹配。如果说个体之间偶尔的借贷行为可以通过民商法保障交易安全、消除交易风险的话,因集体性交易行为而诱发的系统风险,需要金融法加以特别监管与规制。不过关于职业出借人的认定标准,由于我国区域经济发展差异较大,不宜"一刀切",可以考虑由各省或有条件的市法院统一认定标准。

(三)利率规制问题

当前,借贷利率过高导致的融资成本脱离实体经济承受能力问题凸显。一方面小额贷款、典当、互联网金融等新兴金融业态借贷利率偏高,如典当

---

[1] Schwarcz, S., Systematic Risk, Duke Law School Legal Studies Research Paper Series, Research Paper No. 163, 2008.

行除收取典当利率外,还收取高比例综合费用;又如网络借贷,网络借贷除支付高额利息外,平台还以充值费、提现费、信贷审核费、借款管理费等各种名义收取高额中介费。另一方面民间融资通过"砍头利""利滚利"各种方式变相加重融资成本等,亟需规制。

1. 法定利率区间的界定

2015 年颁行的《民间借贷司法解释》在 1991 年《若干意见》的基础上,吸收其合理性,将原本用于确定民间借贷利率水平的"最高不得超过银行同类贷款利率的 4 倍(包含利率本数)"替换为"两线三区"[1]的法定利率区间表达。其中设置 36% 作为利率上限的原因在于"设定一个较高的利率上限作为过渡,以后逐步取消,最终交由市场决定;而这个利率上限与市场利率之间应留有借贷双方谈判的空间"。[2] 不过在实践中,由于借贷双方地位与能力并不平等,利率上限对于市场利率的引力大增,在一定程度上民间借贷存在"隐性高息"现象,如在缺乏干预的情况下,放贷方可以通过各种费用的收取或利息的预先扣除等在借款之时就做实 36% 的年利收入,而无需承担嗣后返还的义务,使真实的市场利率往往更接近于利率上限而非司法解释起草者认为较为公允的 24%。在当前供给侧改革,实体经济回报率偏低远远不能覆盖利息成本的背景下,这种高额利率的存在无疑是对实体经济的"涸泽而渔"。人民法院在审判中应结合个案做相应的平衡,如对各类费用是否应包含在利息计算内进行实事求是的考察,适度降低借款人的实际利率支出。

2. 居间费、服务费等应否纳入法定利率调整范围

如对于助贷机构、网络借贷信息中介及第三人等收取的居间费、服务费等,应否纳入法定利率调整范围,实践中审理思路各异。一种观点认为,出借人、网络借贷信息中介及第三人等向借款人主张的利息、违约金、居间费及其他费用等总计超过《民间借贷司法解释》利率保护规定的,不予支持;[3] 另一种观点则认为,网络借贷信息中介机构向借款人收取的居间费用不属于借款利息,不应当纳入利息调整范围。当前为降低借款人利息负担,采用

[1] 即以年利率 24% 与 36% 作为"两线",分割出 0~24%、24%~36%、36% 三个司法秉持不同态度的利率区间。

[2] 参见霍存福:《论中国古代契约与国家法的关系——以唐代法律与借贷契约的关系为中心》,载《当代法学》2005 年第 1 期,第 44~56 页。

[3] (2017)苏 0213 民初 2276 号判决书。

第一种观点的判决更为多见,最高人民法院《关于进一步加强金融审判工作的若干意见》(法发〔2017〕22 号)第 2 条规定:“准确界定网络借贷信息中介机构与网络借贷合同当事人之间的居间合同关系。网络借贷信息中介机构与出借人以居间费用形式规避民间借贷利率司法保护上限规定的,应当认定无效。”互联网金融风险专项整治工作领导小组办公室(人民银行金融市场司)、P2P 网贷风险专项整治工作领导小组办公室(银监会普惠金融部)下发的《关于规范整顿“现金贷”业务的通知》(整治办函〔2017〕141 号)第 1 条第 2 款也规定,各类机构以利率和各种费用形式对借款人收取的综合资金成本应符合最高人民法院关于民间借贷利率的规定。《九民纪要》虽为对民间借贷利率进行直接规定,但认为金融借款合同纠纷中存在“金融机构或其指定人以服务费、咨询费、顾问费、管理费等为名变相收取利息”的现象,按其原理此类费用应可纳入法定利率调整范围统一计算。

3. 律师费应否纳入法定利率调整范围

主张债权的费用如律师费是否应当纳入法定利率调整范围,实践中也存在较大争议。一种观点认为,《民间借贷司法解释》第 30 条明确规定,逾期利息、违约金或者其他费用可一并主张,但总计不得超过年利率 24%;律师费属于该条款中的“其他费用”,也应当受此限制。[1] 另一种观点则认为,“原告通过诉讼方式实现其债权,为此支付了律师、诉讼等相关费用,根据涉案借款合同的约定,该费用应由被告负担。法院判决借款人应当按照年利率 24% 支付利息,并需要承担债权人为实现债权所花费的律师费”。[2] 应该说,律师费与诉讼费作为债权实现不能而需借款人额外负担的费用,与民间借贷合同约定的借款所需承担的利率与费用——可统称为“借款成本”并不相同,是债权债务合同履行不能而发生的“二级成本”。当律师费与诉讼费明确约定为借款人承担时,司法应尊重当事人约定,并将此类费用单独计算;当双方未作约定时,原则上借款人应当因不能及时如约履行还款义务承担律师费与诉讼费等债权实现费用;不过现实中应当警惕部分出借人与律师串通,采取虚报律师费、先行开出律师费发票再废票等行为,侵害借款人利益的现象。

---

〔1〕 (2019)最高法民申 1938 号裁定书。

〔2〕 (2016)最高法民终 613 号判决书。

（四）诉讼能力与举证责任问题

近年来，随着民间借贷的复杂化、职业化发展趋势，案件审理中的诉讼能力不平等问题开始集中显现。部分出借方利用信贷不平等格局下的身份优势与信息优势，以形式规范的合同文本，掩盖有效披露不足的问题，大肆收取法外之利，如“砍头息”、服务费、手续费、咨询费、违约金、保证金、延期费等；聘请甚至串通职业诉讼代理人，利用表面完整的证据链条迷惑法院，以期实现非法取利目的；甚至通过虚增债务、伪造证据、恶意制造违约等方式，非法侵占他人财物，涉嫌“套路贷”诈骗犯罪；此外，部分纠纷中还涉及暴力催收行为。民间借贷是借助信息科技呈现出的发展态势，一方面大大拓展了借款人借贷业务范围，使民间借贷从“熟人”小圈子拓展至跨市县、跨省的规模化交易，[1]增加了当事人出庭举证的难度与证据审查的复查程度；另一方面信息化推动了多层次助贷机构、多类型金融法律服务机构的出现，形成了更为复杂的借贷利益链条、繁杂的证据类型与冗长的证据文本，加剧了借贷双方举证能力的不平等。

（五）以科技赋能司法，保障当事人诉讼权利

2017 年 4 月最高人民法院发布《关于加快建设智慧法院的意见》，明确要求：构建网络化、阳光化、智能化的人民法院信息化体系，支持全业务网上办理，全流程审判执行要素依法公开，面向法官、诉讼参与人、社会公众和政务部门提供全方位智能服务，使信息化切实服务审判执行，让司法更加贴近人民群众，用先进信息技术不断提高各级人民法院的科学管理水平。此后，许多法院都以人工智能为导向加大智慧法院建设力度。人民法院应积极利用信息化体系与智能审判平台，推动疑难复杂案件当事人、证人出庭，加强对案件事实考察力度。借贷案件中关于关键借贷事实如借贷关系成立的证明、借贷数额的认定、关于担保的约定等，往往需要当事人出庭质证。据最高人民法院统计数据显示，2019 年全国支持网上开庭的法院共有 2018 家，占法院总数的 58.2%。[2] 此外部分法院不断创新司法服务模式，借助手机

〔1〕 如“e 租宝”业务就曾覆盖到 31 个省、直辖市、自治区。

〔2〕 孙航：《智审智执智服智管的智慧法院体系基本建成——法治蓝皮书中国法院信息化发展报告发布》，载《人民法院报》2020 年 6 月 4 日，第 1 版。

QQ、微信等进行移动数字化办案,拓展远程视频审判调解等。人民法院应善用信息化手段,开发应用在线审判系统,同时为当事人及证等人提供必要技术指导,在案件需要且当事人同意时,以在线审理弥补当事人不能参与庭审之不足,通过充分质证实现意见交换,尽可能还原事实。在本次疫情期间,厦门市金融司法协同中心就通过多方协调,为因涉嫌经济犯罪羁押于外地看守所的民事借贷案被告创造出庭答辩机会,明晰事实,保障当事人诉讼权利,妥善化解纠纷。

(六)坚持智能化原则,依职权推动公正审判

当前民间借贷案件审理中的难点问题之一在于“同案不同判”现象较为突出,部分法院审理案件所依据的事实证据受制于当事人提供的有限范围,造成掌握证据者任意剪裁“证据”、构造“事实”的不公现状。为推动案件公正审理,提升司法公信,人民法院应坚持智能化原则,通过运用大数据、云计算、人工智能等现代技术手段,全面实现信息系统和数据资源整合共享,在涉及人民法院依职权主动审查的事由如合同效力问题时,主动审查,积极运用司法大数据及与其他机关的共享数据资源,用基于既往审判数据形成的类案裁判结果与思路服务未来审判。仅以职业放贷人认定为例,借助审判大数据应用,人民法院可以实现当事人信息的瞬间查询、深度挖掘和关联追溯,轻易从“茫茫人海”中定位出那些旨在规避法律的以贷款为常业者,发现隐藏较深的关联人、关联公司之间的事实关系,改变涉及同一当事人或关联当事人的民间借贷纠纷其裁判结果,尤其是合同效力判断结果不尽相同的司法现状,以司法科技创新推动司法实践难题的解决,以科技司法助推公正司法。

(七)以服务当事人为导向,信息化助力便民利民

让信息化技术服务于人民群众,是法院信息化建设的初心与目的。尤其是在民商案件占比最大的民间借贷案件而言,大量小额借款人法律知识匮乏,对于通过诉讼实现权益保障缺乏认知,对于信息技术掌握不足,由此人民法院推动科技司法,必须坚持“用户体验”导向。

首先,人民法院应当整合公众服务网和智能诉讼服务终端,打造智能法院诉讼平台,简化使用步骤,提供引导式登录说明,为电子诉讼提供信息化支持,让人民群众切实感受到司法服务的便捷化。其次,人民法院应当研发

全域立案服务系统，通过“异地立案”让当事人减少诉讼成本与时间成本。再次，人民法院应利用互联网、大数据与多元化纠纷解决机制的契合点推动“互联网＋”多元纠纷化解模式，推动当事人理性选择纠纷化解方式，促进矛盾化解。最后，人民法院还应当加大裁判文书上网力度，把每一份判决文书做成一份法律意见建议书与法律风险防范书，加大微博、微信等官方公号中的释法短文、视频发布，普及借贷法律常识，避免潜在诉讼发生。

总之，当前审判实践中迫切需要人民法院适度回归职权主义，加强对当事人诉讼能力的平衡，加大对借贷事实与证据的审查力度，在尽可能厘清、还原个案事实的基础上，为处于诉讼能力弱势一方的当事人提供坚实诉权保障。

四、结论

罗尔斯指出，司法上“有规则的正义”即法律的正确适用。[1] 而对公平正义的任何理解都是历史的、辩证的，司法必须回应现实，对立法与司法规范性文件进行历史性的解释。在当前信用环境有待提升、信贷市场良性循环尚未完全实现的当下，以绝对的权利公平与机会公平为名，允许无资质要求、无监管约束的任何主体借道互联网平台等渠道进入信贷市场，是对借款人与金融消费者的不正义。由此，人民法院需要着重把握民间借贷纠纷审理中借贷合同的效力认定问题、民间借贷司法解释的当前适用范围问题、利率规制问题、与当事人诉讼能力与举证责任问题等，以“努力让人民群众在每一个司法案件中都能感受到公平正义”为感召，关注民间借贷案件审理中的程序正义与实体正义，不负“司法为民”的时代使命。

---

〔1〕 [美]约翰·罗尔斯：《正义论》，何怀宏译，中国社会科学出版社1988年版，第225页。

民间借贷诉讼中的证明责任问题

——以《关于审理民间借贷案件适用法律若干问题的规定》第16、17条为中心*

吴泽勇**

内容提要 我国民间借贷司法实践中经常出现事实认定的困境。这类困境并未伴随最高法院民间借贷司法解释的实施而化解；相反，由于《关于审理民间借贷案件适用法律若干问题的规定》第16条、第17条在术语使用、条文逻辑上的明显缺陷，实务中已经出现新的混乱。解决问题的出路不是制定更多司法解释，而是在坚持规范说确立的证明责任分配方法的基础上，引入主张责任、主张的具体化、证明的必要性、提出证据责任的转移、本证和反证的区分等理论，对事实调查的流程作更精细的划分，对当事人在各阶段的任务作更具体的分配。

关键词 民间借贷 证明责任 主张的具体化 否认 抗辩

---

* 本文已发表在《中国法学》2017年第5期，特此声明。

** 华东师范大学法学院教授。王少禹、郑金玉、倪培根、席璐、史明洲、熊德中等师友先后阅读了本文初稿并提出批评意见，冯成功、陈承哲为本文撰写搜集了部分裁判文书，一并致谢。

一、问题的提出

许多民事法官都曾遇到"棘手"的民间借贷案件,[1]关于这些案件的处理意见可能都存在严重分歧。人们经常指出,民间借贷案件的审理难点不在法律适用,而在事实认定,在证据调查。[2] 民间借贷的灵活性、[3]私密性[4]给纠纷发生后的事实回放带来障碍;真实事件经过与书面证据记载内容的可能背离,[5]更让法官的事实认定难上加难。典型难题是只有欠条、借条、借据之类债权凭证而没有支付凭证,或者只有支付凭证而没有债权凭证情况下的借贷法律关系认定,实务中法官对此类案件的处理可以说很不统一。混乱之中也有共识:法官基本上都意识到,这些难题的化解与民事诉讼证明责任密切相关。

为"统一裁判尺度,为司法实践提供指引",[6]最高人民法院 2015 年 8 月正式发布《最高人民法院关于审理民间借贷案件适用法律若干问题的规定》(以下简称《借贷规定》)。《借贷规定》以多个条文规范民间借贷案件的事实认定,第 16 条、第 17 条更是直指相关事实的证明责任分配。其中,第 16 条第 1 款规定被告抗辩已经偿还借款的证明责任,第 2 款规定被告否认借贷行为实际发生的事实认定,第 17 条规定原告仅有转账凭证情况下的证明责任。应该说,这些规定涵盖了民间借贷案件事实认定中的核心问题,最

---

〔1〕 本文讨论的民间借贷合同,限于《合同法》第 210 条规定的自然人之间的借款合同。因此,本文的概念使用与《最高人民法院关于审理民间借贷案件适用法律若干问题的规定》有所不同,后者所指的"民间借贷合同",是指"自然人、法人、其他组织之间及其相互之间进行资金融通的行为"。这样限定一是为了简化论述:自然人间的借款合同是实践合同,有非自然人参加的借款合同是诺成合同,两者在请求权构成要件上有明显区别。二是为了论题集中,因为事实上,司法实践中导致事实认定难题的主要是自然人之间的借款合同。

〔2〕 参见刘振、李道丽:《民间借贷纠纷案件的审理难点及破解》,载《人民司法·应用》2011 年第 23 期;参见蔡晓明:《民间借贷纠纷案件处理的思路新探》,载《法律适用》2014 年第 6 期;罗书臻:《规范民间借贷统一裁判标准——杜万华就〈最高人民法院关于审理民间借贷案件适用法律若干问题的规定〉答记者问》,最高人民法院网 2015 年 8 月 7 日发布,http://www.court.gov.cn/zixun-xiangqing-15152.html,等。

〔3〕 按照《合同法》第 197 条的规定,自然人之间的借款合同不以书面形式为要件,而实践中缺少书面合同的民间借贷案件并不鲜见。

〔4〕 民间借贷多数情况下发生在亲友、熟人之间,借款发生的现场常常只有个别见证人,甚至根本没有见证人。

〔5〕 例如,当事人双方签订包含"已收到""今收到"特定款项内容的借据、借条、欠条,但实际上并未当场支付借款,这类现象在实践中相当常见。

〔6〕 参见杜万华主编、最高人民法院民事审判第一庭编著:《最高人民法院民间借贷司法解释理解与适用》,人民法院出版社 2015 年版,序,第 3 页。

高人民法院以此规范此类案件证明责任分配的意图相当明显,亦值得肯定。

不过,若以证明责任理论的视角观之,三款规定均有值得讨论之处。我们看到,涉及纠纷当事人对于相关事实的证明义务,《借贷规定》起草者先后使用了多种表达。第16条第1款规定,被告对其偿还抗辩应当"提供证据证明",被告证明之后,原告仍就借贷关系的成立承担"举证证明责任";第16条第2款规定,被告否认借贷行为尚未发生,应当作出"合理说明",而在被告合理说明之后,并没有规定该事实的证明责任由谁承担。第17条又回到第16条第1款的模式,即被告对存在其他法律关系"提供证据证明",被告证明之后,原告仍就借贷关系的成立承担"举证证明责任"。对于这些规定,熟悉证明责任理论的学者很容易提出疑问,例如:

1. 第16条第1款中的被告"提供证据证明"是什么性质的责任?用民事诉讼法学的术语,是行为责任还是结果责任?

2. 被告对偿还抗辩的证明与原告对借贷关系成立的证明是什么关系?

3. 第16条第2款中"合理说明"是什么性质的责任或者义务?

4. 第16条第2款中,如果人民法院综合各种因素仍然无法判断借贷事实是否发生,客观证明责任(真伪不明时的败诉风险)由谁负担?

5. 第17条中的被告"提供证据证明"是什么性质的责任?

6. 以上三款规定都提到被告的"抗辩",这三种"抗辩"在性质上是否相同?

假如我们承认法律文本中的每个表达都有意义,那么上述问题就不能被认为是简单的"咬文嚼字"。事实上,如果法官无法就民间借贷纠纷的证明责任分配和证据调查流程达成共识,上述规定不仅不能为此类案件的审理"统一裁判尺度",还有可能制造新的混乱。出于这种考虑,本文尝试运用民事诉讼证明责任的相关法理,依次分析《借贷规定》第16条第2款、第17条和第16条第1款,[1]以期澄清相关概念的内涵和边界,发现可欲的法律适用方案;同时,通过观察《借贷规定》实施后的司法裁判文书,指出这些条文可能存在的问题,探讨司法实务上的应对之道。

---

〔1〕 之所以按照这样的顺序(而非司法解释本身的顺序)展开讨论,是因为这个顺序更符合证明责任的理论逻辑,也更方便相关原理的阐释。

二、借贷行为实际发生的证明

(一)《借贷规定》第16条第2款的法律适用

按照《借贷规定》第16条第2款,原告仅依据借据、收据、欠条等债权凭证提起民间借贷诉讼,[1]而"被告抗辩借贷行为尚未实际发生并能作出合理说明,人民法院应当结合借贷金额、款项交付、当事人的经济能力、当地或者当事人之间的交易方式、交易习惯、当事人财产变动情况以及证人证言等事实和因素,综合判断查证借贷事实是否发生"。本款规定主要规范借款交付的证明,因为民间借贷合同一般属于实践合同,只有确认借贷行为实际发生,才能认定借贷合同成立。[2] 对于原告仅依据借据、收据、欠条[3]等债权凭证起诉时的事实认定,司法实践中一直存在不同观点。一种观点认为,借据、收据、欠条等债权凭证是当事人之间存在借贷法律关系的直接证据,在这些证据的真实性可以确认的情况下,可以据此认定借贷关系真实存在。但随着民间借贷市场的发展,越来越多的法官认为,不能仅仅依据借据、收据、欠条认定借贷关系的发生。[4] 最高人民法院折中上述两种观点,一方面承认借据、收据、欠条等债权凭证的普遍意义;[5]另一方面规定,在原告仅凭债权凭证起诉而被告对借贷事实的真实性提出异议的情况下,应进一步审查其他证据和事实,作出综合判断。[6] 就规范结构而言,《借贷规定》第16条第2款包含三个环节的内容:一是对借据、收据、欠条之类孤证证明力的初步认可;二是对被告否认借贷行为实际发生时需承担说明义务的界定;三是对法官在借贷行为是否发生存疑时事实调查的指引。在第一个环节,借据、收据、欠条仍然具有超出其他间接证据的证明力,如果被告不能作出说明,

---

[1] 这半句出现在《借贷规定》第16条第1款开头,逻辑上应该同时适用于第1款和第2款。

[2] 对于不属于实践合同的借款合同纠纷,同样要在认定款项交付之后才能确认借款人的还款义务。但其中的分析逻辑有所不同,本文不再展开。

[3] 严格说来,收据大多数时候并不构成债权凭证,欠条也不一定构成民间借贷的债权凭证。但仅仅为了行文方便,下文表述仍以司法解释为据。

[4] 参见杜万华主编、最高人民法院民事审判第一庭编著:《最高人民法院民间借贷司法解释理解与适用》,人民法院出版社2015年版,第289页。

[5] 《借贷规定》第2条已经确认了这一点,按照该条第一款,"出借人向人民法院起诉时,应当提供借据、收据、欠条等债权凭证以及其他能够证明借贷法律关系存在的证据"。

[6] 参见杜万华主编、最高人民法院民事审判第一庭编著:《最高人民法院民间借贷司法解释理解与适用》,人民法院出版社2015年版,第290页。

不能轻易否认这些债权凭证证明的民间借贷法律行为;在第二个环节,如果被告在原告提交了借据、收据、欠条等债权凭证的情况下依然否认借贷行为实际发生,则必须就其否认作出“合理说明”;在第三个环节,当对借贷行为是否实际发生存疑时,法官被明确赋予根据各种因素综合裁量的权力。

《借贷规定》第16条第2款并没有正面规定借贷行为实际发生的证明责任负担。在比较法上,对于原告应当就借贷合意成立和借贷实际发生负结果意义上的证明责任,属于早有定论、无需详谈的问题。〔1〕德国法院甚至有判例认为,即便争议借款的支付在公证文书中被作为借款确认,主张借贷的请求权人仍要负担成功支付的证明责任;公证文书的出具只产生文书的执行力,并不能证明借贷成立。〔2〕在我国,对此亦不存在争议。正如学者指出的,“在合同案件中,只要争议事实为双方是否曾订立合同,那么结果意义上的证明责任总是由主张合同权利的原告承担……”〔3〕无论诉诸证明责任分配主流学说,还是援引《最高人民法院关于民事诉讼证据的若干规定》第5条的规定,〔4〕都只能得出相同的结论。实务上的争议焦点,主要集中在证据调查过程中的当事人责任分担,以及法官最后的事实认定标准。对于这些问题,《借贷规定》第16条第2款恰恰没有给出答案。由此留下一系列有待澄清的问题:

第一个问题是:是否原告只要提交了借据、收据、欠条之类的债权凭证,被告就必须提出附理由的否认?从逻辑上,被告提出“合理说明”的前提是原告的事实主张本身是“合理”的。换成民事诉讼法学的术语来说,就是原告要对其关于民间借贷关系的事实主张进行具体化陈述,〔5〕而不能只是提出抽象的事实主张;对法院来说,这种主张的具体化程度应达到所谓的“一

---

〔1〕 Vgl. Hans Prütting, In: Rauscher/ Wax/ Wenzel, *Münchener Kommentar zur ZPO*, 3. Aufl. 2008, §286, Rdn 147.

〔2〕 *BGH* NJW 2001, S 2096.

〔3〕 李浩:《民事证明责任研究》,法律出版社2003年版,第31页。

〔4〕 该条规定:“在合同纠纷案件中,主张合同关系成立并生效的一方当事人对合同订立和生效的事实承担举证责任;主张合同关系变更、解除、终止、撤销的一方当事人对引起合同关系变动的事实承担举证责任。”

〔5〕 关于民事诉讼当事人的具体化义务,参见姜世明:《民事诉讼中当事人之具体化义务》,载姜世明:《举证责任与真实义务》,新学林出版社2005年版,第253~371页;占善刚:《主张的具体化研究》,载《法学研究》2010年第2期;胡亚球:《论民事诉讼当事人具体化的中国路径》,载《清华法学》2013年第4期;陈贤贵:《当事人的具体化义务研究》,载《法律科学》2015年第5期等。

贯性"(Schlüssigkeit)标准。〔1〕 因为,只有原告的事实主张内容具体、条理清楚,对方当事人才能有针对性作出反驳,法官也才能有针对性地进行证据调查。如果债权凭证本身内容不全,原告又不能对借贷合意的形成或者金钱实际交付作出令人信服的说明,那么原告的事实主张就不具有一贯性。对于不具有一贯性的事实主张,法官可以直接作出驳回诉讼请求的实体判决。〔2〕《借贷规定》第16条没有明确规定这一点,并不表明这一审查就可以略去。尽管在大多数时候,一份内容完整的债权凭证本身就足以构成一个关于借贷关系成立的"一贯性"说明,但不排除有例外情形存在。〔3〕 出于强化原告主张责任、避免滥用诉权的考虑,关于原告主张的具体化要求可以说是民事诉讼本身的"事理使然"。

第二个问题是:被告"合理说明"是一种什么性质的责任?关于这一问题的回答至为关键,因为它实际上从反面规定了,对原告提交的借据、收据、欠条的证明力应作何种程度的限制。由于司法解释在这里使用了"作出合理说明",而没有像第16条第1款那样使用"提供证据加以证明",被告这里承担的显然是一种较低程度的反驳义务。这种反驳在性质上属于对原告主张的否认,至于这种否认是否需要"具体化",应视情况而定。在原告提出借条、借据、欠条并且能够对借贷关系成立作出具体化陈述的情况下,被告可以提出的否认大致有两种:一是否认借贷合意存在,如合同系在胁迫情况下签订,或者合同本身系伪造,被告根本没有在合同上签字。对于胁迫的主张,被告当然需要作出具体化陈述;对伪造的主张,通常不需要、实际上也不可能具体化,〔4〕而只能由原告进一步举证。二是否认借贷行为实际发生,即承认借贷合意真实,但否认原告实际交付了债权凭证中约定的款项。《借贷规定》第16条第2款针对的就是这类否认。对于这种否认,被告原则上需要

〔1〕 Herbert Roth, In: Stein/ Jonas, *Kommentar zur ZPO*, 22. Aufl., 2008, §253, Rdn. 54;姜世明:《民事诉讼中当事人之具体化义务》,载姜世明:《举证责任与真实义务》,新学林出版社2005年版,第270~271页。

〔2〕 按照有些德国学者的见解,原告并非任何时候都需要做这种具体化陈述,只有当被告否认某个主张时才有此必要,参见 Claus Wagner, In: Rauscher/ Wax/ Wenzel, *Münchener Kommentar zur ZPO*, 3. *Aufl.* 2008, *§* 138, *Rdn* 18。[德]罗森贝克、施瓦布、哥特瓦尔德:《德国民事诉讼法》,李大雪译,中国法制出版社2007年版,第744~745页。这是有道理的,但本文为了精简论述,暂时搁置这种区分。

〔3〕 例如,有的借条、借据、欠条只记载了借贷合意的成立,不包含借款已经交付的内容,这时候,就不能构成对借贷关系实际发生的"一贯性"说明。

〔4〕 当然,被告可以主张其他事实——例如,他不认识原告、原告主张的借款发生时间他不在现场,以否定原告主张的真实性。

进行具体化陈述。也就是说,被告不能只是简单的一句“原告并没有实际交付借款”,而是要对“为何实际情况与借据、借条等债权凭证记载不符”作出具体陈述,这种陈述要达到让法官对借款实际交付产生怀疑的程度。不妨观察下列案例:[1]

案例一:在罗某诉肖某民间借贷案中,再审法院认为,“肖某抗辩借贷行为未实际发生,其负有向人民法院作出合理解释和说明的义务。本案中,肖某作为完全民事行为能力人,理应知道出具欠条的法律后果,其辩称所涉欠条是开玩笑所写有悖常理,不属于上述司法解释规定的‘合理说明’”。[2]

在上述案例中,“所涉欠条是开玩笑”显然不构成“合理说明”。从理论上讲,这种否认不具有“重要性”(Erheblichkeit),[3]不能导致法官对原告主张事实的怀疑,因此,也就不能将进一步的说明义务转移到原告一方。

第三个问题是:借款是否实际交付的提出证据责任[4]如何在原告和被告之间分担?如果被告的否认具有“重要性”,让法官对原告主张的事实产生了怀疑,该事实就构成所谓“争点”。[5] 就此争点,负客观证明责任一方当事人应当首先举证。这种首先提出证据的责任,被部分学者看做“主观证明责任”分配的结果。其效力体现在:如果负主观证明责任一方当事人不能进行任何举证,则法院判其败诉。[6] 就《借贷规定》第16条设定的场景而言,因为原告已经提交了相关债权凭证,一般并不存在这样的情形。但在法官因为被告的合理说明而对借款是否交付产生怀疑的情况下,原告需要提交更多证据来打消法官的怀疑,让后者形成借款已经交付的内心确信。就此

[1] 本文讨论的主题是民间借贷案件中的事实认定,而事实问题本身复杂、微妙,为避免因转述而曲解事实,本文一般原文引用裁判文书中的事实认定结论,只是对当事人姓名做了处理,同时过于冗长的事实分析作了适当删减以节省篇幅。

[2] 参见湖北省高级人民法院(2016)鄂民申2462号民事裁定书。

[3] 重要性(Erheblichkeit)是对被告反驳的具体化要求,在效力上类似对原告主张的一贯性(Schlüssigkeit)要求。参见姜世明:《民事诉讼中当事人之具体化义务》,载姜世明:《举证责任与真实义务》,新学林出版社2005年版,第270~271页。

[4] 本文使用“提出证据责任”来描述证据调查过程中当事人“行为意义上的证明责任”,用“客观证明责任”来描述真伪不明之时“结果意义上的证明责任”;不加限定的使用“证明责任”,一般是指客观证明责任。

[5] 这里的“争点”不是争点整理程序意义上的争点,也不是要件事实论意义上的争点,而是指具有证明必要性的待证事实。下文亦同。

[6] 参见[日]高桥洪志:《民事诉讼法——制度与理论的深层分析》,林剑锋译,法律出版社2003年版,第428~431页。关于主观证明责任的更多讨论,参见毕玉谦:《民事证明责任研究》,法律出版社2007年版,第142页以下。

可以两个案例予以说明：

案例二：在舒某诉文某民间借贷案中，二审法院认为，“文某对借款的事实予以否认，称该30,000元借款系与舒某之姐舒某乙因赌博而产生的赌债，舒某未提供借款。在文某否认舒某提供借款的情况下，舒某应对向文某提供借款的事实进行举证证明。在一审、二审中，舒某对于借款时间、借款交付过程等借款细节，未能进行合理说明，亦未能向法院提供向文某打款的银行凭据或其他证据证实借款事实的发生，只是辩称该借款是通过其姐舒某乙向文某提供，但本案的关键证人舒某乙也未到庭对本案的借款细节进行说明……舒某不能证明向文某某提供了30,000元借款事实，应承担举证不能的不利后果。”〔1〕

案例三：在沈某诉龙某民间借贷案件中，一审法院认为，“对被告辩解该款系原告在广西南宁参与传销亏本后，威逼被告战友潘某退钱，被告怕闹出人命才被迫向原告写下欠条的事实，经法院电话联系潘某，潘某陈述是被告向其打电话告知原告威逼被告退钱，与被告的辩解存在不一致，且潘某与被告系战友关系，潘某对原、被告间是否发生借贷关系不知情；庭审中，被告申请的三位证人证言也对原、被告间是否发生借贷关系不知情，为此，根据‘谁主张，谁举证’的原则，对被告辩解的事实，无充足证据证明，法院不予采信。”龙某不服上诉。

二审法院认为，“本案中被上诉人虽提供了欠条，并陈述了写欠条时间、地点及在场人，但对借款金额具体交付时间、地点、用途未作出合理说明，对大额的借款既没有提供转款给上诉人的凭证，也没有提供自己取款的凭证，且也未提供证据证实上诉人借款搞工程的事实，本院电话询问写欠条时的在场人即被上诉人沈某之子沈某乙时，其也只陈述了写欠条的事实，但对借款多少及来源、交付时间并不知情，另一在场人龙某甲之女龙某丙陈述，当时上诉人与被上诉人均在广西搞传销，上诉人并没有向被上诉人借款。故被上诉人诉称上诉人向其借款8万元的事实，证据不足……”〔2〕

案例二中，对于被告“借款实际上是赌债”的说明，原告不能提供进一步证据证明借贷关系实际存在，当然败诉。案例三的一审判决犯了这类案件中的常见错误，即对被告否认提出过高要求，要求被告“提供证据证明”其否

---

〔1〕 参见贵州省铜仁市中级人民法院(2016)黔06民终429号民事判决书。

〔2〕 参见贵州省黔东南苗族侗族自治州中级人民法院(2016)黔26民终1338号民事判决书。

认。按照《借贷规定》第16条第2款的规定,被告的否认只要具有表面上的合理性即可。因为借款是否支付的客观证明责任由原告负担,基于这样的证明责任分配,被告在整个事实调查中处于反驳和质疑的地位。也就是说,只要被告的否认达到了让法官对借款已经支付产生怀疑的程度,提出证据的责任就转移到了原告一方。在被告已经对其否认作出合理说明的情况下,法官要做的是审查原告能否证明其主张。只有当原告能够证明待证事实到法定证明标准以上,才产生被告反证的义务。因此,在案例三中,一审法院法律适用错误,二审法院法律适用正确。

第四个问题是:原告对借款已经支付的证明应当达到什么样的证明标准?前文提到,《借贷规定》第16条第2款后半句是对法官自由心证的授权,即允许法官在对借贷事实是否发生存疑时,综合各方因素进行判断。这一内容延续了2011年全国民事审判工作会议以来的司法政策,[1]相对司法实践中长期存在的"书证至上主义",无疑是巨大的进步。不过,这一规定并未指明法官在什么情况下可以认定借贷行为真实发生。在实务中,法官的裁判标准远远谈不上统一。

案例四:在陈某诉邵某民间借贷案中,一审法院认为,"综合分析双方当事人所举证据,陈某所举证据相对于邵某所举证据更直接、更充分、更完整,而邵某所举证据间接、单薄,由此判断,陈某所举证据的证明效力优于邵某所举证据的证明效力,特别是邵某无足够证据推翻其亲笔签名的借条,而该借条是本案的最主要的证据,所以,一审法院依据陈某提供的证明效力强势于邵某提供的证据认定陈某主张的借款事实成立……"邵某不服上诉。

二审法院认为,"邵某抗辩陈某并未将借款交付给邵某,而是支付给梅某,借贷行为尚未实际发生,为此提供了农村商业银行流水账及情况说明,该组证据证明2013年4月25日陈某通过网银向梅某转账184,000元,依据陈某庭审时认可的每月利息为8000元及借条约定的借款时间为两个月,与转账款项数额能够相互印证。此外,陈某在一审庭审中先是陈述梅某只借

[1] 《2011年全国民事审判工作会议纪要》(法办〔2011〕442号)第31条规定:"对于民间借贷纠纷案件的全部证据,应从各证据与案件事实的关联程度、各证据之间的联系等方面进行综合审查判断。出借人应对存在借贷关系、借贷内容以及已将款项交付给借款人等事实承担举证责任;借款人应承担已经归还借款的举证责任。对于形式要件有瑕疵的'欠条'或'收条'等,应结合其他证据认定是否存在借贷关系。对现金交付的借贷,可根据借贷金额大小、交付凭证、支付能力、交易习惯、当事人关系以及当事人陈述的交付经过等因素,综合判断是否存在借贷关系。"

过一笔借款，时间是借给邵某钱之后的1～2个月，借款金额是20多万元，后又陈述2013年4月25日转账给梅某的184,000元是梅某找其借的钱，陈某本人的陈述前后矛盾，且未对其所称梅某两次借款提供相应书面证据。”“结合双方当事人的陈述、举证、质证及诉辩意见，陈某提供的证据不足以证明双方当事人之间的借贷关系已实际发生……”〔1〕

案例五：在刘某诉阮某民间借贷案中，一审法院认为，“虽然刘某在借条出具经过上陈述前后有出入，但阮某于2015年6月3日向刘某出具借条的事实清楚，且阮某亦予以认可。借条是证明双方成立借贷关系的依据，本案阮某出具的借条从内容和形式上均能证明阮某向刘某借款的事实。同时，刘某、阮某均陈述在借款之前并不熟悉。基于一般生活常识，阮某不可能在刘某尚未支付其借款的情况下就先出具借条并签字确认。因此，阮某的辩解意见有悖一般生活常识，一审法院不予采纳，阮某应当偿还刘某借款50,000元”。阮某不服上诉。

二审法院认为，“从刘某自称的借款发生时间到进入本案诉讼程序的时间间隔并不长，而刘某对于借款资金的交付时间、借款资金的来源以及借条的形成情况有多次矛盾的陈述，有些陈述还与其自己所举示的证据相互矛盾。刘某所举示的证人证言亦不足以证明借款已实际交付。因此，刘某仅凭借条尚不足以证明其已实际向阮某某交付了5万元借款，也即不足以证明本案借款关系已经生效……”〔2〕

上述两个案例都经过了两个审级，而两审法院的分歧，不妨归结为对民事诉讼证明标准的不同把握。在案例四中，一审法院以原告证据的盖然性优于与被告为由确认原告主张成立，是对民事诉讼证明标准的明显误用。根据最高人民法院《关于适用〈中华人民共和国民事诉讼法〉的解释》（以下简称《民事诉讼司法解释》）第108条规定：“对负有举证证明责任的当事人提供的证据，人民法院经审查并结合相关事实，确信待证事实的存在具有高度可能性的，应当认定该事实存在。对一方当事人为反驳负有举证证明责任的当事人所主张事实而提供的证据，人民法院经审查并结合相关事实，认为待证事实真伪不明的，应当认定该事实不存在。”按照该条第1款的规定，判断待证事实是否存在的标准是法官是否确信待证事实的存在具有高度盖

〔1〕 参见安徽省蚌埠市中级人民法院（2016）皖03民终767号民事判决书。

〔2〕 参见重庆市第一中级人民法院（2016）渝01民终3991号民事判决书。

然性,而非原告证据的盖然性是否优于被告证据的盖然性;[1]根据该条第2款的规定,被告反证只需让待证事实陷入真伪不明,而非像本证一样达到高度盖然性的标准。一审法院将原、被告证据的证明力进行比较并在此基础上认定原告主张成立,混淆了本证与反证,使待证事实的证明标准被人为降低。从这个角度,一审法院适用法律错误。二审法院回到对原告本证的分析,并且在此基础上否认了原告的主张,适用法律正确。在案例五中,在原告只出具了借条而被告否认借款实际发生并且作出合理说明的情况下,法院应当重点审查的是原告提交的证据能否让其形成对借款实际发生的内心确信,而不是被告的反驳是否存有疑点。一审法院仅以借条本身真实为由认定借贷关系成立,明显违背了《借贷规定》第16条第2款的意旨。二审法院对待证事实进行了更加具体、深入的调查分析,并在适用较高证明标准的基础上驳回原告诉讼请求,是对《借贷规定》第16条第2款的准确适用。

第五个问题是:在借贷行为是否发生真伪不明的情况下,应当判谁败诉?《借贷规定》起草者设计第16条第2款的目的是让法院对争议事实进行更加深入、全面的调查,避免简单依据个别书证作出事实认定。这种初衷自然值得肯定,但在理论上,肯定存在经过全面调查依然无法对待证事实形成判断的情形,这时候,就只有根据客观证明责任的分配作出判决。如前文所述,对于借贷行为实际发生的证明责任由原告负担,因此,该事实真伪不明时,法官只能判原告败诉。下述案例可以作为这种法律适用的一个例证。

案例六:在张某诉黄某民间借贷案中,二审法院认为,"比较双方的主张和提交的证据,结合涉案借款金额、双方当事人的恋爱关系和经济能力,根据日常生活经验法则,本院认为张某举证不充分,其向黄某出借50万元的待证事实真伪不明,张某应承担举证不能的不利后果,依据《合同法》第二百一十条的规定,本院认定双方不存在民间借贷关系,对张某要求黄某偿还借款50万元及利息,本院不予支持……"[2]

(二)民间借贷案件事实调查的一般流程

基于上文的阐述,民间借贷案件事实调查大致可以遵循以下流程展开:

---

〔1〕 这是对《民事诉讼证据规定》第73条的巨大进步。关于这一点,参见吴泽勇:《中国法上的民事诉讼证明标准》,载《清华法学》2013年第1期。

〔2〕 参见广东省广州市中级人民法院粤01民终3676号民事判决书。

1. 原告主张的具体化。在进行事实调查之前,法院应当首先审查原告主张的请求权构成要件事实是否是足够具体化。如果原告主张本身颠三倒四、漏洞百出,法院可以直接驳回其诉讼请求。

2. 被告对原告主张的否认及其具体化。对原告已经具体化的陈述,被告可以进行否认,并根据情况,就其否认给出理由。被告否认的具体化程度,视原告主张的具体化程度而定,也视否认的内容而定。原则上,这种否认能够让法官对原告主张事实产生怀疑即可。如此,则就该事实形成事实调查中的争点。

3. 原告首先对待证事实提供证据进行证明。作为负主观证明责任一方当事人,原告应当首先提供证据证明待证事实。原告的证明在性质上属于本证,应当达到高度盖然性的证明标准。如果原告不能举证,或者证据不能证明待证事实到高度盖然性的程度,则本证失败。

4. 被告对其否认提供证据证明。如果原告对待证事实的证明达到了高度盖然性的证明标准,则行为意义的证明责任转移到被告一方,被告应当提供证据证明其对待证事实的否认。被告的证明在性质上属于反证,只需将法官对待证事实的心证状态由“内心确信”拉低到“真伪不明”即可。如果被告无法举证,或者举证不能动摇法官的内心确信,则反证失败。

5. 原、被告的证明活动可能持续多轮,但上述第 3、第 4 阶段的证明原理始终适用。

6. 法官对待证事实的认定。证据调查可能在上述任一环节嘎然而止,而无论证据调查何时终结,法官都要综合本案全部证据和辩论情况,根据自由心证,对待证事实作出判断。判断结果可能是待证事实成立、不成立或者真伪不明。在待证事实真伪不明的情况下,应当根据客观责任分配,驳回原告诉讼请求。

真实世界的证据调查很少遵守上述流程,而且也没有这个必要。原告一般会在起诉的同时提供大部分证据,被告也会在反驳原告主张的同时提供相应证据。但上述原理的意义在于,它可以为法官的事实调查提供一种思维模型。利用这个模型,法官在任何情形下都知道自己处在事实调查的哪个阶段,并且知道在这个阶段该如何分配双方当事人的责任。

三、借贷合意成立的证明

(一)《借贷规定》第17条的法律适用

《借贷规定》第17条规定:“原告仅依据金融机构的转账凭证提起民间借贷诉讼,被告抗辩转账系偿还双方之前借款或其他债务,被告应当对其主张提供证据证明。被告提供相应证据证明其主张后,原告仍应就借贷关系的成立承担举证证明责任。”本条规定涉及借贷合意的证明责任。在理论上,对借贷合意的客观证明责任分配同样不存在争议。德国法上,通说认为,如果被告主张支付的原因是赠与或者其他法律关系,应由原告证明借贷关系的存在;原告应当排除被告主张的其他法律关系。[1] 我国学者同样认为,借贷合意的成立应由原告负客观证明责任。[2]

实务中的主要争议在于:在原告仅以转账凭证提起民间借贷诉讼的情况下,应如何分配双方当事人的提出证据责任,以及如何进行事实认定。就此问题,多数观点认为,转账凭证只能证明实际给付了款项,不能证明双方存在借贷关系,在被告否认存在借贷关系的情况下,原告应当进一步证明借贷关系存在;[3]但也有观点认为,转账凭证是出借人已将借款支付给借款人的证据,原告提交该证据,可以证明其与被告之间的借款关系和已经实际履行出借义务,如果被告主张存支付原因是其他法律关系,应当就此承担证明责任。[4] 司法解释起草过程中一度采纳了前一种观点,规定原告仅提供转账、存款凭证等交付凭证,未提供借贷合意成立的证据,被告以双方不存在借贷关系或者存在其他法律关系为由抗辩的,人民法院应当要求原告就双

---

〔1〕 See Dieter Leipold, In: Stein/ Jonas, *Kommentar zur ZPO*, 22. *Aufl.*, 2008, §286, *Rdn.* 105; BGH *NJW* 1983, *S* 931; BGH, *WM* 1976, pp. 974 – 977.

〔2〕 除前文引用的李浩教授的论述外,又见段文波主编:《要件事实理论视角下民事案件证明责任分配实证分析》,厦门大学出版社2014年版,第153页。

〔3〕 例如,《浙江省高级人民法院关于审理民间借贷纠纷案件若干问题的指导意见》(2009)第15条、《北京市高级人民法院关于审理民间借贷案件若干问题的会议纪要》(2013)第7条、《江苏省高级人民法院关于审理民间借贷纠纷案件的会议纪要》(2013)第二部分第(三)条、《重庆市高级人民法院关于审理民间借贷纠纷案件若干问题的指导意见》(2011)第9条;以及郝正:《民间借贷纠纷实务解析与裁判指引》,法律出版社2015年版,第116页;关恒:《仅有款项交付凭证的事实认定》,载《人民法院报》2015年12月3日,第7版。

〔4〕 靳羽:《民间借贷案件的举证责任分配》,载陈国猛主编:《民间借贷:司法实践及法理重述》,人民法院出版社2015年版,第177~179页。

方存在借贷合意进一步提供证据。原告不能提供证据的,应当驳回其诉讼请求。但在征求意见过程中,有意见认为,这样的证明责任分配对许多缺乏法律意识的出借人来说举证难度很大,不利于实体权利的保护。于是,最高人民法院在该条中增加了被告就其“抗辩”提供证据证明的环节,以“加强对合法出借人的司法保护”。〔1〕 这里首先运用上一节阐述的证明原理,分析第17条在实务中可能遇到的问题。至于这些问题的根源,留待下文讨论。

第一,原告对于借贷合意成立的具体化主张。在这一阶段可能提出的问题是:是否原告只要提出金融机构的转账凭证,就完成了第一个回合的诉讼攻防?当然不是。借款偿还请求权的法律要件至少包括借贷合意成立和借款已经交付,而金融机构转账凭证或者其他的支付凭证只能证明支付发生,并不能就支付的原因提供任何信息。〔2〕 因此,原告如果希望在第一个回合里说服法官,至少还要就借贷合意的形成进行具体化的事实主张。原告应当具体说明其与被告之间的借贷关系是如何形成的,具体内容又是什么。如果原告不能进行这种说明,或者其说明漏洞百出、自相矛盾,那么法院可以以原告主张欠缺“一贯性”为由驳回其诉讼请求。

第二,被告的具体化反驳。在原告已经对借贷合意的形成进行了具体化主张的情况下,被告原则上需要对其否认提出具体化的反驳。这时可能提出的问题是:被告反驳需要具体化到何种程度?笔者认为,这种反驳需要达到的证明程度与第16条第2款一样,“作出合理说明”即可。就此不妨观察下述案例:

案例七:在谢某诉吕某民间借贷案中,二审法院认为,“谢某未与吕某签订借款协议或借条,其仅提供银行转账凭证用以证明借款151,000元。吕某认可收到上述款项,对于该笔款项的性质解释为谢某帮助吕某出售预留房屋所得溢价款……吕某在对涉案款项进行合理解释后,谢某应进一步提供证据证明其主张。”〔3〕

在上述案例中,被告对其关于借贷合意的否认给出了合理解释,基于该解释,法官足以相信就该笔转账的基础法律关系存在其他可能性。在这种

---

〔1〕 参见杜万华主编、最高人民法院民事审判第一庭编著:《最高人民法院民间借贷司法解释理解与适用》,人民法院出版社2015年版,第304页。

〔2〕 实践中,原告可能在转账凭证上备注转账原因,这可以提供一些信息,但因为是单方备注,一般不能作为直接证据使用。

〔3〕 参见北京市第三中级人民法院(2016)京03民终6296号民事判决书。

情况下,可以认为被告已经完成与其否认匹配的具体化义务,下一轮的攻击防御任务就转移到了原告一方。

第三,原告的提出证据责任。按照上一节阐明的原理,在被告对其否认作出合理说明后,借贷合意是否成立就构成了本案中的争点。就此争点,原告应当首先提供证据进行证明。因为,对借贷合意这一争点(待证事实),同样是原告负担主观证明责任。如果原告对该事实不能提供证据予以证明,法官只能判原告败诉。恰恰在这一点上,实践中的做法存在严重分歧。

案例八:在夏某诉王某民间借贷案中,再审法院认为,"申请人主张其与被申请人存在民间借贷关系,依法应提供相应证据予以证明。但申请人在原审时仅提供了其从本人银行账户向被申请人银行账户转款的转账凭证及与被申请人之间的短信记录。申请人提供的转账凭证仅能证明其曾经向被申请人银行账户转款的事实,其提供的短信记录中,被申请人也未明确表示哪些款项属于借款,因此,申请人提供的证据不足以证明其与被申请人存在借贷合意"。[1]

案例九:在周某诉留某民间借贷案中,二审法院认为,"本案的争议焦点是诉争的100万元是否系周某出借给留某的借款。本案中,留某收到周某的银行汇款100万元是双方均认可的事实。周某主张此款为出借给留某的借款,并提交100万元汇款的银行凭证。留某抗辩此款系周某偿还向其外币借款及代为垫付购买石雕的款项,但留某既未提交相应的证据予以证明,也未能详细、合理的陈述其主张的事实……在留某未能就100万元系周某向其支付的还款而非借款的抗辩理由提供充足的证据予以证明的情况下,留某应承担举证不能的不利后果"。[2]

案例十:在郑某诉郭某民间借贷案中,二审法院认为,"从以上规定(《借贷规定》第17条)可见,原告仅依银行转账凭证提起民间借贷诉讼,法院先推定双方之间是关系是借贷关系,如果被告提出相应证据能够证实其抗辩,法院再依法认定……根据现有证据,尚不足以证明郭某收取的43万元是廖某委托郑某向其支付的郭某应当收取的其在某公司应得工资、分红及营等销费用,郭某应当承担举证不能的后果。根据优势证据原则,本院依法认定

〔1〕 参见湖北省高级人民法院(2016)鄂民申1781号民事裁定书。

〔2〕 参见浙江省丽水市中级人民法院浙11民终268号民事判决书。

郑某与郭某之间43万元的借款关系成立”。[1]

在上述三个案例中，法院只有在案例八对当事人双方的提出证据责任作了正确的分配。在该案中，当借贷合意成立与否出现争议时，应由原告提供证据证明其主张的借贷合意存在。这种证明在性质上是本证，应当达到高度盖然性的证明标准，原告提交的证据不足以达到这样的证明标准，法官只能判其败诉。在案例九中，被告主张其收到100万元系原告偿还其外币借款以及垫付购买石雕的款项，应该说对其否认已经尽到了必要的具体化义务（说明了该笔转账存在其他可能性）。在这种情况下，应该由原告进一步提供证据证明这100万元转账的法律原因是其主张的借款，而非被告证明这100万元是用来偿还外币借款以及垫付购买石雕的款项。在案例十中，法院认为在原告提交银行转账凭证的情况下，首先推定双方之间的关系是借贷关系，如果被告否认存在这种关系，则需要提供证据予以证明。但这种“推定”并没有令人信服的基础。一份转账凭证背后可能有很多法律原因，怎么可以因为原告的一纸诉状就推定是原告主张的借贷关系呢？所以，法院在案例九和案例十对当事人提出证据责任的分配是错误的。

第四，被告的提出证据责任。如果原告对借贷合意的证明让法官形成了内心确信，提出证据责任就转移到了被告一方。按照前文的阐释，被告这时的证明在性质上是反证，只需要动摇法官关于借贷合意成立的内心确信即可。比如，在下述案例中，被告无法进行有效的反证，只能承受败诉的结果。

案例十一：在康某、杨某诉耿某、胡某民间借贷案中，再审法院认为，“本案中，康某提供了银行转账凭证证明，其向耿某支付过25万元款项，并提供录音证据证明系耿某借款的事实。而耿某、胡某称收到款项，是因耿某与康某双方之间存在合伙关系而为。但耿某、胡某没有证明双方存在合伙关系的证据，也没有证据证明双方之间存在其他债务……”故耿某的再审申请不成立。[2]

第五，自由心证与客观证明责任的分配。如果原被告双方都进行了充分的举证，那么法官就需要综合双方证据以及相关案情因素，对借贷合意是否成立作出判断。这种判断在原理上与上文阐述的标准并无二致，关键是

〔1〕 参见重庆市第五中级人民法院（2016）渝05民终4891号民事判决书。

〔2〕 参见新疆维吾尔自治区高级人民法院新民申字第1899号民事裁定书。

看原告对待证事实的证明是否足以让法官形成内心确信(达到高度盖然性);对被告反证的审查只需看其能否从反面动摇法官的内心确信,并非证据评价的重心。

案例十二:在雍某诉黄某民间借贷案中,二审法院认为,"雍某仅依据其向黄某的银行账户存款的银行凭证和其代理人对黄某的一份调查笔录向黄某主张债权,黄某抗辩提出双方当事人之间根本不存在借贷关系,并提供了银行交易记录、证人证言、合伙协议等证据予以证明。根据高度盖然性的证据标准,本院认为黄某提供的证据能够证明其主张。在黄某举证证明双方当事人之间不存在借贷关系的情况下,雍某对于其起诉时所主张的借贷关系的存在,需要进一步提供证据证明,但雍某未能提供证据推翻黄某的抗辩主张,故本院认为不能仅依据银行存款凭证认定借贷关系成立"。[1]

案例十三:在张某诉苏某民间借贷案中,再审法院认为,"张某依据中国银行汇款凭证提起民间借贷诉讼,要求苏某偿还借款,苏某辩称未向张某借款,曾委托张某办事时,向张某账户存款90万元,并交付张某鸡血石等财物,后因事情未能办妥,双方协商,张某退还200万元。依据上述法律规定(《借贷规定》第17条),苏某应当对其主张提供证据予以证明,但其在本案中提供的证据不足以证明其主张,一、二审法院认定双方之间存在民间借贷的事实,并无不当"。[2]

案例十四:在王某诉谭某民间借贷案中,二审法院认为,"谭某举示的证据虽不能确证谭某退出合伙,案涉款项为退伙款,但却存有此可能。在此前提下,需要王某进一步举证证明其与谭某之间存有借款合同关系。如若不能,则应依据《借贷规定》第十七条……由王某承担举证不能的不利后果"。[3]

上述三个案例中,案例十二、案例十三中判决书对事实认定结果的论证,均有可指摘之处。两个判决书的共同问题是,对原告主张事实和被告主张事实适用了相同的证明标准。如果说案例十二因为被告恰好可以证明其主张,因此尚不影响判决实体结果,那么案例十三中的被告就没那么幸运了。该案要求被告证明其反驳主张,而按照本文阐述的证明原理,他本来没

〔1〕 参见湖南省岳阳市中级人民法院(2016)湘06民终171号民事判决书。

〔2〕 参见北京市高级人民法院(2016)京民申2281号民事裁定书。

〔3〕 参见重庆市第四中级人民法院(2015)渝四中法民终字第01486号民事判决书。

有这样的义务。这里的原理就是:被告对其否认的证明属于反证,反证只需动摇本证形成的内心确信,无需达到高度盖然性的证明标准。案例十四的审理法院准确地把握了这一原理,对待证事实的证明责任作出了正确的分配。

(二)对《借贷规定》第 17 条的批评

以上考察表明,即便在《借贷规定》实施后,我国法院对借贷合意的事实认定仍然难言统一。在笔者看来,实务上的分歧主要源于对两个问题的不同认识:一是转账凭证可否初步证明借贷合意存在;二是被告是否应就"转账系偿还双方之前借款或其他债务"的主张负证明责任。只要对这两个问题作出了明确回答,其他争议都将迎刃而解。解释起草者恰恰在这两个问题上认识模糊,由此导致了《借贷规定》第 17 条在表述上的严重缺陷。

1. 转账凭证并不能初步证明借贷合意存在。如上文所述,支付凭证除了能够证明支付,并不能对借贷合意的存在提供任何证明。一个支付背后可能有无数种基础法律关系。这无穷多的可能性,并不会因为原告起诉时对借款关系的主张而消除。有法官认为,在"有转账凭证无借据"的情况下,应当认定借贷关系成立。因为,"原告虽然未能举证证明双方曾经达成借贷合意,但是,其在庭审中能够合理陈述借贷发生的原因、经过,再结合其向被告转账的事实可以认定,双方之间存在借贷关系的可能性非常大,原告的举证已经达到'高度盖然性'的证明标准"。[1] 这种推理表面上合理,实际上有明显的逻辑漏洞——它完全忽略了被告反驳可能具有的意义。假如原告有转账凭证作为证据,并且能够合理陈述借贷发生的原因、经过,其对借贷合意成立的陈述的确构成了一个具有"一贯性"的事实主张;但仅此而已。在被告主张转账系因其他法律关系,并同样就该主张进行了合理陈述的情况下,借贷关系是否成立即陷入真伪不明。这才是《借贷规定》第 17 条要面对的典型场景。而在这一场景中,显然不能立足于"假定借贷合意存在"前提来讨论双方的证明责任分配。

[1] 靳羽:《民间借贷案件的举证责任分配》,载陈国猛主编:《民间借贷:司法实践及法理重述》,人民法院出版社 2015 年版,第 178 ~ 179 页。学者袁琳通过分析转账凭证作为本证和反证的证明力,也认为,"在转账凭证系案件唯一证据的情况下,可以认为原告凭借这一证据已经达到了高度盖然性的证明标准,《借贷规定》第 17 条视原告提供转账凭证为完成初步举证有其正当性和合理性。"参见袁琳:《证明责任视角下的抗辩与否认界别》,载《现代法学》2016 年第 6 期,第 191 页。

2. 被告对"转账系偿还双方之前借款或其他债务"的主张不负证明责任。被告应否对该主张负证明责任,取决于该主张是不是真正意义上的"抗辩"。正如学者指出的,抗辩与否认的本质区别在于,抗辩事实与请求原因事实可以并存,而否认事实与请求原因事实无法共存。[1] 有学者进一步指出,抗辩的目的在于否定请求原因的法律效果,而否认的目的则在于否定请求原因本身。[2] 这些观点无疑都是正确的,因为,倘若不持这样的观点,那么民事诉讼的证明责任分配体系将陷入混乱,对待证事实的证据调查也将失去准据。基于这种理解,被告对"转账系偿还双方之前借款或其他债务"的主张显然是否认而非抗辩。最高人民法院释义书认为,被告以转账系偿还双方之前借款或者其他债务为由否认原告提出的借款事实,实际上提出了一个新的主张,即双方当事人之间还存在其他的法律关系,"按照主张权利的当事人应当对权利发生的法律要件存在的事实负举证责任的基本原理,即应负相应的举证责任,需要提供证据予以证明"。[3] 这种观点恰恰混淆了否认与抗辩。我们说被告"转账是因为其他法律关系"的主张是否认而非抗辩,是因为在《借贷规定》第 17 条的语境中,被告提出这一主张只是为了排除原告主张的原因事实——因为两种事实无法共存,而不是援引一个新的法律规范,以消灭、妨碍或者制约原告的权利主张。因为有待适用的法律规范并无任何变化,适用法律要件分类说的结论只能是原告证明其主张的借贷法律关系存在,而非被告证明其主张的其他原因事实存在。可见,被告对"转账系偿还双方之前借款或其他债务"的主张不负客观证明责任。

由于被告关于存在其他法律关系的主张是否认而非抗辩,关于该主张的证明就是反证而非本证。对《借贷规定》第 17 条而言,作为请求权基础的要件事实是"借贷合意成立",对该要件事实的证明责任已由实体法分配给原告,被告对该要件事实的否认的证明只能是反证。有学者认为,《借贷规

---

〔1〕 参见杨立新、刘宗胜:《论抗辩与抗辩权》,载《河北法学》2004 年第 10 期;占善刚:《民事诉讼中的抗辩论析》,载《烟台大学学报》(哲学社会科学版)2010 年第 3 期;占善刚:《附理由的否认及其义务化研究》,载《中国法学》2013 年第 1 期;陈刚:《论我国民事诉讼抗辩制度的体系化建设》,载《中国法学》2014 年第 5 期;袁琳:《证明责任视角下的抗辩与否认界别》,载《现代法学》2016 年第 6 期。

〔2〕 袁琳:《证明责任视角下的抗辩与否认界别》,载《现代法学》2016 年第 6 期。

〔3〕 参见杜万华主编、最高人民法院民事审判第一庭编著:《最高人民法院民间借贷司法解释理解与适用》,人民法院出版社 2015 年版,第 307 ~ 308 页;靳羽:《民间借贷案件的举证责任分配》,载陈国猛主编:《民间借贷:司法实践及法理重述》,人民法院出版社 2015 年版,第 177 页。

定》第 17 条可以解读为将证明顺序调整为先反证后本证,而且这种调整具有正当性。理由是,“这类纠纷的事实认定难度极大,对原告而言,由于提交不出证明力较大的直接证据,说服法官的过程十分艰难……由被告先行举证,一定程度上可以降低认定事实的难度:一方面,被告的证明难度相对较低,只需让待证事实陷入真伪不明即可;另一方面,在被告需要进行反证且提出反证不困难的情形下,如果认为负有证明责任一方的事实主张是不真实的,那么在没有特别事由的前提下其应当会提起反证,这本身也是一个经验法则”。[1] 该学者认为,不妨将这种制度设计看作赋予被告事案解明义务,而其正当性在于,“在如第 17 条所示的案件中,原告提交不出直接证据和书面证据,这是由自然人民间借贷纠纷的性质决定,并不当然意味着凡如此类的原告一概没有实体法上的请求权。为了降低事实认定难度、保障合法债权人的利益不受损失,应当施加被告解明事案的义务。特别是被告对于原告主张不是单纯否认,而是附理由的否认,这更加印证了被告承担事案解明义务的正当性,被告既然引入新的事实来积极地否认原告的主张,就应当认定其必然可以举证证明其事实主张”。[2] 笔者不同意这种观点。

首先,证明难度不是改变本证、反证顺序的恰当理由。如果说原告可能因为缺乏法律知识而没有事先签订或者保留债权凭证,那么被告对其主张的其他法律关系,同样有可能没有保留相关凭证。就概率而言,两种证明在难度上并无二致。实务中,被告当然可以在否认的同时提出证据,但这不等于应当在制度上要求被告首先进行反证。

其次,反证证明标准较低也不是支持反证先行的恰当理由。反证的确只需让待证事实陷入真伪不明,但问题是,在被告举证之前,借贷合意是否成立本来就是真伪不明的。若非如此,这一事实根本不会成为证明的客体。

再次,无论怎样安排证明顺序,都不可能保护所有合法债权人的利益。由原告首先举证证明借贷合意成立,的确有可能让某些合法债权人利益受损;但让被告首先进行反证,同样会让某些被告因为并不存在的借贷关系而蒙冤。客观证明责任本质上是一种风险分配机制。将民间借贷案件的证明责任分配给原告,是因为让攻击方(原告)保留借贷合意成立的证据,比让防御方(被告)

---

〔1〕 袁琳:《证明责任视角下的抗辩与否认界别》,载《现代法学》2016 年第 6 期,第 191 页。

〔2〕 袁琳:《证明责任视角下的抗辩与否认界别》,载《现代法学》2016 年第 6 期,第 192 页。

保留(与本案无关的)其他法律关系存在的证据更具期待可能性。[1] 而先反证、后本证的制度设计,则让这种风险分配很大程度上落空。

最后,在民间借贷案件中,不存在要求不负证明责任一方当事人负事案解明义务的充分理由。所谓事案解明义务,“其内涵是不负证明责任的一方当事人对于事实厘清负有积极的、具体的陈述和说明义务,包括提出相关证据资料的义务”。[2] 无论在德国还是日本,判例和主流学说都不承认一般性的事案解明义务,而是主张将其适用范围应限制在所谓“信息偏在型”的案件中。[3] 我国亦有学者明确支持这一观点。[4] 其理由在于:对争议事实进行具体化的陈述和说明属于当事人主张责任的内容,而对待证事实的主张责任,与证明责任一样,通常情况下被分配给主张特定法律效果的当事人,这种分配方法源于辩论主义的内在要求。如果承认一般性的事案解明义务,将会从根本上改变证明责任的分配,进而动摇辩论主义的根基。只有在负证明责任一方当事人因为欠缺相关信息而不能期待对其对案件事实主张进行具体陈述,而不负证明责任一方当事人掌握相关信息且其对案件事实进行具体化陈述具有期待可能性时,要求后者负事案解明义务才具有正当性。民间借贷案件并不属于这种“信息偏在型”案件。民间借贷合同作为合同的一种,其签订和履行都是双方当事人共同参加和见证的。在民间借贷案件中,并不像在医疗侵权案件、环境侵权案件中经常出现的那样,某一要件事实相关信息完全或者主要处于不负证明责任一方当事人控制。因此,在民间借贷案件中,要求不负证明责任一方当事人负事案解明义务缺乏基础。

有学者认为,《借贷规定》第 17 条可以理解为被告的“积极否认”义务。[5] 但在民间借贷案件中,并不存在被告的一般性“积极否认”义务。正如上文所述,民间借贷案件不是以“信息偏在”为一般特征的案件类型,因此

---

〔1〕 作为证明责任分配实质性依据的“进攻者原则”,参见 Hans Prütting, *Gegenwartsprobleme der Beweislast*, *München*: *Beck*, 1983, *S*250, 258。新堂辛司认为,基于当事人之间的公平,也要求改变权利现状者对权利变更的要件负证明责任。参见[日]新堂辛司:《新民事诉讼法》,林剑锋译,法律出版社 2008 年版,第 397 页。

〔2〕 袁琳:《证明责任视角下的抗辩与否认界别》,载《现代法学》2016 年第 6 期,第 192 页。

〔3〕 德国的情况,参见姜世明:《诉讼上非负举证责任一方当事人之事案解明义务》,载姜世明著:《举证责任与真实义务》,新学林出版社 2005 年版,第 107 ~ 183 页;日本的情况,参见占善刚:《附理由的否认及其义务化研究》,载《中国法学》2013 年第 1 期。

〔4〕 参见占善刚:《附理由的否认及其义务化研究》,载《中国法学》2013 年第 1 期,第 113 页。

〔5〕 包冰峰和袁琳持这种观点,参见包冰峰:《论民事诉讼中当事人的积极否认义务》,载《证据科学》2015 年第 4 期(第 23 卷);袁琳:《证明责任视角下的抗辩与否认界别》,载《现代法学》2016 年第 6 期。

没有理由对双方当事人的主张和证明责任作不同于一般案件的特殊安排。理论上,如果原告只有转账凭证而不能对借贷合意作出具有“一贯性”的具体化主张,被告当然可以作出不附理由的否认(消极否认)。在原告作出对借贷合意存在作出具体化主张之后,被告才有义务作出具体化的反驳(积极否认)。[1] 在《借贷规定》第17条的语境下,被告只要具体、合理的说明转账凭证是因何种借款或者法律关系引起的,即可认为满足了这种义务。而在被告完成具体化反驳之后,按照证明责任分配的一般原理,接下来就应当是原告首先对其请求原因事实进行举证,而非被告对其否认事实进行举证。

综上可见,《借贷规定》起草者不仅误判了转账凭证对于借贷合意的证明力,而且混淆了否认与抗辩的制度区别。这使《借贷规定》第17条在逻辑上越过“原告对法律要件事实的具体化主张”、“被告对原告事实主张的反驳”以及“原告对争点事实的本证”,直接进入被告的反证环节。这种制度安排让被告在证据调查中承受过重负担,甚至导致借贷合意要件证明责任被倒置的意外后果。正如前文所述,没有人主张倒置借贷合意要件的证明责任,《借贷规定》的起草者也没有。[2] 但“被告应当对其主张提供证据证明”的表述,有可能让法官误解此类案件中的证明责任分配。[3] 之所以出现案例九、案例十、案例十三这类“问题判决”,《借贷规定》第17条的表述失误难辞其咎。

四、偿还抗辩的证明

《借贷规定》第16条第1款规定:“原告仅依据借据、收据、欠条等债权凭证提起民间借贷诉讼,被告抗辩已经偿还借款,被告应当对其主张提供证

---

〔1〕 包冰峰也指出了这一点。参见包冰峰:《论民事诉讼中当事人的积极否认义务》,载《证据科学》2015年第4期(第23卷)。一般性的要求被告对其否认提出“附理由否认”,有可能导致民间借贷与不当得利的混同。对后者而言,要求被告就其得利“无法律上理由”负具体化陈述义务,可能是正当的。而在民间借贷案件中不加区分的要求被告提出“附理由否认”,则模糊了民间借贷与不当得利的区别,可能会导致实体法适用的紊乱。

〔2〕 释义书这部分的论述相当混乱,很多地方自相矛盾,但没有证据证明《借贷规定》的起草者要在这个地方引入证明责任倒置的制度设计。而《借贷规定》第17条最后落脚在原告的“举证证明责任”,从另一个角度否定了这种可能性。

〔3〕 实务中,不乏以《借贷规定》第17条对抗《民事诉讼司法解释》第91条的裁判。比如在“崔某诉剧某甲、剧某乙民间借贷案”中,再审法院就认为,虽然再审申请人认为本案应当适用《民事诉讼法司法解释》第91条第1款分配证明责任,但“根据新法优于旧法、特别法优于普通法的法律适用原则,本案应当适用《最高人民法院关于审理民间借贷案件适用法律若干问题的规定》第17条的规定”。参见新疆维吾尔自治区高级人民法院(2015)新民申字第1800号民事裁定书。

据证明。被告提供相应证据证明其主张后,原告仍应就借贷关系的成立承担举证证明责任。”立法者将这一款规定在三款的最前面,但从逻辑上,这一款涉及的内容本应出现在其他两款之后。因为在理论上,被告偿还借款的主张是真正的抗辩。偿还的前提是承认借贷关系存在,因此,两者是可以并存的。原告抗辩已经偿还借款,实际上是主张合同的权利义务因为债务履行而终止(《合同法》第 91 条第 1 款)。按照《民事诉讼司法解释》第 91 条的规定,这一主张属于“权利消灭抗辩”,被告需要对此负证明责任。在这个前提下,本文之前阐述的所有原理一应适用,只是主体对调而已。但与《借贷规定》第 17 条一样,这个条款同样存在表述缺陷。结合相关案例,分述如下:

首先是被告对于偿还抗辩“提供证据证明”的责任。《借贷规定》第 16 条第 1 款第一句要求被告对其偿还抗辩“提供证据证明”,这在表达方式上与第 17 条第一句完全相同。但考虑到被告主张的性质,我们却不能拿上一节的解读方式来理解这里的“提供证据证明”。考虑到被告在这里提出的是真正意义的抗辩,他当然要对抗辩事实负客观证明责任。基于这样的证明责任分配,被告首先应当对偿还借款的抗辩进行具体化的事实主张。与第 16 条第 2 款、第 17 条中被告的处境类似,原告对于被告的偿还抗辩也可以提出两种否认:一是否认被告对原告有过金钱给付;二是承认有过给付,但否认该给付是偿还原告主张的借款。如果因为原告否认而使得借款是否偿还成为争点,被告应当首先提供证据证明其主张,而不是原告提供证据证明其否认。作为负证明责任一方当事人,被告对于偿还抗辩的证明属于本证,应当达到高度盖然性的证明标准。可参见以下案例:

案例十五:在姜某、刘某、陈某诉杨某民间借贷案中,二审法院认为:“被上诉人(初审原告)主张上诉人(初审被告)未偿还借款,提交上诉人出具的欠条为证。上诉人对被上诉人提交欠条的真实性没有异议,但主张已偿还借款。对其主张上诉人在原审中申请证人尉某、顾某、李某到庭作证,二审中又申请证人尉某、顾某到庭补充说明情况。本院认为,顾某曾是上诉人的司机,与上诉人存在一定的利害关系。尉某与上诉人系同村邻居、多年的朋友,且尉某自己也认可并不清楚借款、还款的数额。李某没有见到还款过程。二审中尉某与顾某在有关借款、还款地点以及借款经过方面的陈述存在不一致的地方。且刘某已经去世,关于尉某与顾某是否参与了还款过程,除其二人陈述外,也无其他证据佐证。而且在上诉人与刘某关系并不密切的情况下,上诉人还款时既不要求刘某退还欠条也不要求刘某出具收条,也不符合常理……原审认定上诉人主张已偿还借款证据不足,并无不当。”[1]

在案例十五中,由于原告否认借款已经偿还,被告提供了若干证人来证明其主张。但这些证人证言本身证明力有限,加上证人陈述存在不一致的地方,法院不能形成被告已经偿还原告借款的内心确信。应该说,在本案中,法院正确地分配了证明责任,对被告本证证明标准的适用也比较妥当。

其次是原告的“举证证明责任”。《借贷规定》第16条第1款第二句要求原告在被告证明其抗辩后,仍就借贷关系的成立“承担举证证明责任”。在我国民事诉讼实务的语境中,“举证证明责任”包含了客观证明责任的内涵,与所谓“提供证据证明”有本质的不同。[2] 但在《借贷规定》第16条第1款的情况下,恰恰不存在根据客观证明责任判决原告败诉的可能性。被告偿还借款的抗辩就是以认可借贷关系成立为前提的,无论其抗辩能否被证明,借贷关系成立都作为自认事实而无需进入证据调查。从这个角度看,《借贷规定》第16条第1款第二句可以说是画蛇添足。另外,对于被告关于偿还抗辩的举证,原告当然可以提出反证。这种反证仅在被告本证足以让法官形成借款已经偿还的内心确信时才有必要,并且无需达到本证那么高的证明标准。关于这一点,实务中并不总是能正确把握。

案例十六:在张某诉自某民间借贷案中,一审法院认为:“被告辩称已偿还原告全部借款,且已还超。首先,被告所举的三份银行回单,累计偿还原告借款合计645,000元,超过向原告所借款款项1倍多;其次,第一次庭审中被告承认,原、被告之间是合伙关系,但第二次庭审中被告否认双方有合伙关系,两次庭审被告的辩称相互矛盾;再次,第二次庭审中,原审法院询问被告,对超出还款的金额是否予以反诉,被告明确表示不提反诉。以上三点被告的行为均与常理不相符,故原审法院对被告的辩称不予采信。”自某不服上诉。

二审法院认为:“被上诉人张某要求上诉人自某偿还借款的事实依据为借款金额合计为300,000元的《借条》两份,上诉人自某抗辩称其已归还借款300,000元,并提供通过银行陆续向被上诉人张某打款五次总计金额为

〔1〕 参见山东省烟台市中级人民法院(2016)鲁06民终1795号民事判决书。

〔2〕 关于“举证证明责任”的内涵,参见沈德咏主编:《最高人民法院民事诉讼司法解释理解与适用》,人民法院出版社2015年版,第312页。

782,760元的凭证证实其主张。被上诉人张某亦认可收到上诉人自某782,760元,但主张该782,760元系用于偿还当事人双方另外的借款(并不包含在本案中主张的300,000元借款)及双方的合伙经营的分红。……由于上诉人自某不认可与被上诉人张某存在合伙关系,被上诉人张某应当对其与上诉人自某之间除300,000元借款之外尚有其他借款及收到的款项为合伙经营分红的事实承担举证责任,但被上诉人张某未向本院提供证据证明该项主张,被上诉人张太伟应当承担举证不能的法律后果,对于上诉人自某认为300,000元借款已经归还的主张,本院予以支持。"〔1〕

按照上文关于本证与反证的区分,案例十六中一审法院的事实认定是正确的。因为被告对其抗辩的证明不能让法官形成借款已经偿还的内心确信,根本不需要原告证明其否认。二审法院则在这个问题上犯了错误:它竟然要求原告证明被告主张的支付行为系偿还其他借款以及双方合伙经营分红。正如上节已经指出的,存在其他法律关系的主张在性质上属于否认,对该否认,主张者不负结果意义上的证明责任。二审略过被告的本证,直接要求原告对否认进行证明,完全颠倒了本案中的证明顺序。而出现这样的问题判决,《借贷规定》第16条第1款关于原告"举证证明责任"的多余规定难说不是重要的诱因。

五、结语

行文至此,不妨对引言提出的问题稍做回答:

1.《借贷规定》第16条第1款中的被告"提供证据证明"是行为意义上的证明责任,也是结果意义上的证明责任。

2.被告对偿还抗辩的证明在性质上属于本证;在被告提出偿还抗辩的情况下,原告无需再对借贷关系成立加以证明。

3.《借贷规定》第16条第2款中"合理说明"可以理解为被告对其否认的具体化。

4.人民法院应当综合各种因素,仍然无法判断借贷事实是否发生,客观证明责任由原告负担。

5.《借贷规定》第17条中的被告"提供证据证明"只能理解为行为意义上的证明责任,而且是一种反证意义上的证明责任。

---

〔1〕 参见云南省普洱市中级人民法院(2016)云08民终271号民事判决书。

6. 三款规定中都提到被告的“抗辩”，但只有《借贷规定》第16条第1款中的“抗辩”才是真正意义的抗辩，其他两款中的“抗辩”在性质上都是否认。

通过以上讨论，我们发现，《借贷规定》第16条第1款、第17条在术语使用、条文逻辑上都存在明显缺陷。第16条第1款不必要地规定了原告的“举证证明责任”，第17条则不恰当地强调了被告的提出证据责任。由于这些缺陷的存在，旨在解决实务问题的司法解释，实际上导致了新一轮的问题。[1]

但我们同时也看到，即便法律解释存在表述缺陷，实践中依然有大量值得称道的裁判。例如，在案例七、案例八、案例十四中，法官都绕开《借贷规定》第17条第一句，作出了既具有个案妥当性、又符合证明责任一般原理的判决。这给我们的启发是，事实认定问题的解决未必总是需要专门的司法解释施以援手，只要法官掌握了证明责任分配理论和证据调查的技巧，完全可以在没有司法解释的情况下作出妥当的事实认定。这些理论包括哪些内容？就本文论题所及，这主要包括以下几对概念的准确理解和妥当运用：一是否认与抗辩的区分：第16条第1款涉及抗辩，第16条第2款、第17条涉及否认。二是主张的具体化义务与提出证据责任的区分：第16条第2款中的“合理说明”是一种主张的具体化义务，而不是提出证据的责任。三是本证与反证的区分：第16条第2款、第17条中被告的证明属于反证，应当按照反证的顺序和标准进行。

而上述区分的依据，都来自客观证明责任的分配。这就是为什么证明责任被称为民事诉讼的“脊梁骨”。证明责任制度的功能不仅在于案件审理终结时分配真伪不明的风险，同时也在于事实调查各阶段分配当事人的责任。由于在实践中真正意义的证明责任判决并不多见，而且理应尽量避免，后一功能就显得尤其重要。为了发挥证明责任的这一功能，需要在证明责任分配之外，引入主张责任、主张的具体化、证明的必要性、提出证据责任的转移、本证和反证的区分等理论，对民事诉讼事实调查的流程作更精细的划分，对当事人在各阶段的任务作更具体的分配。我国民间借贷案件审理中之所以出现事实认定的“困境”，并非证明责任分配有问题，[2]而是法官没有

〔1〕 在实践中，第17条带来的混乱更严重，而第16条第1款的缺陷，正常情况下不会对法官产生重大影响。

〔2〕 实际上，根据《民事诉讼司法解释》第91条承认的证明责任分配“规范说”，结合《合同法》的相关条文，已经足以确定民间借贷案件中的证明责任分配。

全面掌握、妥善运用上述理论工具导致了问题。

相应地,为了应对民间借贷案件审理中的事实认定难题,当务之急是强化法官对民事诉讼证明理论的学习和掌握。《借贷规定》第16条第2款要求法官综合各种因素对争议事实作出判断,体现了拓展证据调查范围,鼓励法官运用自由心证权限的司法政策导向。这种导向是积极的。坚持这种导向,辅以法官对事实调查相关理论与技术的熟练运用,所谓“困境”的化解看上去并非遥不可及。

非法吸收公众存款案件中的借款合同效力研究*

刘如翔**

内容提要 以非法吸收公众存款为代表的非法集资案件近年来呈高发趋势,给理论界和实务界带来了诸多难题,其中就包括涉案借款合同的效力问题。与理论界普遍认为涉案借款合同应为有效不同,司法实务中仍有很多法院认为涉案借款合同应为无效,这种现象的产生不能简单归结为对法律理解上的不同抑或是法律理念上的差异,实务界对效率价值的追求也是相当重要的一部分原因。为解决这一问题,需要对刑事、民事以及行政等相关程序进行功能上的优化。

关键词 非法吸收公众存款 借款合同 合同效力

近年来,随着社会经济的不断发展,民间投融资活动在全国范围内异常活跃,由于缺乏有效监管,非法集资行为屡禁不止。目前,以非法吸收公众存款案件为代表的非法集资案件大量涌入法院,此类案件往往具有涉案人数众多、涉案金额巨大、涉及地域较广以及事实难以认

* 本文是四川省教育厅重点项目“非法集资案件刑民交叉问题研究”(16SA0013)阶段性成果。

** 四川师范大学法学院副教授、法学博士、硕士生导师。

定、法律关系复杂等特点,给法院的审判工作带来空前压力和挑战,在影响案件处置的诸多因素中,刑民交叉问题尤其值得关注。以非法吸收公众存款案件为例,同一笔借款既单独形成借款合同关系,又同时构成作为整体的非法吸收公众存款的一个重要环节。相关行为如何定性,相关合同是否有效,集资参与人与第三方合法权益如何保护,刑事程序与民事程序如何选择等,实务中各地司法机关的处置流程以及裁判结果等不尽一致,严重影响了司法的权威性和有效性。在此背景下,本文选择了非法吸收公众存款案件中的借款合同效力作为研究的对象和突破口,以期对我国司法实践和立法工作有所裨益。

一、存在差异的司法实务:涉案借款合同效力的裁判现状

2015 年 6 月,最高人民法院发布《关于审理民间借贷案件适用法律若干问题的规定》(以下简称《民间借贷司法解释》),其中第 13 条明确规定,借款人或者出借人的借贷行为涉嫌犯罪,或者已经生效的判决认定构成犯罪,当事人提起民事诉讼的,民间借贷合同并不当然无效。人民法院应当根据《合同法》第 52 条、本规定第 14 条之规定,认定民间借贷合同的效力。该司法解释第 14 条进一步列举了人民法院应当认定民间借贷合同无效的 5 种情形,[1]这是近年来直接回应这一问题的司法解释,有学者对此给予了很积极的评价,并认为“借款人或出借人的借贷行为构成犯罪,民间借贷合同并不当然无效”的规定,在理论上具有创新性,尤其是在我国“涉犯罪的合同当然无效”的观点流行泛化的情况下,至少有利于打破合同当然无效的固定思维,促使人们从民法的视角看待合同的效力。

《民间借贷司法解释》出台之后,各级法院在处理类似问题上是否保持一致是本文研究的重点。为此,笔者以“非法吸收公众存款”“借款合同”等为关键词在中国裁判文书网上进行了检索,收集整理了近年来法院系统在处理非法吸收公众存款案件时对涉案借款合同效力进行认定的法律文书,意在探究在案涉借贷行为已经触犯刑法,或涉嫌非法吸收公众存款罪的情

---

〔1〕 最高人民法院发布的《关于审理民间借贷案件适用法律若干问题的规定》第 14 条规定,具有下列情形之一,人民法院应当认定民间借贷合同无效:(1)套取金融机构信贷资金又高利转贷给借款人,且借款人事先知道或者应当知道的;(2)以向其他企业借贷或者向本单位职工集资取得的资金又转贷给借款人牟利,且借款人事先知道或者应当知道的;(3)出借人事先知道或者应当知道借款人借款用于违法犯罪活动仍然提供借款的;(4)违背社会公序良俗的;(5)其他违反法律、行政法规效力性的强制性规定的。

形下，各级法院对借款合同的定性问题。需要说明的是，本文并未做统计学意义上的概括式的分析，而主要选择了具有较高影响力的由最高人民法院和省级人民法院作出的判决或裁定进行样本研究。通过抽样发现，法院在认定借款合同性质时存在泾渭分明的两种观点，即涉案借款合同无效和涉案借款合同有效。

（一）涉案借款合同无效的判例

在《民间借贷司法解释》出台之际，江苏省高级人民法院于2015年8月作出的一份《民事裁定书》认为，《担保法》第5条第1款规定，担保合同是主合同的从合同，主合同无效，担保合同无效。本案中，已经生效的刑事判决书认定案涉借款的借款人构成非法吸收公众存款罪犯罪，故案涉借款合同依法应为无效。根据上述法律规定，因担保合同是借款合同的从合同，故案涉担保合同依法亦应为无效。[1]

如果说2015年《民间借贷司法解释》的出台，对地方法院而言仍有一个逐步熟悉的过程的话，笔者重点研究了最近两年来的司法判例，发现涉罪合同当然无效的观点仍然十分盛行。例如，2018年11月，江西省高级人民法院作出的一份《民事裁定书》认为，当事人之间的借款从形式上看是普通的民间借贷，但出借人的借款行为已经被法院刑事判决认定构成非法吸收公众存款罪。按照《合同法》第52条之规定，当事人之间的借款无效，由于借款行为无效，因借款取得的财产，应当予以返还。[2] 与此同时，同样是2018年11月，河南省高院作出的一份《民事判决书》中认为当事人以个人借款为名义，变相经营存款业务，非法吸收公众资金，已构成犯罪，扰乱了社会经济秩序，损害了社会公共利益。因此，当事人之间签订的《借款合同》属无效合同。[3]

在另外一起2018年12月由湖北省高级人民法院再审的案件中，再审申请人认为涉案借款合同并不当然无效，并且明确援引了《民间借贷司法解释》第13条的规定，认为借款合同不因借款人构成犯罪而当然认定为无效合同。签订的借款合同是双方真实意思表示，借款也全部用于该项目的开

〔1〕 参见江苏省高级人民法院《民事裁定书》(2015)苏审三民申字第00716号。

〔2〕 参见江西省高级人民法院《民事裁定书》(2018)赣民申1368号。

〔3〕 参见河南省高级人民法院《民事判决书》(2018)豫民再884号。

发建设,并非用于违法犯罪活动,不存在《合同法》第52条、《民间借贷司法解释》第14条规定的合同无效的情形。湖北省高级人民法院经审查后认为非法吸收公众存款是指未经中国人民银行批准,向社会不特定公众吸收资金,出具凭证,承诺在一定期限内还本付息的行为。因该行为扰乱了国家金融秩序,具有严重社会危害性,故涉嫌刑事违法。非法吸收公众存款的行为人向社会不特定公众发出提供资金的要约,其利息往往高于银行利息四倍,任何人按其要约向其出借资金,双方即建立起借贷关系。该借贷关系属非法借贷关系,为我国刑法所禁止,利息不受法律保护。借款人实施了向社会不特定公众吸收资金的行为,已经被刑事判决,认定为构成犯罪。本案所涉借款合同不属于民间借贷关系,而属于非法吸收公众存款中的非法借贷关系。因此,有关法律行为无效,驳回再审申请。[1]

(二)涉案借款合同有效的判例

在认定涉案借款合同有效的判例中,较具影响力的是2011年载《最高人民法院公报》上的"吴国军诉陈晓富、王克祥及德清县中建房地产开发有限公司民间借贷、担保合同纠纷案",该案为赞同借款合同有效的学者广泛引用。在该案的处理过程中,一审法院认为,借款人可能涉及非法吸收公众存款的犯罪,与本案合同纠纷属于两个法律关系,公安部门立案侦查、检察院起诉以及法院判决构成刑事犯罪,并不影响法院依据民事诉讼法审理本案当事人间的民事合同纠纷。对合同效力进行判断和认定属于民商事审判的范围,判断和认定的标准也应当是民事法律规范。非法吸收公众存款罪和合同的效力问题是两个截然不同的法律问题。本案中,单个的借款行为仅仅是引起民间借贷这一民事法律关系的民事法律事实,并不构成非法吸收公众存款的刑事法律事实,因为非法吸收公众存款的刑事法律事实是数个"向不特定人借款"行为的总和,从而从量变到质变。因此,本案原被告之间的民间借贷法律关系成立且合法有效,应受法律保护,被告对该借款应当予以归还。二审法院认为,合同效力的认定应尊重当事人的意思自治原则,只要订立合同时各方意思表示真实,又没有违反法律、行政法规的强制性规定,就应当确认合同有效。本案原审被告触犯刑律的犯罪行为,并不必然导致借款合同无效。因为借款合同的订立没有违反法律、行政法规效力性的

[1] 参见湖北省高级人民法院《民事裁定书》(2018)鄂民申4118号。

强制性规定。效力上采取从宽认定，是该司法解释的本意，也可在最大限度上尊重当事人的意思自治。可以说，2015 年《民间借贷司法解释》中有关借贷行为涉嫌犯罪，但民间借贷合同并不当然无效的规定很大程度上是渊源于对本案的理解和支持。

在《民间借贷司法解释》出台之后，笔者重点关注了最近几年来最高人民法院对类似判例的处理意见，可以发现最高人民法院的态度在近年来是基本保持一致的，即在没有其他导致合同无效的情形下认定涉案借款合同以及担保合同等合法有效。例如，2018 年 12 月，最高人民法院做出的一份《民事裁定书》即认为案涉民间借贷行为虽然涉嫌非法集资犯罪，但根据《民间借贷司法解释》第 13 条的规定，人民法院应当根据《合同法》第 52 条、《民间借贷司法解释》第 14 条之规定，认定民间借贷合同的效力。由于案涉借款合同并不存在违反《合同法》第 52 条及《民间借贷司法解释》第 14 条规定的情形，因此，应当认定为有效合同。[1] 2016 年 5 月，在最高人民法院做出的一份《民事裁定书》中，再审申请人提出公安机关已经对借款人非法吸收公众存款罪立案侦查，案涉借款合同与借款人的犯罪行为之间存在直接的关联关系，本案借款合同因牵涉犯罪行为应认定无效，担保合同作为从合同亦应认定无效，担保人不应承担担保责任，最高人民法院则认为借款人涉嫌非法吸收公众存款罪的行为与案涉借款担保合同关系并无直接关联，其是否构成犯罪并不影响案涉借款合同及担保合同的效力，因而，再审申请人签订的《最高额抵押合同》效力不受借款人涉嫌犯罪行为的影响，属合法有效的合同。[2]

综上所述，在 2015 年《民间借贷司法解释》出台之后，法院系统对于涉罪借款合同的效力认定问题仍存在不同认识，这与理论界普遍认为涉罪借款合同在没有其他法定无效情形的前提下，应认定有效的情况形成了鲜明的对比。[3]

二、较为一致的理论观点：涉案借款合同效力的理论梳理

在研究非吸案件背景下借款合同效力的文献中，大多数的学者均坚持

---

〔1〕 参见最高人民法院《民事裁定书》(2018)最高法民申 6141 号。

〔2〕 参见最高人民法院《民事裁定书》(2016)最高法民申 795 号。

〔3〕 理论界也有部分观点认为应当认定涉案借贷合同无效，比如龚振军、方红丽：《非法吸收公众存款罪中借贷合同的效力探究》，载《浙江师范大学学报》(社会科学版)2014 年第 3 期。但该文献发表于 2015 年《民间借贷司法解释》出台之前，且作者也并未认为所有涉案借贷合同均应无效，而是根据借款目的进行了区分。

刑民分离的观点,即认为在判断涉罪借款合同的效力时,刑法与民法有不同的价值追求和调整领域,不能仅仅因为合同涉罪就轻易否定合同的效力,而是应当尊重当事人的意思自治,根据民法规范来判定合同有效与否。“私法与公法都有各自的调整领域,在公法上受到惩罚与在私法上受到惩罚不是一一对应的关系。不在私法方面对行为人的行为加以处罚,不意味着行为人不需承担私法以外的其他法律后果,当事人有可能受到公法的处罚。同样,当事人受到公法的处罚时,也并不意味着其行为在私法上一定会受到否定性评价。”〔1〕

除了在理念层面上,理论界倡导民法评判的独立性以外,为了获得规范层面上的依据,从具体法律规定的角度,各类文献也进行了细致的论证,并已经取得了相对自洽的解释体系。综合来看,判定合同的效力依然要回归到《合同法》第52条的基本规定上来,〔2〕因此,目前理论界在规范层面上的研究也大多着眼于论证涉案借款合同并未违反前述规定上。

(一)关于《合同法》第52条前四项规定的理解和适用

就前四项合同无效的情形来看,第1项“一方以欺诈、胁迫的手段订立合同,损害国家利益”,以及第4项“损害社会公共利益”,或者与非法吸收公众存款罪的构成要件不符,或者存在较大的模糊性,因此,除极为特殊的情况外,基本可以排除在实务中引用作为合同无效依据的可能性。但第2项“恶意串通,损害国家、集体或者第三人利益”和第3项“以合法形式掩盖非法目的”均有理论观点或司法案例对此有所研究或直接引用。例如,有法院判决认为借款人犯非法吸收公众存款罪,其与出借人之间的借贷行为因以合法形式掩盖非法目的并违反《非法金融机构和非法金融业务活动取缔办法》的强制性规定而无效。〔3〕也有学者认为,非法吸收公众存款罪下的借款合同效力不能采取“一刀切”的做法,而应视合同签订时,债权人是否对债务人的非法吸收公众存款行为“明知”来进行划分和考量,如果债权人明知债

〔1〕参见贾邦俊、刘阳:《非法吸收公众存款罪下借款合同效力探析》,载《西部法学评论》2013年第1期(1),第46页。

〔2〕《合同法》第52条有下列情形之一的,合同无效:(1)一方以欺诈、胁迫的手段订立合同,损害国家利益;(2)恶意串通,损害国家、集体或者第三人利益;(3)以合法形式掩盖非法目的;(4)损害社会公共利益;(5)违反法律、行政法规的强制性规定。

〔3〕参见浙江省湖州市中级人民法院《民事判决书》(2014)浙湖商终字第577号。

务人是非法吸收公众存款或者变相吸收公众存款行为，本质上，其也应当已经认识到债务人的行为是损害国家金融管理秩序行为，存在债权人和债务人恶意串通，损害国家利益的过错。根据《合同法》第 52 条第 2 项之规定：恶意串通，损害国家、集体或者第三人利益的情况下所订立的合同无效。[1]

笔者认为，合同无效情形中的“以合法形式掩盖非法目的”与“恶意串通，损害国家、集体或者第三人利益”具有一定的共通性。所谓“掩盖非法目的”隐含着一个非常重要的前提条件，即不能仅是合同一方的非法目的，而应是行为各方共同希望达到的目的，也就是说，《合同法》第 52 条第 3 项的规定应理解为合同双方均具有非法目的才能认定合同无效，从这一理解出发，自然可以发现“掩盖”与“恶意串通”有异曲同工之处，而“非法目的”与“损害国家、集体或者第三人利益”大体也有相似的内涵。那么，前述两项规定能否在实务中适用，并认定借款合同无效的关键就在于出借人是否“知道”借款人的行为为违法行为，在追求“非法目的”，而出借人为追求高息，与其“恶意串通”并损害国家金融秩序。

进一步的思考是所谓“知道”可以分为“明知”和“应知”两个层面，对于“明知”而言，举证难度较大，正如有学者所主张的“不能将应当知道解释为明知的表现形式，应当知道就是不知，不知岂能是明知”。[2] 所谓明知，一定是有充分证据证明行为人事实上已经知道，例如，借款人已经被公安机关控制，涉嫌非法吸收公众存款罪，在有证据证明出借人确以获知该信息的情形下为获得高息回报依然出借款项给借款人或其代理人就属于“明知”。显然，“明知”的证明标准过高，如采用该标准，除个别情形外，基本可以排除“以合法形式掩盖非法目的”与“恶意串通，损害国家、集体或者第三人利益”在实务中认定涉案借款合同无效的可能性。与之相比较而言，“应知”的证明标准有所降低，更多采用一种推定的方式，即出借人应当知道借款人涉嫌非法吸收公众存款，但客观来看该标准对出借人而言仍有强人所难之感。结合 2010 年 12 月，最高人民法院《关于审理非法集资刑事案件具体应用法律若干问题的解释》，关于非法吸收公众存款的构成要件，包括非法性、公开性、利诱性及社会性等四要件，四要件均成立才可以界定为非法吸收公众存

---

[1] 参见贾邦俊、刘阳：《非法吸收公众存款罪下借款合同效力探析》，载《西部法学评论》2013 年第 1 期，第 45 页。

[2] 参见陈兴良：《奸淫幼女构成犯罪应以明知为前提》，载《法律科学》2003 年第 6 期，第 29 页。

款罪。且不说出借人作为单一借款关系的知情人是否有能力和有条件了解作为非法吸收公众存款案件中集资人的所有借款关系，即便是在信息完全对称的情况下，专业的法律工作者在面对这四要件的认定时依然存在众说纷纭的情况，让普通出借人承担如此高的注意义务显然是不现实的，如果法院仅仅依据出借人追求所谓高息的表象，就认定出借人应当知道借款人涉嫌非法吸收公众存款，并进而认定双方构成“恶意串通”，“掩盖非法目的”就显得有些牵强，毕竟对于民间借贷利息过高的部分，目前司法解释也仅仅是不予保护而已，并未否定整个行为的法律效力。

综上所述，通过分析可以发现《合同法》第52条的前四项情形并不适合作为认定涉案借款合同无效的依据，即便是在理论研究和司法实务中被在一定程度上接受，并作为判案依据的“恶意串通，损害国家、集体或者第三人利益”和“以合法形式掩盖非法目的”也缺乏说服力和普遍的适用性。正如有学者认为的，“对于排除前四种合同无效的情形并不存在理论与实务上的障碍。关键是如何适用《合同法》第52条第1款第5项对于上述借款合同效力进行认定”。[1] 对此，笔者持赞同的观点，应该说第五项确实是目前理论界关注的重点。

（二）关于《合同法》第52条第5项规定的理解和适用

《合同法》第52条第5项规定的合同无效情形是“违反法律、行政法规的强制性规定”。与此同时，《刑法》第176条对“非法吸收公众存款罪”进行了明确规定。从形式上来看，涉案借款合同违反了《刑法》的强制性规定，自然应当归于无效，这也是很多法院认定借款合同无效的重要依据之一。但从目前理论界研究的情况来看，大多数学者依然认为《合同法》第52条第5项的规定也不能作为认定涉案借款合同无效的依据。笔者对目前较为常见的论证逻辑归纳如下：

第一，《刑法》第176条规定不属于强制性规定。

客观来讲，随着私权保护意识的不断增强，公权力尽量避免过度干预私权利的观念已经逐渐被接受。在民商事领域当中，这一理念的体现之一就是尽量减少公法规范对民商事法律关系的评价与调整。在这一背景下，《合

---

〔1〕 参见苏峰：《刑民交叉案件中民事行为效力之认定》，载《延边党校学报》2016年第2期，第63页。

同法》出台之后的司法解释陆续对该条款的适用进行了限缩式的解释[1],比如将强制性规定分为效力性强制规定和管理性强制规定,《合同法》第52条第5项的"强制性规定"是特指效力性的强制规定等。据此,很多学者认为《刑法》第176条并未对合同效力作出明确规定,"继续履行对国家利益和社会公共利益的损害是微乎其微的,甚至是不存在的",[2]而只是关乎合同双方当事人之间基于借款合同所产生的权利的行使和义务的履行。所以,《刑法》第176条属于管理性规范,行为人对该管理性规范的违反并不会导致合同无效。[3]

第二,《刑法》第176条规定的调整对象不同。

部分文献试图通过说明《刑法》第176条的调整对象与借款合同所涉及法律关系不同,来论证涉案借款合同并未违反《刑法》第176条的规定。此类文献的思路大体上包括两个方面:一是认为刑法所评价的是当事人单独实施的犯罪行为,即非法吸收公众存款的行为,而非双方行为,因此,涉案借款合同是否有效应当由《合同法》来判断,而不能仅以《刑法》作为依据。二是非法吸收公众存款罪是由若干借款行为叠加进而量变引发质变导致的,仅就单独某一个借款合同来看,并未触犯《刑法》第176条的规定,因此,不能因为借款行为整体上违反了《刑法》第176条的规定,就认为单个借款合同无效。也有学者以操纵证券市场罪进行了类比说明,认为两者具有同样特征。"行为人集中资金、持股或信息优势联合或者连续买卖、操纵证券交易价格、交易量的行为触犯刑法,但难以据此进一步认定其中每一笔证券交易均属无效,若认为只要行为触犯刑法则导致所有民事行为归于无效,那么上述操纵证券市场过程中所有的股权转让交易都应归于无效,由交易双方

---

〔1〕 例如,《合同法解释(二)》第14条规定,《合同法》第52条第5项规定的"强制性规定",是指效力性强制性规定。最高人民法院《关于当前形势下审理民商事合同纠纷案件若干问题的指导意见》第15条进一步强调,人民法院应当注意区分效力性强制规定和管理性强制规定。违反效力性强制规定的,人民法院应当认定合同无效;违反管理性强制规定的,人民法院应当根据具体情形认定其效力。如果强制性规范规制的是合同行为本身即只要该合同行为发生即绝对地损害国家利益或者社会公共利益的,人民法院应当认定合同无效。如果强制性规定规制的是当事人的"市场准入"资格而非某种类型的合同行为,或者规制的是某种合同的履行行为而非某类合同行为,人民法院对于此类合同效力的认定,应当慎重把握。

〔2〕 参见贾邦俊、刘阳:《非法吸收公众存款罪下借款合同效力探析》,载《西部法学评论》2013年第1期,第46页。

〔3〕 参见苏峰:《刑民交叉案件中民事行为效力之认定》,载《延边党校学报》2016年第2期,第63页。

恢复原状,一方返还价款、另一方退还股权,这在司法实践中显然是不现实的。"[1]

综上所述,目前理论界较为普遍的观点是认为《合同法》第52条有关合同无效的规定,不能作为认定涉案借款合同无效的依据,即便是形式上借款合同"违反法律、行政法规的强制性规定",通过分析仍然可以发现不能轻易得出涉罪借款合同即无效的这一结论。但与此同时,一个更值得深入思考的问题是,为什么在理论界已经较为一致的观点在实务中并未得到广泛的认可,或者说仍有不同的声音,其背后显然有着更为深刻的原因。

三、不完全一致的价值追求:司法实务与理论观点的分歧根源

通过对比分析可以发现,司法实务中法院认为涉案借款合同的效力认定仍有不同意见,而理论界的观点则相对较为统一,造成这种现象的原因不能简单归结于法院系统法官的专业能力有待提高,又或者说法律法规或司法解释存在较大模糊性。应该说随着法治建设的不断推进以及法官职业化水平的不断提升,法官的整体素质和业务能力与过去相比有了很大提高。另一方面,随着非法集资案件以及民间借贷案件的与日俱增,各类在司法实务中出现的复杂问题不断凸显,最高人民法院也相继出台了多部司法解释对法院工作进行指引,比如2010年10月,最高人民法院发布的《关于审理非法集资刑事案件具体应用法律若干问题的解释》;2014年3月,最高人民法院、最高人民检察院、公安部联合发布的《关于办理非法集资刑事案件适用法律若干问题的意见》;2015年6月,最高人民法院发布的《关于审理民间借贷案件适用法律若干问题的规定》,以及2019年1月,最高人民法院、最高人民检察院、公安部联合发布的《关于办理非法集资刑事案件若干问题的意见》等,前述司法解释或多或少与涉案借款合同的性质认定以及涉案资产的后续处置等问题有一定关联。在这种背景下,依然会有部分法院认定涉案借款合同无效应该是另有原因。

从目前收集到的信息来看,当前非法集资形势依然严峻,如中国法院网公布的数据,"2015年至2018年全国法院新收非法集资刑事案件分别为5843件、7990件、8480件、9183件,同比分别上升108.23%、36.7%、6.13%、

[1] 参见刘宪权、翟寅生:《刑民交叉案件中刑事案件对民事合同效力的影响研究》,载《政治与法律》2013年第10期,第45页。

8. 29%”。[1] 此外,2019年1月,在最高人民法院、最高人民检察院、公安部联合印发《关于办理非法集资刑事案件若干问题的意见》的新闻发布会上,公安部经济犯罪侦查局副局长王志广提供的数据显示,“2018年,全国公安机关共立非法集资案件1万余起,同比上升22%;涉案金额约3000亿元,同比上升115%,涉及全国各个省区市。重大案件多发,2018年,平均案值达2800余万元,同比上升76%。一些案件涉案金额上十亿元甚至上百亿元”。笔者浅见以为如此复杂和严峻的非法集资形势可能才是部分法院认定涉案借款合同无效的深层次原因之一。如果从理论角度进行解读,可以理解为对案件处置效率的要求是影响法官判案的关键因素。为了验证这种观点,就必须说明至少从法院系统的角度而言,认定涉案借款合同无效是更具效率的做法,而这种效率显然隐含着一种“解决问题”的思维方式。具体而言可以推理如下:

第一,节省司法资源。涉案借款合同如果已经纳入刑事案件的受理范围,也就意味着相关法律关系会依据刑事程序进行审理。向社会公众非法吸收的资金属于违法所得,出借人的本金可以通过涉案财物的追缴程序予以退回,但利息部分显然不在考虑范围。法院在审理民事案件时如认定涉案借款合同无效,则处理结果将与刑事案件保持一致,在退回本金的同时利息部分不受法律保护。但如果法院认定涉案借款合同有效,一方面意味着刑事案件与民事案件的处理结果存在冲突,另一方面将在客观上产生诱导当事人另案提起民事诉讼的后果。如果刑事案件集资参与人众多的话,比如“e租宝”案件中涉案集资参与人大约在90万左右,如此数量众多的当事人提起民事诉讼显然是法院系统无法承受之重。

第二,便于善后处理。认定借款合同无效,即意味着利息不受法律保护,这种做法有利于案件善后工作的开展。具体而言优势表现在三个方面:一是所有利息均不再保护,仅就本金部分予以返还,避免了追缴退赔环节的不公平现象,尤其是在绝大多数非吸案件中涉案财物均不足以全部返还的情况下更符合普通民众的公平观念。二是所有利息均不再保护也降低了集资参与人的回报预期,更容易接受财产分配方案以及本金不足以全部受偿的事实。三是仅返还本金,不保护利息确保了与刑事案件处理的一致性,避

[1] 参见中国法院网,https://www.chinacourt.org/article/detail/2019/01/id/3719481.shtml,2019年10月7日访问。

免在执行环节出现意外和反复的情况。

第三,降低复发概率。尽管在理论上就单一法律关系的角度而言,出借人与借款人之间是普通的民间借贷法律关系,但不可否认的是资金出借行为是非法吸收公众存款罪犯罪事实的组成部分。如认定借款合同有效,并对出借人利息进行保护也在一定程度上形成了对出借人的鼓励效应,甚至是诱发新案件的产生。在这一问题上,最高人民法院、最高人民检察院、公安部于 2014 年 3 月联合发布的《关于办理非法集资刑事案件适用法律若干问题的意见》中,使用了"集资参与人"而不是"被害人"这一刑事案件中广泛使用的概念,显然在定性上是有倾向性的,理论界和实务中对于非法吸收公众存款案件中的集资参与人并非被害人的观点也是较为认可的,这在一定程度上与认定出借人借款合同无效,不保护其利息的观点有着基本一致的理念支持,即出借人尽管不需要承担刑事责任,但也不是一个单纯的"受害者",仍然要对自己的行为承担一定的不利法律后果。

第四,便于统筹处理。在我国,处理非法集资案件不仅是法院系统的工作,更是处非办的工作。2007 年,国务院同意建立处置非法集资部际联席会议制度之后,随着非法集资形势的日益严峻,处非办的规模日益扩大,机构日趋健全,甚至有转变为实体机构的趋势。2019 年处置非法集资部际联席会议(扩大会议)在北京召开,相关报道显示,"31 个省(区、市)及新疆生产建设兵团均已建立省级处非工作领导小组,纵向到底、横向到边的工作格局基本形成"。"年内务必实现处非领导机制省市县三级全覆盖。"[1] 客观来说,处非办已经成为统筹处理非法集资案件的中坚力量,尤其是对一些大案要案的处理,处非办的意见往往具有倾向性甚至是指导意义。在应对此类案件时,处非办通常以维稳为工作重心之一,这就要求在尽可能短的时间内完成案件的定性、追赃和退赔,避免出现群体性事件,避免节外生枝。因此,对集资参与人利息这种需要耗费大量精力进行细致甄别梳理的工作显然是"自找麻烦",从目前正在征求意见阶段的《处置非法集资条例(征求意见稿)》的相关规定也可以证实这一观点,如第 26 条规定,"向非法集资参与人清退资金时,其因参与非法集资获得的实物和货币回报,应当予以扣除",显然集资参与人的利息不在考虑范围之内。如按此逻辑出发,为确保处置意

〔1〕 参见中国银行保险监督管理委员会网, http://www.cbrc.gov.cn/chinese/newShouDoc/8AFE74E8C055483981DBE962A2918370.html,2019 年 10 月 7 日访问。

见的一致性,则必然要求法院认定借款合同无效。在笔者收集到的案例中就有类似情形。2016 年,湖南省高级人民法院认为,被申请人为开展公交车辆营运活动在未取得银行业监督管理机构批准的情形下,以承诺在一定期限内支付出资人固定利息并向公司职工及不特定的对象(社会公众)筹集资金违反了国务院《非法金融机构和非法金融业务活动取缔办法》的规定。被申请人在原审中提交了《中共永州市零陵区委常委会研究公交公司集资款偿还、全面建成小康社会等工作的会议纪要》以及永州市第一公共交通公司集资款清退办公室清退方案、兑付须知及名单等证据,故原审认定被申请人属非法集资从而认定双方签订的《零冷公交联运专线融资入股协议》为无效合同并无不当。[1]

四、不成熟的构想:刑事、民事、行政程序的功能优化

正如前文所分析的,认定涉案借款合同有效是理论界和最高人民法院已经基本形成一致的观点,但该观点的实施不是一个简单的法理上的问题,还要考虑到认定合同无效背后的逻辑思路及其在司法实践中的“优势”。在认定合同有效的情况下尽量保留这种优势应该成为制度改进的主要方向。

笔者浅见以为之所以在民事程序中认定合同无效,最为主要的原因是要确保与刑事程序的一致性,或者说不构成对刑事程序的不利影响,这种理念的出发点是源于对刑事程序处理非法集资类案件更为高效的认知,更具体而言是对刑事程序中涉案财物追缴处置程序的认可。正如一些学者所提出的,刑事判决中追赃是通过国家公权力强制清退,可以快速有效地查明犯罪人的财产,并进行冻结和查封,防止犯罪人隐匿或转移资产,受害人不需要主动去查找资产、申请保全,简单易行,既可以保持裁判的统一性,又能节约大量司法资源。[2] 总结而言,刑事判决追赃程序的最大优势在于集中统一处理,包括统一追赃,统一分配。而民事程序最大的问题可能还不在于案件事实的查明又或者具体利息的计算,而在于涉案人员众多,程序分散,极可能出现无序处理的现象。当然刑事程序的弊端也是很明显的,比如借款人因其犯罪行为免除了支付利息的合同义务,与不能从犯罪行为中获利这

[1] 参见湖南省高级人民法院《民事裁定书》(2016)湘民申 440 号。

[2] 参见刘宪权、翟寅生:《刑民交叉案件中刑事案件对民事合同效力的影响研究》,载《政治与法律》2013 年第 10 期,第 47 页。

一基本理念相违背，变相降低了犯罪成本；借款人因其犯罪行为导致合同无效，进而引起担保合同无效，事实上也免除了担保人的义务，使借款人的权益得不到保障，不符合意思自治和公平原则的要求，等等。

那么能否实现民事程序的统一处理呢？笔者有些关于刑事、民事和行政程序功能优化的初步设想，具体包括以下几个方面：一是刑事程序处理刑事问题，包括案件定性、当事人定罪量刑以及前期公安机关、法院系统对涉案财产的查封、扣押、冻结等限制措施；二是引入集团诉讼机制，但是由处非办等相关机构代表集资参与人提起民事诉讼，确定集资参与人的本金及合法利息，并由法院在已查封冻结财产中强制执行。

前述设想的核心之处在于，以处非办或其他机构发起的民事执行程序代替刑事退赔程序作为涉案财产分配的主要方式。这种做法的优势在于：第一，符合法理要求，这种符合表现在三个方面：一是认定涉案借款合同有效更具公平性，当事人的民事权益更能得到保障；二是已有观点认为非法吸收公众存款案件中将吸收来的资金定性为“非法所得”，进而适用刑事涉案财产追缴程序有法理上的障碍，毕竟借款人明确表示要附加高息后归还，而没有将吸收来的资金据为己有的表现；[1] 三是有学者提出责令退赔并不是我国刑罚的种类，那种将责令退赔作为刑事判决的一项内容，是没有法律依据的。[2] 第二，依照刑事程序对涉案财产进行查封、冻结等能够保留现有程序对涉案财产处置的效率。第三，由处非办代表集资参与人进行诉讼可以确保案件的统一处置，避免民事程序中分散处理的低效率和无序性。当然，笔者深知前述设想是不成熟的方案，既需要配套措施，也需要多方论证，由于篇幅及个人能力所限，此处仅提出一些不成熟的构想留待以后进行深入研究。

---

〔1〕 参见肖伟志、龚恒宇：《涉非法吸收公众存款案件中的合同效力问题研究》，载《吉首大学学报》(社会科学版)2018 年第 4 期，第 113 页。

〔2〕 参见师伟、汤金钟：《追缴或责令退赔不应是刑事判决内容》，载《人民法院报》2005 年 8 月 24 日。

罪与罚：民间借贷“外衣”下的套路贷

——“套路贷”犯罪的经济学成因及防范对策探析

周益洁* 刘姝娟**

内容提要 当前，“套路贷”日趋严重，然而司法机关对此类犯罪没有作出恰当的反应，具体表现为在入罪与出罪的边缘摇摆不定、法律适用上的混乱等方面。从经济学角度，人人都是“理性经济人”，在“套路贷”犯罪活动中，受害人和犯罪行为人都是从理性角度作出让自己利益最大化的选择，因此，要从“套路贷”犯罪的经济学成因入手，从而提出具有针对性的防范对策。

关键词 “套路贷” 民间借贷 供求理论 成本与收益理论 信息不对称理论 防范对策

近年来，“套路贷”犯罪日益频发。作为一种非法经济活动，其兴起可以说是资本市场活跃的产物：经济的高速发展催生了市场主体强烈的融资需要，而银行等金融机构的贷款条件相比之下又略显苛刻，小额贷、高利贷、“套路贷”等贷款方式应运而生。其中，“套路贷”虽然在一定程度上满足了社会融资需求，但同时也衍生出了不少犯罪现象。面对此情此景，本应迅速作出反应的司法

* 四川省阿坝藏族羌族自治州中级人民法院研究室科员。

** 四川省阿坝藏族羌族自治州中级人民法院研究室副主任。

机关,到目前为止,尚未在国家层面出台有关规范性文件,只有一些稀疏的地方性规定,[1]且内容也较为笼统。例如,对于人身罪与财产罪的界限并未明确,当抢劫、敲诈勒索等财产犯罪与故意伤害等人身犯罪所竞合时,只有简单规定的罪名,不免造成一律并罚的可能。缺乏恰当的法律规定,导致套路贷犯罪在司法实践中陷入一片泥泞。[2] 在此情况下,从经济学领域分析原本就产生于经济问题的"套路贷"犯罪成因,进而提出相应的司法规制建议就显得尤为必要了。

一、"套路贷"的概念明晰

(一)"套路贷"的概念定义

"套路贷"听起来是一种新型的犯罪行为,但实际上并非正式的法律术语,是近几年在民间借贷领域流行的非法行为的统称,属于集合犯罪行为。起初,在民间借贷的市场中出现,随着经济的快速发展,不断演变成为犯罪分子取得被害人财产的新途径,常常令人防不胜防。结合其行为特点、手段及行为的社会危害性,对其作出如下界定:"套路贷",是指以非法占有为目的,欺骗被害人签订借款合同后,通过虚增债务、制造银行流水痕迹、胁迫逼债、虚假诉讼等方式非法占有公私财物的行为。

(二)"套路贷"犯罪的特征

"套路贷"犯罪通常会以房贷、车贷、民间贷、无抵押贷、校园贷等形式出现,近期又出现与美容院、手机专卖店等合作,将贷款与产品捆绑搭售,诱骗受害人的现象,但又与传统的高利贷以及校园贷等贷款类案件均有所不同,大致具备以下几点典型特征:

1. 不同于传统的高利贷

一是"套路贷"犯罪的目的是侵犯他人财产,所谓借贷不过是掩盖其目的的手段方式,而高利贷的目的却是获得高额的利率,并不具有侵财的目

[1] 目前,专门针对"套路贷"的地方规制性文件只有重庆市的《关于办理"套路贷"犯罪案件法律适用问题的会议纪要》、浙江省的《关于办理"套路贷"刑事案件的指导意见》、上海市的《关于本市办理"套路贷"刑事案件的工作意见》。

[2] 笔者以"套路贷"关键词在中国裁判文书网上检索,共检索到7572份裁判文书,其中二审案件占比39.86%,再审案件占比4.4%,足以说明"套路贷"案件的复杂以及法律适用的混乱。

的，这是两者在目的上的差异。二是“套路贷”犯罪在实际上侵犯了群众的财产，其行为涉嫌犯罪；且年利率符合国家规定利息的也是受到法律保护的，而此时高利贷的借贷行为本身也并不违法。两者在本质完全不一样。三是“套路贷”犯罪侵害的法益较多、具有较高的社会危害性；而高利贷主要是一种民事行为，尚未进入刑事领域，这种民事纠纷只是公民私人之间的正常纠纷，社会危害性较小，因此，“套路贷”犯罪的危害性更具社会性。

2. 并非普通的民间民事借贷纠纷

“套路贷”涉嫌刑事犯罪，影响了国家的经济秩序，扰乱了经济市场。在当前发生的各种“套路贷”案件中，当事人之间的借贷关系只是一种掩饰，行为人并非真实地想与行为人产生借贷关系，而是以借贷关系为名，旨在侵犯他人财产，实现其非法占有的目的。但民事借贷纠纷中，借贷关系本身是真实存在的，行为人希望通过对方当事人借贷关系中义务的履行来获利，借贷关系并非假象。

3. “套路贷”案件往往具有层层套路并且环环相扣

在“套路贷”案件中，受害者正是在环环相扣的套路中越陷越深、深受其害，所谓环环相扣是指行为人往往设计众多具有欺骗性质的手段，并且欺骗行为一个紧接着一个。例如，在2017年上海警方办理的一起案件中，犯罪行为人尹某2014年以“平账”为由，与沈女士签订了570万元的合同。一年后，再次以“平账”为由，与沈女士签订了虚高的3395万元借款合同。[1] 对当前的“套路贷”案件进行概览后可以发现大致的套路如下：一是制造民间借贷关系的假象，并以此做虚掩；二是伪造银行流水痕迹、借此制造虚高债务的假象；三是要求受害者偿还虚高债务，并在受害者无力偿还时，迫使其用平账的方式还钱；四是在受害者累积了“巨额债务”后，威逼受害者偿还高额债务，或使用暴力手段，甚至提起虚假诉讼。因此，在“套路贷”案件中，环环相扣的套路是迫使受害者背下虚高债务的根本原因，这种复杂的犯罪手段既是“套路贷”案件不同于普通的侵财犯罪的特征，也是其严重的社会危害性的体现。

4. “套路贷”犯罪往往是有组织的犯罪

在许多“套路贷”案件中，犯罪行为人都是以公司名义组织实施犯罪，具

---

〔1〕《女子创业借款1400万被“套路” 多次平账后本息近亿》，载腾讯新闻，https://news.qq.com/a/20170821/030428.htm，2020年5月15日访问。

有组织化甚至集团化的特征,在这种形成组织的有计划的“套路贷”犯罪中,社会危害性相对于普通的财产类犯罪更高,甚至在一些案件中造成受害者自杀、卖房抵债等严重后果,社会危害性不言而喻。

二、“套路贷”犯罪的经济学成因分析

西方经济学有一个关于“理性经济人”的基本假设,认为人作为经济决策的主体具有完全理性,所追求的目标都是使自己的利益最大化。以此假设为出发点,诞生了犯罪经济学理论。犯罪经济学认为,犯罪既是一种供给,又是一种消费,所以,人类生活中实际存在一种犯罪市场。[1] 除却精神病人在不能辨认或者无法控制自己行为的时候犯罪以及激情犯罪外,犯罪行为人也应满足“理性经济人”的条件:从“供求关系”理论出发,资本借贷市场的供不应求是带来“套路贷”犯罪的首要原因;从“成本收益分析”理论来看,犯罪收益高于犯罪成本,则是犯罪行为人之所以选择犯罪的根本动机;而站在“信息不对称”理论立场,“套路贷”犯罪行为人掌握更多的信息,又增加了其犯罪成功率。

(一)“供求关系”理论下,受害人“经济”选择的结果

根据“供求关系”理论,受害人之所以选择“套路贷”主要基于三个方面的原因考虑:一是非法借贷公司较之于银行正规金融机构自身存在优势。在现实生活中,非法借贷公司通常以互联网等为传播媒介大肆宣传,受众广,社会知晓面广泛,并且在其广告中通常还以“零抵押”“零担保”“额度高”“下款快”“利息低”等虚假信息为诱饵,导致受害人极易陷入圈套。二是受害人自身的原因。受害人虽然明知“天下没有免费的午餐”,但是往往因为迫切的贷款需求,同时追求“零抵押”“零担保”“额度高”等虚假的预期效益选择“套路贷”。三是资本市场的“供不应求”。按照前文所述的“理性经济人”观点,当经济决策的主体面临借贷需求时,应当首先会对借贷途径进行经济分析,选择对自身最为有利的渠道。银行等金融机构的借贷门槛较高,一般要求提供担保、房屋抵押、收入证明、个人征信证明等材料,放款金额有限,放款周期亦较长。经过经济分析,在面对正规的银行等金融机构和非法借贷公司时,由于受害人并不准确辨别两者的区别,可能更倾向于民间

[1] 宋浩波:《试论犯罪经济学的原理》,载《福建公安高等专科学校学报》2003 年第 1 期,第 6 页。

借贷,将非法借贷公司作为最终的选择,如图 1 所示。

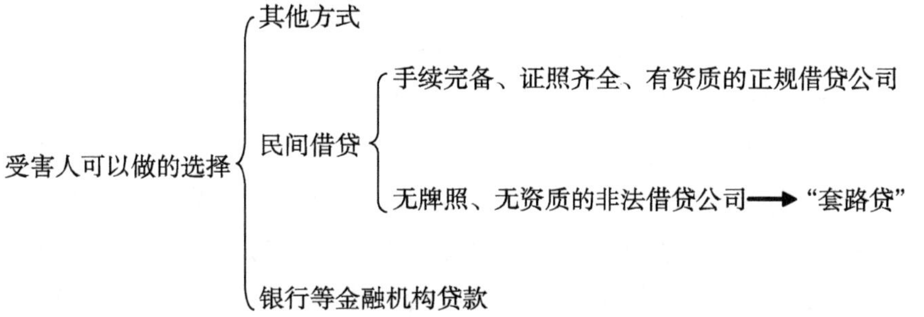

图 1　受害人的"经济"选择分析

(二)"成本收益"理论下,犯罪行为"经济"选择的结果

在各地查处的"套路贷"案件中,借款数千上万元,被逼还款数十万元乃至上千万元的例子不胜枚举。例如,在上海市瞿某等"套路贷"犯罪一案中,瞿某等人通过散布"未成年人借钱不还"等谣言,诱使未成年人写下虚高的借条,后通过暴力手段索取债务,致使未成年人在恐惧中错误地处分自己名下的房产。由此可见,犯罪收益远大于其犯罪成本,"套路贷"犯罪是犯罪行为人"经济"选择的结,如图 2 所示。

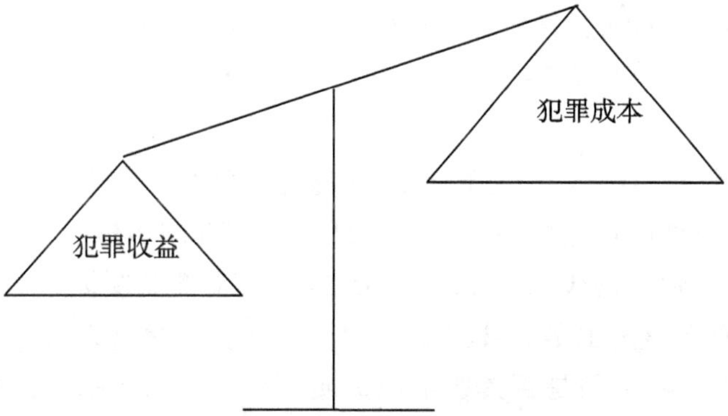

图 2　犯罪行为人的"经济"选择分析

在犯罪成本中,犯罪行为人遭受刑事处罚的预期成本往往是其关注的焦点。在司法实践中,此项成本往往较低:"套路贷"犯罪行为因其隐蔽性高、迷惑性大,被查获的概率很小。非法借贷公司往往以"小额借贷机构"为

掩护平台,大部分通过网络社交平台向目标人群进行放贷,发现难度较大。当受害人向公安机关报案时,往往会被误以为是民事纠纷,不予受理。受害人到法院起诉时,又会因为缺乏有力证据,难以得到支持。[1] 同时,“套路贷”行为被定性为犯罪的难度也较大:“套路贷”行为人通过“阴阳合同”、“虚高借款合同”和制造银行流水等形式伪造了借贷的“证据”,将其非法行为合法化。甚至有的犯罪行为人会勾结律师,共同实施“套路贷”,使其犯罪行为更加天衣无缝。凭借着完美的“证据链条”,“套路贷”犯罪嫌疑人肆无忌惮地向受害人讨债,理所应当地拒绝警方干预,更有甚者手持合同、银行流水、房屋抵押公证书向法院起诉,要求受害人履行义务。

当前,由于法律制度的缺失,“套路贷”犯罪被严惩的力度也明显不足。主要表现在:依照目前的法律,“套路贷”犯罪即使被定罪,一般也只能以诈骗罪、敲诈勒索罪、非法拘禁罪、虚假诉讼罪等罪名进行刑事追诉。然而这些罪名并不能完全规制“套路贷”犯罪行为,与刑法“罪责刑相适应”原则相悖。例如,“套路贷”犯罪中往往采取欺骗的手段诱使受害人签订“合同”,随后则采取敲诈勒索、跟踪、恐吓等手段取得钱财,对此显然不能以“诈骗罪”论处,而以“敲诈勒索罪”又不足以惩戒其所有罪行。此外,金融犯罪行为往往与正常的金融活动相融合,刑法处罚又依附于经济类行政法规,不法分子往往打着发展经济的旗号实施犯罪,金融犯罪与纠纷、民事侵权行为混合,而金融犯罪概念标准的法律界定比较宽泛,司法部门在辨别、厘清罪与非罪方面存在困难,很多“套路贷”犯罪借此逃避了惩罚。

(三)“信息不对称”理论下,受害人与犯罪行为人博弈的结果

受害人掌握的信息往往不如犯罪行为人掌握的多,往往直接导致受害人在博弈中落败。例如,受害人在借贷之前,通常都需要提交本人的身份信息等,个人财产情况也尽数被犯罪行为人知悉。而受害人对犯罪行为人的信息却知之甚少:公司是否具备金融资质、合同签订程序是否规范、约定的利息是否在合法范围内……正是因为受害人对犯罪行为人的信息不甚了解,才导致犯罪行为人得以以各种理由要求受害人签订“虚高借款合同”“阴

〔1〕 受害人早已将名下的房产进行网签、甚至公证给犯罪行为人,根据《民事诉讼法》的规定,经过法定程序公证证明的法律事实和文书,人民法院应当作为认定事实的根据,但有相反证据足以推翻公证证明的除外。

阳合同”等，而在这一过程中，受害人受犯罪行为人的蒙蔽，甚至还会配合犯罪行为人一起为自己制造各种不利的证据，让后期的维权更加波折重重。

三、“套路贷”犯罪的防范对策建议

（一）构建监管预警机制，打破供需失衡问题

根据供求理论，假设借贷市场需求不变，银行的门槛越高、正规借贷公司借贷条件越高，被“套路”的受害者的比例将增加，反之亦然。因此，应当引导借款人走正规借款道路，减少被“套路”风险。

1. 建立行业管理机制

一是公安机关应联合相关部门对金融企业开展摸底排查，清理无金融牌照、无金融资质的非法借贷公司，将有违法前科、有违法苗头的非法借贷公司纳入重点管理范围。例如，达州公安机关组织经侦民警联合辖区工商、金融办等部门，对辖区各家小额贷款公司及融资性担保公司的组织机构、资金运用、财务管理等情况进行检查，对存在问题的按照有关监管要求，下达限期整改通知书。同时应建立并公开“非法金融企业黑名单”，及时预警潜在金融风险。二是严格审核机制。金融办等主管部门应严格小额借贷公司的注册门槛，出台具体实施细则，对注册资本、融资渠道、组织机构、管理制度、营业场所等进行实地审核。三是公安机关应联合金融办提前介入金融企业的管理，督促企业完善内控和外防机制，注意风险源头防范，并对金融企业的借贷业务和资金来往进行监控，及时发现并打击违法违规行为。四是推进行业自律，引导成立行业协会、建立行业自律委员会，加强行业诚信体系建设，完善行业自律机制，引导企业和从业人员恪守行业规约和职业道德。

2. 构建风险监测预警平台

一是加强与金融办协作，推进金融监管及风险监测预警综合平台建设，逐步实现对地方金融活动和金融机构的全方位、全流程、全链条动态监管监测。例如，涿鹿警方与金融办协作配合，共同建立起了民间金融信息采集机制和民间金融风险预警机制，重点监测民间资金规模、性质、利率、资金流向和风险状况等情况，并根据金融监测情况和基础工作，及时掌握相关信息，将重点单位和个人列入工作视线，实行重点管控，立线经营，及时发现和防范犯罪。二是加强与互联网企业协作，运用大数据优势，实时进行数据碰撞和融合分析，量化风险指数，并自动产生预警。在 2018 年 5 月，深圳市公安

局与深圳市腾讯计算机系统有限公司开展合作,针对目前高发的涉众型、风险型经济犯罪活动,共同建立了国内首个实体金融安全实验室"深圳经侦—腾讯金融安全实验室",围绕网络非法金融活动的线上监测、拦截警示、调查处置、线下打击、宣传教育等方面开展全方位合作。[1]

3. 推动相关行业整治

一是公安机关等管理部门应督促互联网企业对以微信、微博、网页等媒体传播的虚假信息予以治理,整治不实广告,要求互联网运营商建立完善的广告审查、登记、档案管理等各项制度,把好广告审查和验证关,缩小非法借贷企业虚假信息的传播范围。二是加强律师、公证处等"套路贷"相关领域的防范,形成公安监管与行业自律相结合、相促进的良性互动。推进律师行业自律,自觉抵制伪造证据、提起虚假诉讼等妨害司法公正的行为。避免因律师的参与,导致犯罪行为人逃脱处罚。同时推动公证处完善公证制度,堵塞漏洞。三是对"套路贷"的衍生、捆绑行业开展整治、监督,预防"套路贷"与实体经济相结合,造成更大的金融影响。如可联合工商部门对手机专卖店、美容院开展专项排查整治,及时发现潜在风险。

(二)形成打击合力,扭转天平失衡现象

正如图2所示目前犯罪成本与犯罪收益的天平已经失衡,人们会对激励做出反应,因此,可以通过引入外部激励条件,扭转天平失衡现象,提高成本、降低收益,引导犯罪行为人自发选择放弃犯罪。

1. 加强顶层立法设计

关于"套路贷"犯罪的法律适用问题,主要是如何定罪。定罪不仅涉及罪名选择的问题,而且涉及某些特殊的集团犯罪。通过对该类犯罪的判决分析,目前普遍存在罪名认定上的混乱,甚至以构成要件不太明确的兜底性罪名——非法经营罪论处,这严重影响违背了罪行相适应原则。

首先,我们应当认识到"套路贷"犯罪不仅侵犯被害人的人身权、财产权,而且利用虚假诉讼影响司法公信力,妨害公正司法。在一些案件中,犯罪分子与黑恶势力相勾结,通过暴力、威胁手段侵犯被害人,故意暴露他人隐私,甚至引发被害人自残、自杀等后果。可见,"套路贷"犯罪涉及刑法中

〔1〕《腾讯安全助警企融合打击互联网金融犯罪》,载太平洋电脑网,http://pcedu.pconline.com.cn/1117/11175226.html,2020年5月15日访问。

侵害人身权利、财产权利、妨害社会管理秩序等章的罪名。因此，必须将“套路贷”的犯罪过程分为“套路”行为和索债行为两个阶段，分别予以考察：犯罪嫌疑人的主要目的是侵夺财产，至于侵害人身、妨害司法的行为都是为了实现主要目的而采取的附属手段，所以，应首要考察其侵财行为，然后再考察其他行为。张明楷教授曾指出：“债权凭证本身属于有体物，也具有一定的经济价值。虽然有的债权凭证的丧失并不意味着凭证上所记载财产的损失，但是一般来说其也是值得刑法保护的。”[1] 由于套路贷犯罪行为人所使用的“套路”明显具有虚构事实、隐瞒真相的特征，所以属于诈骗罪中的诈骗行为。故第一阶段的“套路”行为可以构成骗取债权的诈骗罪。其次，犯罪行为人的索债行为分为暴力索债型和虚假诉讼型，故可以根据行为性质分别考察。对于暴力索债行为，根据行为手段的不同分别构成抢劫、敲诈勒索等罪名。如果犯罪人采取非法拘禁等典型的暴力手段索债，则可以考虑构成抢劫罪，但行为方式需要达到压制被害人反抗的程度，即被害人在放贷人的逼迫下毫无反抗的余地，只能被迫交付财物。最后，犯罪行为人也不乏通过虚假诉讼的方式，借助司法的强制力侵占被害人财物的行为可以构成三角诈骗罪。不同于传统的诈骗罪，三角诈骗涉及三方当事人，即行为人、被骗人、被害人。如果被骗人具有侵占被害人财产的行为，则可以构成此罪。在虚假诉讼中，犯罪分子借助法院的审判权获得胜诉的判决文书，其后利用执行权侵占被害人财物，完全符合三角诈骗罪的特征。故而，犯罪行为人前后两阶段的行为分别构成诈骗（债权）罪和抢劫、敲诈勒索罪或（三角）诈骗罪。因为两阶段的行为都是侵犯的同一法益，即虚增的被害人利益，所以不必实行数罪并罚，而应在前后两阶段所触犯的罪名中择一重罪处罚。但行为人的犯罪行为还可能同时触犯其他罪名，如故意伤害罪、寻衅滋事罪、虚假诉讼罪，在此需要根据案件情况和处罚必要性实行数罪并罚或选择重罪处罚。

2. 加强部门协作

一是建立联合执法机制。建立“套路贷”犯罪案件专班机制，强化公安、法院、检察院、金融办、公证处等部门的联动，进一步完善提前介入引导侦查取证。建立工作专班，加强对骚扰短信轰炸、催讨债务、破坏公私财物等各类线索的收集，深入分析研判日常接处警中可能涉“套路贷”的警情，如福建

---

[1] 张明楷：《刑法学》（第五版），法律出版社 2016 年版，第 936 页。

出台的《关于办理“套路贷”犯罪案件若干问题的意见》中就对“讨要赌债或其他非法债务”等七类讨债纠纷警情要求公安机关予以受理并开展调查;挖掘法院民事虚假诉讼监督线索;倒查公证存疑业务等,达到精确打击的目的。同时,允许法院对可能存疑的公证材料予以审查,要求公安机关配合侦查。二是构建数据共享通道。进一步协调工商、税务、银行、互联网等企事业单位共享数据信息,特别是银行业的资金流数据、税务备案业务数据及互联网相关信息等,加强与工商、金融、通信等相关管理部门、金融企业、互联网企业等的信息共享和打防协作,畅通多方高效协作配合通道,从全社会层面控制、打压金融犯罪分子藏身、作案和生存的活动空间。整合社会面各类信息资源,进一步拓展案件线索搜集的广度和深度,充分利用大数据开展情报导侦,通过大数据实战、跨区域联动,推动全面提升全领域、全链条、纵深集约式打击经济犯罪的效能,全面提升重大经济风险的预警预测预防能力。

(三)借用外力干预,缓解信息不对称问题

根据信息不对称理论,信息量大的犯罪行为人占据有利位置,买方与卖方博弈的结果,将导致市场中优质借贷公司减少、劣质或违法借贷公司增加,即“劣币驱逐良币”,不利于市场秩序稳定。对于此种信息不对称的现状不能仅仅依靠市场自我调节功能,还应借助外力予以干预,对博弈双方信息失衡问题进行调整,通过减少博弈双方信息量差异,达到减少犯罪成功率和受骗率等目的。

1. 开展针对性宣传教育

司法机关应联合金融办、银行等部门不断拓展宣传渠道,丰富宣传方式,对公民开展普法教育,提供咨询渠道,引导公民正确认识借贷公司的金融资质、合法的合同签订流程、合法利息利率等。如针对“校园贷”“裸贷”“捆绑销售”形式的“套路贷”可以结合“平安校园行”活动深入校园开展法制讲座、展板展示、案例分析等形式开展;对“车贷”可以深入二手车市场进行实地宣传,在二手车交易网站首页设置提醒消息等。

2. 推动个人信息保护

一方面是提醒公民个人保管好个人信息,树立保密意识,杜绝将个人信息透露给借贷公司(如将通信录名单打包发送给借贷公司作为担保)。另一方面是打击买卖公民个人信息行为,通过对此类违反犯罪行为的打击,从源头上防止违法行为人有针对性地对受害人开展“套路”行为。

3. 引入第三方机制

将第三方作为博弈双方的桥梁和缓冲地带,用第三方的标准对卖方(借贷公司)和买方(借款人)进行评估,帮助借款人验证资产方提供的材料的真实性、合法性,帮助借贷公司分析借款人的还款能力,避免坏账。同时,让第三方见证合同的签订、约定违约程序、提供资金中转和保障平台,提醒还款等,保障双方博弈力量平衡。

新治理浪潮下民间金融规制创新展望*

王　兰**

内容提要　金融规制体系的内在紧张关系，以及与既有的硬法规制之间的疏离，导致了民间金融通常走向了脱离硬法规制射程的地下化治理，并呈现独特的内部软法规制的样态。不过，因软法规制的有限性，其规制效果亦显得力所不逮。民间金融软硬法单一规制的乏力，昭示了制度改进的第三条道路，即硬法与软法协同规制的新路重建。这种重建隐含了新治理浪潮下的私人参与和分权化社会规制，并具体呈现为对民间金融软硬法复合的执行创新与软硬法叠加的组织再造。

关键词　民间金融　新治理浪潮　私人参与　规制创新

自20世纪70年代以来，随着去国有化运动(denationalization)在世界范围的方兴未艾，规制与治理的现代化成了国家公共行政的核心任务。[1] 以私有化并兼容放松规制为关键词的重新规制(re-regulation)浪

---

* 本文主体部分已发表在《金融法苑》2017年上卷，特此声明。

** 法学博士、厦门大学法学院副教授。

〔1〕 J. J. Richardson, The Administration of Denationalization: The Case of Road Haulage, *Public Administration*, Vol. 49, 1971, pp. 385 - 402.

潮，正成为规制型国家治理的新导向。[1] 然而，相较于非正规经济在一国经济体系中所扮演的重要角色，公共行政确囿于其地下化状态而难以对其施行有效治理。其中最大的痛点，就是主导了非正规经济发展进程的民间金融监管议题。一方面，立法虽无法否认民间金融存在的积极意义，但始终未承认其作为普惠金融的正当性，也未能从合法性层面上完全开放准入门槛；另一方面，相较于受到审慎性监管的正规金融，处于非正规状态的民间金融，更承受着从计划经济管理体制沿袭下来的“前所未有”的严密控制，[2] 并因其对经济和社会的重大影响而动辄被课以严厉管制，而泛刑事化评价和习惯于叫停的行政禁令管制等做法，令民间金融从业者噤若寒蝉，由此甚至被贴上原罪的标签，越发趋向地下化生长。

这种金融规制体系的内在紧张关系，也映射既有的硬法规制模式的窠臼：即习惯诉诸严格监管的硬法规制模式，通过从业资格审批、监管标准设定等方式，造成的准入门槛和运营成本，恰与以灵活方式和松散组织为优势的民间金融互为龃龉。这使非正式的民间放贷，无法在运营中按照监管标准满足资本充足性和流动性要求，而依据私人合意灵活进行的私人信贷业务，亦无法完全顾及资产安全运营的审慎指标。这种规制手段与对象间的内在张力与摩擦，导致民间金融与既有的硬法规制的疏离，并走向了脱离硬法规制射程的地下化治理。然而，在硬法规制频频失灵的情境下，大量民间金融的发展并非处于杂乱无序的状态，而是借助熟人关系网络中的信用传递、声誉控制、自动履约等机制实现自我有效运行，而内生于此关系资源下的软法规范则促使民间金融走向了规范化的私人治理模式，并产生了埃里克森所描述的“无需法律的秩序”之况景。当然，这一低成本却行之有效的治理机制强化了民间金融的非正规属性，而其赖以发生作用的软法规制，也抑制了现代民间金融经由硬法规制而迈向正规化的进程。

吊诡的是，现代金融的复杂性，意味着民间金融仅靠内部治理形成的声誉与执行等软法规制，亦难以获得完美的治理。民间金融的过度逐利所引发的参与人陌生化和融资目的投资化，显著放大了其履约的风险。尤其当遭遇外部交易人的道德风险时，民间金融治理那引以为傲的软法规制及其

---

〔1〕 See Michael Moran, Review Article: Understanding the Regulatory State, *British Journal of Political Science*, Vol. 32, 2002, pp. 391－413.

〔2〕 强世功：《法制与治理》，中国政法大学出版社2003年版，第155～156页。

社会控制机制,更显得力不从心。硬法规制的难言之隐和软法规制的力所不逮,昭示了可能的第三条道路,即兼具硬法与软法合理内核的规制新路重建——保留软法内部高效治理的优点并由硬法提供外部司法救济的整全性方案,通过积极倡导软法规范下的私人参与和自我规制,以期实现民间金融“新治理”(new governance)路径的构建。〔1〕 鉴于此,要达到“软硬兼施”的规制顶层设计,应以民间金融的正规化为前提,并就此促进硬法与软法的规制形成合力,防止地下化民间金融市场因自身风险累积而致崩塌。

一、脱法的秘密:民间金融的硬法规制难题

在国家以法控制社会的管理法模式中,诉诸全能政府以严格规范完成社会控制的“国家—控制”法范式,因为受困于接受严格监管的被监管对象难以对规制产生“服从和认可”,而一直面临着如何俘获监管对象的问题。〔2〕对于长期游离于正规经济领域之外的民间金融而言,该问题更为凸显。因习惯处于地下化或半地下化的运行态势,民间金融运营者易于也更倾向于脱离法律监管视野,使硬法规制常陷入“对象消失”的尴尬处境,并最终导致监管失灵。这实际上也从侧面力证了学者们对自上而下式管理为核心的传统治理范式的质疑。〔3〕 然而,这一表层解读并未实质触及硬法规制“被脱法”的深层原因。

首先,硬法规制下的利率管制是民间金融在法外运作的主要肇因。经济学通说认为,法律对于利率的管制是信贷发生的核心约束条件。这很方便地让法外运行的民间金融链接到硬法规制:由于立法始终未放弃对存贷款利率的严格调控,这种立法模式使得金融市场利率长期低于市场均衡利率,〔4〕并致使正规金融借贷资金价格实际上远低于实际市场定价,而需要极高的还款安全性保证信贷资产。不过,由于私有企业在规模、资信等方面与国有企业存在巨大差距,这种被经济学家称为经济分割的问题,〔5〕导致正规

〔1〕 See J. M. Solomon, New Governance, Preemptive Self-Regulation, and the Blurring of Boundaries in Regulatory Theory and Practice, *Wisconsin Law Review*, Vol. 33, 2010, pp. 591 – 625.

〔2〕 罗豪才、宋功德:《软法亦法——公共治理呼唤软法之治》,法律出版社 2009 年版,第 14 ~ 15 页。

〔3〕 See R. Wade, The Management of Common Property Resources: Collective Action as an Alternative to Privatization or State Regulation, *Cambridge Journal of Economics*, Vol. 11, 1987, pp. 95 – 106.

〔4〕 王国松:《中国的利率管制与利率市场化》,载《经济研究》2001 年第 6 期。

〔5〕 See A. Guariglia & S. Poncet, Could financial Distortions Be No Impediment to Economic Growth After All? Evidence from China, *Journal of Comparative Economics*, Vol. 36, 2008, pp. 633 – 657.

金融通常优先放贷给国有企业。当大量中小型私有企业难以在管制利率下获得正规金融部门的有效“输血”时,易得和快捷的民间金融渠道自然成为了私企融资的主战场。这也从硬法管制的外部性上解释了正规金融规制与民间金融产生的关系,即民间金融本质上源自外部的正规金融利率管制及其相应的信贷配置。[1]

尤为复杂的是,上述利率管制还产生寻租的外部性,如正规金融的代理人往往将管制利率与市场利益的利差设租,并通过故意延长贷款发放时间来迫使贷款人对其行贿。[2] 这会诱使民间融资者为了获取廉价资金,而选择向正规金融代理人求租。[3] 上述寻租行为在很大程度上稀释了利率管制政策所要派发的社会福利,架空了金融宏观调控目的。其直接结果是,刺激立法部门针对民间融资行为出台更严厉的管制措施,从而反向促使民间金融加速地下化发展。

其次,硬法规制中设定的准入门槛和运营标准逆向诱致民间金融的脱法化。在金融市场准入上,严格的从业条件和业务操作要求,尤其严苛的金融从业牌照管理等,极大地压缩了民间金融正规化的空间。这种严格准入的做法甚至递延到地方立法中,例如,《福建省试点小额贷款公司暂行管理办法》除了严格的审批准入规定外,还要求小额贷款公司接受定期不定期的资质考核等。在运营标准上,除传统的分业监管下的行业管制外,网络化时代带来的金融风险问题已然成为当下主管部门的监管重点。例如,2015 年银监会、工业和信息化部、公安部、国家互联网信息办公室四部委联合颁布了《网络借贷信息中介机构业务活动管理暂行办法》,针对 P2P 网贷机构将信息中介角色异化为信用中介的做法,重点对承诺担保增信、错配资金池等高风险金融行为进行规制,以整治在平台运营中实施“提取风险准备金保证模式”“债权转让模式”等资金池模式,杜绝借金融创新而违反硬法规制的隐患。兼之金融活动难免牵涉重大国家经济安全,民间金融运营者在融资、营业过程中还可能面临严酷的刑罚风险。例如,利用上述平台作为融资平台

---

[1] See Anders Isakasson, The Importance of Informal Finance in Kenyan Manufacturing, *The United Nations Industrial Development Organization Working Paper*, Vol. 5, 2002, pp. 4 – 22.

[2] See S. Chaudhuri S & M. R Gupta, Delayed Formal Credit, Bribing and the Informal Credit Market in Agriculture: A Theoretical Analysis, *Journal of Development Economics*, Vol. 51, 1997, pp. 433 – 449.

[3] See A. I Khwaja & A. Mian, Rent Seeking and Corruption in Financial Markets, *Annual Review of Economics*, Vol. 3, 2011, pp. 579 – 600.

很可能会实施吸储、放贷甚至担保等业务而涉嫌"非法经营罪""集资诈骗罪"等刑事犯罪。面对这些重重管制和严密刑责,大量中小企业经营者只能被迫下沉到更加隐蔽的非正规融资领域,以规避融资中的法律风险。

从规制机理上看,民间金融治理整体采用的"国家—控制"法范式的设计思路,在一定程度上机械理解了法与外在社会结构之间关系,而将其从业者的守法视为理所当然,忽视了源自金融运作市场逻辑和民间金融所伴生的经营权等外在社会的经济诉求。其具体的规制手段过度滑向重视"命令—服从"的单向路径,缺乏与被规制者监管感受的互动调整,也必然削弱其规制法制化的正当性。[1] 因此,为自我保全而地下化的民间金融,其"脱法"本身就具有发生学上的正当性。若无法在金融意义上对正规金融利率规制所引发的金融抑制进行消除,就无法彻底改变正规金融信贷配置造成的金融供给侧问题。民间金融长久不衰的生命力和旺盛的市场需求,也在事实上瓦解了立法禁绝民间金融的正当性。故此,合宜的硬法规制应转向引导并维护民间金融的正规化运行,以改善民间金融市场并增加场外金融的供给。

二、射程的溢出:金融软法规制能力的有限性

脱离硬法规制的民间金融的实际内部运作并非无序。经济学家从其内部自洽机制提供了解释。民间金融主要存续于社区、同行、朋友等熟人关系网络中,并借助地缘、业缘、血缘、互惠等关系形成的社会资源,以及由此内生的信息管理、声誉机制等实现金融交易契约的缔结与实施。[2] 这种关系网络中进行的信息和声誉传播,是社会资本流转的主要形式,[3] 而社会资本的实际载体,就是以村规民约、行业惯例、自律公约等为主要内容的软法规范,并从长期的民间金融契约治理中获得规制效力。

在契约缔结阶段,民间放贷人一般通过社会人际关系、业务关系等渠道更便捷、全面地获取借款人的相关信息,从而大幅度降低信息搜索成本,[4]

---

[1] 罗豪才、宋功德:《行政法的治理逻辑》,载《中国法学》2011 年第 2 期。

[2] See D. Egli, S. Ongena & D. C Smith, On the Sequencing of Projects, Reputation Building, and Relationship Finance, *Finance Research Letters*, Vol. 3, 2002, pp. 23 – 39.

[3] See Arrow K J, Introductory Remarks on the History of Game Theory, *Games and Economic Behavior*, Vol. 45, 2003, pp. 15 – 18.

[4] See Tang Shui-Yan, Informal Credit Markets and Economic Development in Taiwan, *World Development*, Vol. 23, 1995, pp. 845 – 855.

并借助既有的交易约定,尤其有关权利义务安排、履约担保项目等内容的软法规范,迅速缔结交易。例如,依托惯例或习俗形成的社区内自发组建的经济互助组织,就是一种互信成员间无碍的交易。[1] 在敦促履约阶段,隐含在软法规制过程中的熟人社会资本,还为融资提供了低成本且灵活便捷的担保机制。例如,施行定期集合、轮转借贷的民间合会中,按照约定俗成的合会软法规范,会首须以个人声誉保证合会有序运转,并以个人资金和信用对违约成员承担连带担保责任。此外,随着融资交易体量的增加,还可能出现以合同为载体的规范化建设,这使得软法规制也从相对模糊的口头和默示形式,迈向了稳定性更强的书面和明示形式,为民间金融规模的扩张提供了技术层面的支持。与此同时,这些软法治理技术上的更新,并未消解传统的熟人关系治理与声誉保障机制,反而借助介绍人保证或成员连坐担保等方式增强了融资信用,有效防止了局部个体违约演变成互助组织的整体瓦解。民间金融也在这种自我强化中,进化为具有一定风险抵御能力的自恰系统。

当然,这种自洽必须在前述熟人关系网络中才能实现。由于民间金融软法规制所依赖的关系、声誉等社会资本以及融资安排中的信任机制等独具封闭性和"特殊主义"气质,当融资交易超出特定地域范围或人际圈子,就会导致内生交易成本逐渐加大而社会资本却又逐渐减小的趋势,[2] 并引发相应的溢出风险。实践中出现了很多通过居间介绍人而达成的陌生人借贷,由于介绍人与借贷双方之间的关系属于不同群体间的强关系,[3] 难以将(不同的)社会界限或等级层次连接起来,也就无从激发产生具有执行效力的社会资本。因外来参与者的信息传递无法在原有的熟人关系网络中进行,就此产生的道德风险无法借助原有的软法规制体系予以解决,而具有可置信威胁的外部法范式和公法之治因民间金融自身的脱法和地下化与软法衔接效果不佳,最终导致民间金融软法实现强制履约保证的规制射程存在先天不足。

---

[1] See G. KHabtom & Ruysp, Traditional Risk-sharing Arrangements and Informal Social Insurance in Eritrea, *Health Policy*, Vol. 80, 2007, pp. 218 – 235.

[2] 张建伟:《法律、民间金融与麦克米伦"融资缺口"治理》,载《北京大学学报》2013 年第 1 期。

[3] 强(strong)关系是镶嵌理论的重要内容,是相对于弱(weak)关系而言,主要指关系密切或经常互动的人际关系,交往的人们之间的社会网络同质性较强(所从事的工作、生活的环境,抑或掌握的信息基本上是趋同的)。尽管很多发达国家是弱关系社会,人们通过泛泛之交而获得多样性的信息来办事或促成交往,但学者边燕杰通过研究发现,中国的社会实质上是强关系社会。参见边燕杰:《找回强关系:中国的间接关系、网络桥梁和求职》,载《国外社会学》1998 年第 2 期。

除规制射程溢出导致的道德风险外,涉及外来参与人的民间金融还会伴生联动正规金融的次生风险。有研究表明,处于熟人网络之外的借款人,大多会同时参与正规金融与民间金融这两大市场——要么借款人向民间金融融资以偿还正规金融的借款,要么民间金融的放贷人从正规金融获得贷款后再行转贷。[1] 如此一来,尤其当出现宏观金融调控和银根紧缩的情形时,上述两大市场均将无法有效保证各自的流动资金规模及其相互流转的均衡。对于缺乏财政背书的民间金融,无疑成为最有可能的金融链条断裂处,并引发连锁的银行信贷呆坏账问题。随之而来的监管立法势必将进一步限制民间金融,走向更严厉管制甚至禁绝的僵局。倘若民间金融的违法性就此在硬法规制层面上坐实的话,将诱发外来参与人的违约预期——借非法之名义行“合法”避债行为,并彻底架空原已被溢出射程的软法规制执行机制。

三、走向正规化:民间金融规制难题纾解的实验

承上所述,硬法规制脱法的难题在于从外部无法找到规制的俘获对象,在内涵上无法提供适合民间金融的恰当赋权与运营标准,而被地下化的民间金融,则依靠熟人社群的软法规制得到了适用范围有限的软法治理,且当民间金融的参与人外部化后,软法将无力在规制对象溢出射程范围后继续发挥声誉传递与社会执行机能,从而导致民间金融交易中道德风险的加剧。对此,汇聚到民间金融正规化改革面向上,硬法规制的俘获对象捕获难题,首先就能得到很好的解决。此外,一旦正规化后,为获得正当性及其后续的执行机制保障,民间金融放贷行为通常需要通过登记等方式取得合法身份,并据此得以被监管部门识别而纳入硬法规制范畴。

制度经济学表明,法律体系可以有效通过影响产权而改变普通人获得财富的能力。横亘在正规经济与非正规经济之间的产权差异,如同布罗代尔形象描绘的“钟罩”一般,将非正规经济者隔绝于合法营利(营商资格)之外,使他们缺乏将手中财产按照市场价格交易的机会。[2] 走向正规化,意味着通过法律赋权(empowerment),从产权的角度建立起非正规经济易得的确

[1] See K. S. Tsai, Imperfect Substitutes: The Local Political Economic of Informal Finance and Microfinance in Rural China and India, *World Development*, Vol. 32, 2004, pp. 1487 - 1507.

[2] 参见李启航、陈国富:《法律制度对财产性收入影响作用的城乡差异——基于布罗代尔钟罩的法经济学思考》,载《财经研究》2013 年第 3 期。

权性法律体系，从而赋予其进入正规经济，享有相关国家资源和福利的权利。

不过，这种将非正规经济吸纳进正规经济的改革进路，可能会遭遇正规化扼杀非正规经济优势、正规化成本损害从业者利益的问题。[1] 为此，德·索托提出既应调低非正规经济进入既有法律体系的门槛，给予其准入和审批程序简化、避免限制性的行商处遇，也应同时允许他们建立非正规组织机构以替代正规部门执法，从而吸纳支撑起非正规体系精华的“法律之外的规制和体系”，承继非正规体系“对财产权、契约和合同进行管理和控制，不受中央集权控制的、非正规管理机构”的作用，发展从行商赋权到运营、发展的自治管理。[2] 这一理论模型，突破了民间金融机构走出传统正规化的窠臼，指明了保有非正规经济灵活优势的软法规范的重要性，以及运用这些规范进行私人治理以降低正规化成本的价值，也为纾解民间金融正规化难题提供了行动路线。

不过，秘鲁非正规经济改革运动的最终失败，意味着其操盘手索托，并未真正找到能落实其方案的恰当行动路线。可以说，索托理论模型的有限性，在于其仅看到正规化后对非正规从业者的利好以及给予赋权的正当性，却回避了成就内部治理的管理规则和自治社团执法的软法如何被“硬化”的问题。这暗合了晚近反思性法评述方式改进的浪潮，即要求从草根层面获取的经验应经过不断改进，再经由顶层设计者的适用以更新为立法标准。[3] 细究秘鲁彼时的立法，给予地下市场合法经营性权利的立法虽“召之即来”，但与既有治理范式的监管衔接和经营结社组织配套的“反思性法”改进始终阙如，更遑论进行前述管理规则等软法“硬化”的立法准备。

实际上，彻底解决民间金融规制对象溢出射程范围的问题面向，已不单纯是索托言说的“法律之外”既有软法规则的简单硬化，而在于促进软法所效力的自治体系衔接外部执行机制的问题，也就是政府和私人主体间如何发挥各自角色的不同优长，在法律与规制过程中实现“公私合作”。[4] 换言

---

〔1〕 See LinceS, The Informal Sector in Jinnah, Uganda: Implications of Formalization and Regulation, *African Studies Review*, Vol. 54, 2011, pp. 74 – 93.

〔2〕 参见[秘鲁]德·索托:《另一条道路》,于海生译,华夏出版社 2007 年版,第 279 页。

〔3〕 See M. C. Dorf, The domain of reflexive law, *Columbia Law Review*, Vol. 103, 2003, pp. 384 – 386.

〔4〕 参见[美]奥利·洛贝尔:《作为规制治理的新治理》,宋华琳、徐小琪译,载冯中越主编:《社会性规制评论》,中国财政经济出版社 2014 年版,第 127 页。

之,这也对接起软法之治疆域的升级过程。从升级的方式来看,既包括发生在主体功能区的直接增强,[1]表现为由硬法中的强制性公权力介入以确保民间金融合同执行,例如,最为常见的民间借贷诉讼方式,达到普适性法范式与软法之治并用的治理;也可以表现为间接的增强,由外部社会控制机制作为一种可置信的威慑,敦促游离于关系网络外的外来参与人守信履约,如对"老赖"施加广泛的社会道德批评、舆论监督等。

按照升级的配套要求,民间金融首先需要通过正规化以扫除"非法"的身份障碍,并借助正规化登记等方式,从债权债务关系的证据化到执行依据的规范化等方面,为对接硬法执行机制提供条件。此外,软法的硬法化,也能彻底改变处于地下状态的声誉执法强度相对孱弱的局面,转由合法性强制执行力量予以兜底。否则,动辄诉诸昂贵的私力救济而获得的威慑增程,不但容易因其灰色性质而存在治安上的责任,也无法链接到更便捷和强势的硬法执行体系。

既然正规化不可避免,相关规制顶层设计的重建难题,就在于如何协调好软法规制与硬法规制在各自不同的规范时空下的对象排斥。例如,在民间金融交易中,如何在符合硬法的信息披露规制下发挥熟人借贷中的声誉流转效用,同时又确保软法规制所需要的熟人关系不会因司法介入而带来对人际关系的威慑而瓦解。这开启了本文所应重视的方法论基点,即应当寻求能够同时满足硬法规制与软法规制分析的统一量纲,以避免在软法与硬法的不同规范时空中逻辑推演的冲突。

四、新治理思潮下民间金融规制创新展望

事实上,民间金融规制领域下的软法与硬法可以互相兼容,并达至互相增益的成效。软法所提供的规制约束并不会被硬法所排斥,甚至可以上升为硬法。例如,民间借贷中常出现的流押担保方式,就是通过移转担保标的物的占有,在借贷双方间形成有效的风险均衡。同时,以汽车等动产移转占有的民间金融担保,还须完成相关的质押登记手续,以链接起硬法规制层面的强制执行力量。尽管民间融资中常用的流押担保契约难以获得既有立法

---

[1] 软质之治疆域包括核心功能区、主体功能区和边缘功能区三部分,是一种混合法结构中,通过所有法规范排列组合形成的谱系,按照硬法到道德等社会规范的强弱排列。参见罗豪才、宋功德:《软法亦法——公共治理呼唤软法之治》,法律出版社 2009 年版,第 400～401 页。

的合法性评价，但因这种私人占有形成的直接控制，有效降低了民间借贷到期履约的风险，为以物抵债的私力救济提供了可能。尽管流押未得到《担保法》的认可，也未获得债权担保诉讼的支持，[1]但对于债权人而言，流押控制的是未来可供强制执行的借款人财产标的物本身，即使进入民间借贷的违约诉讼，[2]无论是诉前保全还是后续司法强制执行均有了实现债权的可能。至于最终债权实现是依担保债权抑或借贷债权，则对其借贷债权安全无实质影响。在此过程中，软法与硬法将交互发挥效力，并最终促进了信贷资源的优化配置，而具备制度安排合乎义理性（legitimacy）的正当性。[3] 低成本的软法规制与可接近的司法（access to justice）[4]执行保障，消解了金融合同执行的最终风险，也在一定程度上促进了民间金融机构的壮大。

不过，民间金融的复杂性在于其不正规的运作，会导致无可避免的硬法评价“危机”。例如，在组织性的金融缔约中，当事人之间通常不是按一对一的缔约形式进行要约与承诺，而是具有“一对多”的集合融资特点。[5] 这意味着如果要启动司法保障机制，就有可能触及吸收公众存款的红线而存在“合法性审查”之虞，并导致软硬法的交互发挥效力受阻。对此，笔者试图进一步研究解决上述受阻所需要的软硬法复合执法和叠加组织范式。

（一）横向增强：软硬法复合执行创新

为防止因信息成本与市场失灵而推高金融风险，针对民间金融的风险立法大多属于禁止性条款居多的“父爱性”立法。不过，这种刚性立法产生的硬法规制，却先天存在从标准合规到违规执法的成本与效率之觞，并易导致被监管对象的反弹。鉴于此，借助自治性行会组织提供更为成员所悦纳

〔1〕 参见陆青：《以房抵债协议的法理分析——〈最高人民法院公报〉载“朱俊芳案”评释》，载《法学研究》2015 年第 3 期。

〔2〕 依据最高人民法院《关于审理民间借贷案件适用法律若干问题的规定》第 24 条第 1 款的规定，担保债权诉讼将被转为民间借贷诉讼，也同样可以发生针对“流押”标的物的诉前财产保全和事后强制执行。参见庄加园：《“买卖型担保”与流押条款的效力——〈民间借贷规定〉第 24 条的解读》，载《清华法学》2016 年第 3 期。

〔3〕 See J. Y. Lin, An Economic Theory of Institutional Change: Induced and Imposed Change, *Cato Journal*, Vol. 9, 1989, pp. 1 – 33.

〔4〕 接近司法是进入 21 世纪后世界范围掀起的民事司法改革浪潮，其内容除了表现为主流的替代性司法的倡导之外，强调诉讼的推进以及司法裁判的执行也是应有之义。后两者与硬法的执行保障紧密相关。See D A. Larson, Access to Justice, *The Liverpool Law Review*, 19(2015), pp. 1 – 7.

〔5〕 如民间合会按惯例是通过会脚集中各自秘密报价的方式予以竞标，从而在每轮竞标中达成中标者与其他会员之间的集合借贷合同关系，而形成“一对多”的融资关系。

的信息共享机制,[1]在压缩民间金融放贷人的风险控制信息成本同时,也改善了单纯依靠事后合规性标准考察的硬法规制的被动性,由此带来的监管便利与运营成本的降低更不待言。随着信用大数据方式逐渐被传统的硬法规制所接受,打通公共部门入口所实现的交易对象征信信息共享,将会使依托行会专业信息进行风险控制的资信成本大幅降低,也有利于在更具针对性的业界范围内放大失信声誉压力后果,并作为内部执行替代机制有效遏制民间金融的主观违约。

毋庸讳言,纳入正规化的民间金融,因合规性法律要求,正式赋权所获的利益也要部分用于合规管理、应对监管和可能的违法处罚等。作为非正规化的替代机制,如若其成本超过正规化产生的收益,则不仅意味着合规管理的低效率,[2]也会将民间金融驱逐出正规化领域。从影响上述收益的情况来看,主要的变量为民间金融的融资利率水平、合规运营成本与风险控制成本。其中,融资利率水平取决于硬法对利率规制;合规运营成本,取决于正规化后配合硬法规制产生的登记、接受监管、信息披露等成本;而风险控制成本相对复杂,既包含了如资信甄别等违约预防成本,也包括执行合同的费用如申请司法救济的相关费用。除这些变量所指向的直接相关的硬法规制,软法规制在资信资本和声誉流转下的执行成本优势也不可忽视,这也完全呼应了将两种规制协同整全的思路。

申言之,正规化的运营成本和风险控制问题,关键取决于软法规制如何发挥其在非正规体制低成本声誉与执行机制的作用。这需要尽可能打开有限的熟人网络,将其拓展到包括外部参与人在内的社会共同体网络。索托甚至断言,非正规经济自发形成的组织性网络,可以在同业之间形成自治的增强。[3] 很多批评者认为,这种自治的增强无法进一步延伸到交易的对象,因为自发的行业缺乏有效的组织力量,而仅能在成员之间推行交互的替代执行。然而,在民间金融的同业行会中,这种带有违约追偿的替代执行即使不够给力,但其给被执行对象造成的声誉流转压力确是显在的,并且因同业

〔1〕 行业组织或者中介机构拥有行业的整体认识和信息聚合优势,可实现高效便捷的市场对接和灵活应对,有助于提供广为同业接受的规则和落实规制任务。See Robert Baldwin, Martin Cave & Martin Lodge (ed.), *Oxford Handbook of Regulation*, Oxford University Press, 2010, p. 152.

〔2〕 See Fudenberg D & Tirole J, Understanding Rent Dissipation: On the Use of Game Theory in Industrial Organization, *American Economic Review*, Vol. 77, 1987, pp. 176 – 183.

〔3〕 参见[秘鲁]德·索托:《另一条道路》,于海生译,华夏出版社2007年版,第238页。

成员间对此类声誉信号尤其敏感，针对交易对象的同业交互声誉流转几乎无需动员，这也是借贷风险预防中最为重要的事前资信信息环节。在这种同业环境下，不良声誉造成的交易对象的压力甚至可以达到几何级的扩张，而最终将交易对象驱逐出这个市场，从而较好地实现软法规制范围的增程，实际上也是其威慑力的增强。

同时，在政府介入较少的自愿性规制中，内部性自律的倡导有助于凝聚行业或产业共识，主导规则和标准的制定，形成同业间的征信和内部规制。[1] 这也解释了为什么行会进行的从业准入监管比官方机构的行政性准入监管的效果更显著。民间借款人往往也倾向于从具有授信保障的行会成员中选择交易对象。此时的软法规制基础，就从内部熟人关系网络转变为征信资源的共享。由于征信资源的动态更新及其成员的开放性，其所获得的征信承诺和成员身份认同，有助于实现行会组织的层次结构持久性和自我增强，[2] 并产生强者更强的马太效应，放大上述规制增程和威慑增强的机能。

（二）纵向联结：软硬法叠加组织再造

为改善这种金融市场割裂产生的低效用资源配置，民间金融与正规金融部门出现了“纵向联结”的模式。较典型的范例，就是“南山苗木”模式。具体做法是“南山苗木”专业合作社借助浙江金华如得控股集团从正规金融市场获得的贷款渠道，让后者向中国银行金华分行借贷所得的500万元转贷给该合作社，之后合作社再将贷款转给入社农户。[3] 对于放贷银行而言，其通过该模式能实现信贷的优化配置，并且还有兜底责任人担保信贷风险；而对入社农户而言，其间接获得了正规金融的贷款，并结成了具有联保性质的信用组织体。申言之，这种纵向联结模式的优势在于，一方面，优质信贷客户作为正规金融首贷人和实际的偿还人，有能力接受硬法规制，从而降低了正规金融部门直接向次贷人放贷的风险；另一方面，通过放开转贷壁垒，使得正规金融得以进入民间金融市场并吸纳软法规制，且可通过议价而获得

---

〔1〕 See J. Black, Constitutionalising Self-Regulation, *Modern Law Review*, Vol. 59, 1996, pp. 24－55.

〔2〕 See J. Pfeffer & CT. Fong, Building Organization Theory from First Principles: The Self-Enhancement Motive and Understanding Power and Influence, *Organization Science*, Vol. 16, 2005, pp. 372－388.

〔3〕 参见史小坤：《基于二元金融结构的中国农村正规金融和民间金融联合模式研究》，载《农村金融研究》2010年第8期。

较诸无实物担保的信贷利率优惠,会大大减少次贷人直接向正规金融借贷时可能遭遇的寻租问题。鉴于此,为确保这种纵向联结模式的有效构建与推行,在规范建设层面上,首先,需要硬法适度放开贷款用途的规制口径,准许首贷人将贷款资金用于非自营目的;其次,需要在立法层面赋予如"南山苗木"合作社等社民互保组织的合法身份,并确认组织与成员间、成员与成员间信用联保方式的法律效力;最后,在完善合作社章程、行业自律协议等软法规范的基础上,适时将这些软法内化为官方机构出台的行业性或者区域性指导意见的核心内容,以促使其得到更普适地适用。

当然,若要进一步优化纵向联结协同规制结构,则应最大限度地扁平化上述纵向联结的科层,将最终贷款人直接设置为正规金融信贷者的关系网模式。为此,在正规金融信贷主体资格方面,甚至可以允许那些依注册制缔结的民间贷款互保组织也能直接实施银行信贷行为,并进一步放松对转贷者贷款使用目的的限制。诚然,这需要进一步加强信贷风险的控制,而除了硬法层面的刚性物化担保外,软法规制中的柔性信用担保机制也不容忽视。按照(Morduch)对亚洲多国取得成功的格莱珉银行(Grameen Bank)运营机制的分析,只要有效地运用集体信用机制,这种转贷甚至可以简化到仅通过不同贷款人之间的互助与联保的关系契约,就能实现小额贷款的社会性监管。[1] 这实际上也完成了对民间借贷者的集体声誉资源的一种盘活,用以增强他们较为孱弱的个人信用水平,走出索托将无产权物化资产产权化改革的单一进路,而步入对熟人社区所串联的集体信用的有效挖掘利用。也许,对于习惯施行刚性规制的监管者们,应记住埃里克森关于"法律制定者如果对那些促进非正式合作的社会条件缺乏眼力,他们就可能造就一个法律更多但秩序更少的世界"的告诫,[2]认真对待软法以优化硬法监管,并发展出更灵动的(smart)治理结构。

在此意义上,软硬法两种范式体现出的治理趋向,已经无限接近于新治理(new governance)理论所提出的"灵活性"(flexibility)理念,即一种"不是将趋向治理的转变刻画为由正式法律向非正式实践的转变,而是非正式实

[1] See J. Morduch, etc., *The Economics of Micro-finance*, Massachusetts: MIT press, 2010, pp. 12 – 15.

[2] 参见[美]罗伯特·C. 埃里克森:《无需法律的秩序——邻人如何解决纠纷》,苏力译,中国政法大学出版社 2003 年版,第 354 页。

践的正式化"[1]的崭新语境。这意味着并非"异于法"而非"劣于法"[2]的软法新势力在民间金融治理范例中获得了全面印证。基于此,软硬法协同规制也就被自然地汇聚为国际上金融软法治理浪潮中的一部分,并形塑成为表彰私人参与、合作治理与分权化的新兴社会多元化规制力量。

〔1〕 参见[美]奥利·洛贝尔:《作为规制治理的新治理》,宋华琳、徐小琪译,载冯中越主编:《社会性规制评论》,中国财政经济出版社2014年版,第134页。

〔2〕 See Claire Kilpatrick, New EU Employment Governance and Constitutionalism, Joanne Scott & Grainne De Burca(ed.), *Law and new governance in the EU and the US*, Oxford: Hurt Publishing, 2006, pp. 121 – 151.

逻辑与进路：金融法如何实现收入分配正义*

李安安**

内容提要 收入分配是一个涉及制度变革、利益调整与结构变化的重大民生问题，金融法在破解收入分配难题方面的功用不可或缺。金融机构的不合理布局、金融工具的不恰当配置与金融市场的不均衡构造是收入分配难题生成的重要肇因，金融权力的异化与滥用、金融权利的贫困与金融能力的孱弱、金融利益表达与博弈机制的扭曲则是收入分配改革困局的金融法实质。通向收入分配正义的金融法变革，需要控制金融权力，对弱势群体进行金融赋权和金融赋能，打破金融抑制和金融排斥的制度束缚，走向金融深化和金融包容。

关键词 收入分配正义　金融赋权　金融深化　金融包容

当前，我国正处于全面深化改革和全面推进依法治国的关键历史时期，充满机遇和挑战。就挑战而言，随着经济结构、社会结构和利益格局的调整，大量结构性矛盾集中爆发，收入分配就是其中一个涉及制度变革、利益调

* 本文已发表于《法商研究》2019 年第 4 期，特此说明。

** 法学博士，武汉大学法学院副教授。

整与结构变化的重大民生问题。分配问题通常包括分配不均、分配不公、分配失序、分配失衡等,这些问题对政治、经济、社会、法律等各个方面都存在直接而深刻的影响,关涉国家的政治安定、经济增长、社会发展和法治昌明,因此,要实现国泰民安,避免"治乱循环",就必须解决好分配问题。[1] 颇为吊诡的一个现象是,经济法学界关于收入分配问题的探讨主要集中在财税法领域,金融法视阈下的收入分配问题似乎被选择性地遗忘,国务院 2013 年批转的《关于深化收入分配制度改革的若干意见》也将再分配调节机制的"主要手段"定位于税收、社会保障和转移支付,对金融法的收入再分配功能只字未提。这难免让人产生收入分配改革与金融法关联度不大的联想甚至误解,以至于有人认为金融法在收入分配改革中的作用无足轻重或者可有可无。其实,无论是从历史还是从现实的角度观察,金融都是影响财富分配和收入差距的主要因素之一,公平的金融法制是实现收入分配正义的关键所在。特别是随着全球金融资本主义的崛起,虚拟经济和虚拟资本过度扩张,信用分配两极分化、虚拟经济和实体经济两极分化、真实收入和财富分配两级分化相互强化,成为收入差距扩大和贫富分化加剧的核心力量。[2] 在此背景下,我们有必要厘清收入分配难题生成的金融法诱因,揭示收入分配改革困局的金融法实质,探究收入分配正义的金融法实现路径,进而为收入分配改革提供一种可能的制度选项。

一、逻辑求证:收入分配难题生成的金融法诱因

财富分配和收入差距始终是人类社会面临的棘手难题,所谓的"1% 问题"(1% 的人群的收入和财富占一国收入和财富的比例)不仅困扰着美国、英国、德国等高度发达的经济体,更是成为中国、巴西、印度等新兴市场国家的切肤之痛。在中国过去 40 年经济高速增长的同时,城乡之间、地区之间、行业之间的收入差距不断扩大,财富过于集中在少数人之手,形成了极少数的高收入人群、庞大的低收入人群和较少的中收入人群的"金字塔"社会结构。目前,这种社会结构趋于固化,似乎难以被打破,以至于很多学者认为收入分配已经处于不可治理的状态。在笔者看来,金融机构的不合理布局、

[1] 参见张守文:《分配危机与经济法规制》,北京大学出版社 2015 年版,第 3 页。

[2] 参见向松祚:《新资本论——全球金融资本主义的兴起、危机和救赎》,中信出版社 2015 年版,第 342 页。

金融工具的不恰当配置与金融市场的不均衡构造是收入分配难题生成的重要肇因。

(一)金融机构的不合理布局

根据金融地理学的研究,以货币为主导的金融网络的地域性特征对金融排斥有着深刻的影响。[1] 作为金融资源配置的重要载体,金融机构的分布会直接影响到社会公众享受金融服务的广度与深度,进而会影响到收入分配格局。鉴于中国城乡二元结构的体制特征、金融资源配置的城市偏向以及城乡收入分配的鸿沟,以农村为场域来观照金融机构布局对于收入分配的影响,无疑是个恰当的切入点。目前,农村地区的金融机构可以类型化为商业性金融机构、政策性金融机构与合作性金融机构,它们在改善农村地区收入分配状况方面均乏善可陈。就商业性金融机构而言,从1999年开始,由于国有商业银行进行股份制改造,精简机构,提高效益,将县级以下的金融机构进行了大规模的合并和裁撤,而且在取消分支机构的同时,还出于风险性原则,将县级分支机构的贷款权收回,使得农村地区的金融机构基本停摆。[2] 网点的撤离意味着资金的撤离,资金的撤离意味着农村地区资本的稀缺,商业银行股份制改革由此成为加剧农村资金外逃的关键原因。在四大国有商业银行中,中国工商银行、中国建设银行、中国银行从农村地区的退出尚有合理之处,但对于传统意义上以服务"三农"为定位的中国农业银行而言,其退出行为的正当性不无疑问。在金融景观重塑的时代背景下,嫌贫爱富的资本本性必然驱使金融资源向发达地区聚集,从而导致偏远地区的贫困与低收入群体无法获取相应的金融服务。这种金融排斥现象进一步加剧了城乡之间的金融断裂,放大了不同群体之间的财富分配差距,不利于区域经济的包容性发展。

农村地区的政策性金融机构,主要指向的是中国农业发展银行。由于中国农业发展银行存在政策性目标弱化、功能地位模糊、法人治理结构不完

[1] See Argent N M, Rolley F, Financial Exclusion in Rural and Remote New South Wales, Australia: A Geography of Bank Branch Rationalisation, 1981 - 1998, Australian Geographical Studies, 2000, Vol. 38, No. 2, pp. 182 - 203; Leyshon A, Thrift N, Geographies of Financial Exclusion: Financial Abandonment in Britain and the United States, Transactions of the Institute of British Geographers, 1995, Vol. 20, No. 3, pp. 312 - 341.

[2] 参见喻平:《金融发展与居民收入差距的理论与实证研究》,中国经济出版社2012年版,第61页。

善、经营管理制度改革滞后、道德风险频发、可持续经营风险加剧、筹资方式单一、缺乏稳定的资金来源、风险补偿机制与补贴机制不健全、评价标准缺失、缺乏法律保障等方面的问题,其对"三农"的金融支持效果有限。[1] 农业发展银行的困境,主要源于资金来源的效益性与资金使用的政策性之间的矛盾。1998 年之前,农业发展银行的资金主要来源于中央银行的资金支持,此后的资金来源主要是通过借贷或发债等市场化手段筹资。这种通过市场化发债和再贷款方式筹集的资金容易受到资本市场发展现状、利率波动及市场行情不稳定等因素的影响,而且必须按期归还。资金使用的政策性体现在农业发展银行有其特定的业务领域,只能按照国家的政策规定开展业务。资金来源所要求的资金效益性与资金运用所形成的资金政策性产生了矛盾,使得农业发展银行时常在两者之间进行徘徊进而导致了经营困境。根据全面深化改革的要求,中国农业发展银行应当按照发展空间合理、治理结构科学、体制机制健全、经营管理规范、操作手段先进、具有可持续发展能力的要求,完善体制机制,强化经营管理,努力打造现代农业政策性银行,在乡村振兴、精准扶贫等方面发挥应有作用。[2]

农村合作金融作为农民这一弱势融资群体实现自身金融权益的金融组织形式和资金融通方式,与以经济法实质正义观为指引的农民金融发展权具有高度的契合性,具有普惠制的金融道德理性。[3] 但就我国现行的合作性金融机构而言,无论是农村信用合作性还是农民资金互助社,在产权结构、治理结构以及运行机制等方面都存在致命的问题,成为加重我国农村金融抑制的重要诱因。更为严重的问题是,由于长期以来将农村信用合作社定性为集体所有制,模糊了产权界限,背离了合作金融的初衷,导致农村信用合作社所有者缺位以及权力制衡机制的虚置。农民资金互助社作为一种新型的合作性金融机构,本来承载着推进农村金融体制改革的重任,但实践中存在严重问题,如农户入社行为存在一定的短期性,互助性功能明显不足,政府主导的发展模式与"内生金融"的发展目标存在差距,自我管理能力

〔1〕 参见贾康:《中国政策性金融向何处去》,中国经济出版社 2010 年版,第 187 ~ 190 页。

〔2〕 政策性金融机构在精准扶贫中发挥着重要作用,金融科技的发展则为金融精准扶贫提供了技术保障。参见冯果、吴双:《技法融合:应用区块链实现金融精准扶贫的法治进路》,载《上海政法学院学报》2018 年第 2 期,第 24 ~ 25 页。

〔3〕 参见姜庆丹:《金融发展权视角下农村合作金融法制创新研究》,法律出版社 2016 年版,第 59 ~ 64 页。

低下且激励机制严重缺失,部分农民资金互助社存在强烈的吸储冲动。[1]面对上述乱象,如果不从立法上进行矫正,合作金融可能异化为社会贫富分化的催化剂和城乡二元分割的推波助澜者,农民这一弱势群体的金融发展权便无法得到保障。

(二)金融工具的不恰当配置

在市场经济条件下,利率、汇率等金融工具是经济调节的重要杠杆,具有强大的收入分配功能,对金融资源配置发挥着"四两拨千斤"的作用。关于金融工具与收入分配的关系,学界曾有过零星的讨论,如有学者从金融市场均衡和利率变动的视角研究了金融发展和收入分配之间的动态演化,由此建立了一个金融发展和收入分配相互关系的理论模型。[2] 有学者研究发现,当金融发展及生产率提高时,富人的投资及借款需求会增加从而使利率上升,收入较低的人由此能够以较高的利率把钱贷出从而获得较多的利息收入,因此,富人的投资最终会把穷人拉出贫困陷阱,缩小收入分配差距,进而形成"库兹涅茨效应"的倒U形收入分配格局。[3] 当然,金融工具改善收入分配功能的发挥必须建立在"市场决定资源配置"的前提之下,如果存在不合理的利率管制和汇率管制,利率传导机制和汇率形成机制势必难以畅通,金融工具的金融资源优化配置以及改善收入分配功能亦不能有效发挥。在我国,随着2015年10月24日中国人民银行宣布对商业银行和农村合作金融机构等不再设置存款利率浮动上限,尽管意味着利率管制时代走向了终结,但通过检视现行的金融资金价格形成机理,可以发现完全利率市场化的时代并未来临。一方面,《人民币利率管理规定》仍然是生效的法律文件,该规定第4条的规定,"中国人民银行制定的各种利率是法定利率,法定利率具有法律效力,任何单位与个人均无权变动",彰显出利率市场化的知易行难;另一方面,金融机构的定价权难以得到保障,金融机构客户的议价权更是形同虚设,商业银行与其他放贷的金融机构之间在利率方面不能展开有效竞争。利率管制的规范依据不仅仅来自于立法,还来自司法,司法实践

〔1〕 参见陈雨露、马勇:《中国农村金融论纲》,中国金融出版社2010年版,第222~224页。

〔2〕 See Aghion, P. and Bolton, P., A Theory of Trickle-Down Growth and Development, The Review of Economic Studies, Vol. 64, No. 219, 1997, pp. 151 - 172.

〔3〕 See Matsuyama, K., Credit Market Imperfections and Patterns of International Trade and Capital Flows, Journal of the European Economic Association, Vol. 3, 2005, pp. 714 - 723.

中曾经长期遵循的民间借贷"四倍利率"规则可谓典型例证。这一利率管制的司法监管路径使市场无法有效地配置金融资金资源,不仅扭曲了资金的市场自由定价,而且造成了放贷人守法成本的提高而迫使放贷人以各种方式逃避规制,将这些费用和成本加在借款人身上,从而违背了以管制保护弱势的借款人群体的初衷。[1] 对于商业银行而言,利率管制人为抬高了小额信贷的管理成本,利率最高限则限制了其溢价收入的获得,因此,银行没有动力开展微型金融服务,由此导致贷款市场上逆向选择普遍以及信贷约束的常态化。可以说,"四倍利率"规则是用逻辑的生活去扭曲生活的逻辑,即用正规金融的逻辑去监管民间金融,忽视了两者之间的差异性、相反性和互补性。[2]

在"货币战争"的时代背景下,汇率变动事关主权国家的货币权力配置,深刻影响国家间的利益调整与财富分配,因而具有明显的收入分配效应。实证研究发现,人民币贬值缓解了城乡收入不平等,而升值则恶化了城乡收入差距。[3] 随着近年来人民币对美元的不断升值,汇率变动引发的跨国间财富分配不平等问题进一步凸显出来。美国主流社会普遍认为,中国政府对人民币汇率带有操纵性的人为低估是造成美国对华贸易逆差乃至全球经济失衡的关键原因,因而不遗余力地借助于国际金融游戏规则的制定权以及强大的话语权逼迫人民币升值,甚至多次通过国内立法指责人民币汇率政策,而中国由于制度性话语权的缺失,在"中美汇率之争"中处于被动及防守地位。在中美之间的金融博弈中,正是由于双方制度性话语权的悬殊,美国可以廉价地使用中国的商品与资金,中国虽然坐拥巨额的外汇储备却由于美元资产占比过高以及美元的持续贬值而难以享受到外汇财富的福利。据统计,2001 年至 2006 年期间,美国累计对外借债净增加 3. 209 万亿美元,然后净负债减少了 1990 亿美元,相当于美国同期净赚了 3. 408 万亿美元,其中仅汇率贬值一项就让美国赚了 8920 亿美元,该期间正好是美元相对世界主要货币大幅贬值时期,也是美国施压人民币升值的最激烈时期。[4] 在

---

〔1〕 参见袁春湘:《民间借贷法律规制研究——以利率为中心》,法律出版社 2015 年版,第 108 页。

〔2〕 参见程金华:《四倍利率规则的司法实践与重构——利用实证研究解决规范问题的学术尝试》,载《中外法学》2015 年第 3 期,第 712 页。

〔3〕 参见李颖、高建刚:《人民币汇率变动、城乡收入差距与居民消费》,载《广东财经大学学报》2016 年第 2 期,第 52 页。

〔4〕 See Pierre-Olivier Gourinchas and Helene Rey, From World Banker to World Venture Capitalist: US External Adjustment and the Exorbitant Privilege, 2005, NBER Working Papers 11563.

2008年金融危机期间,美元的持续贬值更是导致以美元为主要储备货币的中国损失惨重,可以说美国间接实现了对中国财富的掠夺。[1] 特朗普政府上台后,推行贸易保护主义的激进政策,货币量化宽松的力度有增无减,加剧了人民币单边升值的压力,进而强化了中国资产价格上涨的预期,导致资产价格的巨大泡沫以及更为严重的贫富两极分化。由此可以看出,人民币汇率变动的背后隐藏着跨国间财富流动与收入再分配的深刻逻辑。对于我国的金融决策者而言,如何走出"货币升值——国际游资大量涌入——资产价格上涨的泡沫经济——金融危机"的魔咒,促进人民币汇率调整与收入分配改善的良性互动,增强人民币汇率形成机制方面的制度性话语权,成为亟待解决的重大现实课题。

(三)金融市场的不均衡构造

一个完善的金融市场必须具备交易主体、交易对象、交易工具、交易价格四大要素,只有通过立法对各类要素加以规范,并依法严格监管和适度调控,才能形成统一开放、有序竞争、充满生机的市场局面。但由于观念束缚、立法滞后、监管与调控乏力等因素,我国的金融市场面临一系列结构性失衡的制度困境,金融市场亦由此成为解读收入分配鸿沟的重要逻辑线索。首先,间接融资市场与直接融资市场之间发展失衡。根据央行2007年的统计,整个社会80%以上的融资都是通过银行贷款方式完成的,银行系统不但承担了短期流动性融资功能,而且承担了长期资本性融资功能。这种畸形的融资结构,使金融风险过分集中于银行,使金融市场的资源配置、财富再分配、风险再分配的功能难以得到充分发挥。

其次,直接融资市场内部各市场层次之间发展失衡。在"重股轻债"的观念束缚下,我国的债券市场长期落后于股票市场,呈现出品种单一、规模狭小、发育迟缓、管制严苛等症像,未能发挥资本市场"稳定器"的作用,在回应企业的融资需求方面乏善可陈。即使在股票市场内部,各层次市场间的发展也存在明显的失衡问题。其中,中小企业板与创业板的发行和交易制度几乎成为主板市场的翻版,仅在上市条件上有所下降,类主板化问题导致资本市场的重复建设和资源浪费。创业板、新三板的制度建设则沿袭了《证券法》修改以前以场内交易为核心的思维模式,导致股票发行价格居高不

〔1〕 参见杨松:《银行法律制度改革与完善研究》,北京大学出版社2011年版,第155页。

下,股票供给与需求的矛盾不断激化。上述这些问题导致大量具备发展潜力的中小企业难以通过资本市场获取融资,使中小企业贷款难更加雪上加霜,进而导致资本市场的财富分配功能走向了扭曲和异化。

最后,区域金融市场发展失衡。瑞斯托·劳拉詹南指出,尽管金融服务具有很大的自由流动性,但实际上不同地区的金融景观是完全不同质的,具有极端的异质性和不规则性,即金融服务业是具有明显地理特征的经济活动。[1] 有学者甚至以地图的形式来展示、剖析和对比各国和各地区金融法律制度的精华内容,建立起来了一套颇具说服力和"观赏性"的宏观解释框架。[2] 作为一个经济社会发展严重不均衡的国家,我国不同的地区蕴含着不同的自然禀赋和制度文化,这些差别必然导致金融发展的不同状态。决定区域金融成长的一个关键因素是空间差异、空间过程与空间的相互作用,金融发展要适度差异、协调发展、提倡共生和系统优化。我国的西部的农村地区之所以成为收入分配中的重灾区,与信息资产的匮乏、地理资产的低劣有很大的关系。以西北民族地区为例,由于教育水平、生态环境、社会发展、基础设施建设等因素的制约,这些地区的正规金融机构普遍存在服务能力不足、覆盖面低、财务可持续性差等问题,甚至存在大量金融服务空白区,导致非正规金融活动的滥觞。

二、法理探微:收入分配改革困局的金融法实质

收入分配改革被认为是"关键时期的关键改革",重要性与难度可想而知。近年来,尽管国家出台了诸多政策措施来遏制收入分配差距扩大的趋势,但均收效甚微,收入分配改革陷入了前所未有的法律困局。厘清收入分配改革困局的金融法实质,需要立足于部门法哲学层面上具有融贯性的基础概念范畴,如权力、权利、能力与利益等,唯有如此,才能实现从"规范教义"到"法理守则"的转型,进而登堂入室,窥其堂奥。

(一)金融权力的异化与滥用

权力对收入分配的消极影响,是通过"权力分配—要素分配—收入分

〔1〕 参见曾康霖:《二元金融与区域金融》,中国金融出版社2008年版,第64~65页。

〔2〕 参见[英]菲利普·伍德:《金融法的世界地图》,陈儒丹、黄韬译,法律出版社2013年版,第289~291页。

配”这一传导机制实现的,在这个逻辑关系中,权力分配是基础和关键,它在本质上规定和决定着生产要素配置、要素所得和要素流动,同时也规定和决定着收入流动性,最终决定和影响着收入分配关系的制度变迁。[1] 权力分配不仅在初次分配中广泛存在,而且在再分配中也大显身手,演化成一幕幕权力异化的图景。其中,初次分配中的权力异化主要表现为权力与资本的联姻以及权力对资源分配的参与,具体表现为权力的商品化、权力的资本化、权力对资源的垄断等现象;再分配中的权力异化则主要表现为财政分配的结构性失衡——行政性开支太大、经济建设性投资太多、公共服务支出太少、政府在“福利国家”建设上错位和缺位。[2] 权力异化意味着权利抑制,收入分配正是在这种公权力膨胀与私权利萎缩中演化成当前的局面。权力分配及权力异化对收入分配的作用机理,当然适用于金融权力,下面以金融资源配置权为例对此加以说明。

鉴于金融的法律本质是权利交易,金融资源配置的法律本质是相关主体基于金融资源的特性进行的权利交易安排,金融资源配置权可视为相关主体在金融资源配置过程中享有的开发、使用、处分、让渡等经济性权力的统称。这种权力带有公共性和支配性的公权特征,其主体一般表现为国家机关(通常指向的是金融监管部门),特定情形下也包括地方政府和金融机构。[3] 国家机关作为金融资源配置权的主体容易理解,商业性的金融机构能否作为金融资源配置权这一公共性权力的主体则需要澄清。事实上,由于我国金融市场化改革的不彻底,很多金融机构兼具行政化和市场化的双重特征,甚至履行着公共行政职能,在金融资源配置中发挥着举足轻重的作用,特别是在当前金融乱象丛生的背景下,某些金融机构不当行使金融资源配置权的行为加剧了社会不公,已经引起社会公愤。无论是证监会对个别资产管理人充当“土豪”“妖精”“害人精”角色的严厉呵斥,还是中国银保监会主席郭树清对个别商业银行“肆意进行不正当关联交易和利益输送”的点名批评,均揭示出金融机构对金融权力的滥用。从理论上讲,由于市场与政府是资源配置的两种主要手段,收入分配鸿沟的出现无疑是市场与政府双重失灵的产物,但由于中国市场经济体制的不健全,市场在资源配置中的决

---

〔1〕 参见周振华、杨宇立:《收入分配与权力、权利》,上海社会科学院出版社 2005 年版,第 140 页。

〔2〕 参见李永成:《社会分配法研究》,法律出版社 2014 年版,第 121~123 页。

〔3〕 参见何风隽:《中国转型经济中的金融资源配置研究》,社会科学文献出版社 2010 年版,第 43~44 页。

定性作用难以有效发挥,收入分配鸿沟的制度根源更应该从政府身上去寻找。众所周知,改革开放之前,中国实行“大一统”的高度集权的金融体制,金融资源配置权高度集中在中央,政府不仅拥有资源配置的绝对优势,而且构成了决定制度变革供给中的主导力量,从而使金融制度变革的取向、深度、广度、速率和战略选择等基本上取决于政府主体的意愿和能力。[1] 改革开放以后,出于为国有经济提供金融支持,国家进一步通过价格控制(如利率控制、股价控制)、信贷控制等手段加剧了金融资源不公平配置的程度,金融资源配置权的扭曲与异化也由此成为解读收入分配严重失衡的重要逻辑线索。

(二)金融权利的贫困与金融能力的孱弱

“贫困必须被视为基本可行能力的被剥夺,而不仅仅是收入低下,而后者却是现在识别贫穷的通行标准。”[2] 自从印度著名经济学家阿玛蒂亚·森提出“贫困是权利体系的函数”命题以来,权利贫困与能力剥夺是贫困根源的结论已经深入人心。因此,从金融权利的贫困、金融能力的孱弱来认知收入分配鸿沟的金融法根源,具有重要的理论意义和实践价值。造成贫困的原因非常多样化,制度供给的缺失、区域发展的失衡、可行能力的不足、先天缺陷、族群因素等皆有可能成为贫困的诱发基因。其中,制度供给不足型贫困与可行能力不足型贫困特别值得关注。根据诺斯的见解,制度是理解历史的关键,公平合理的制度往往富有包容性,注重为社会弱势群体提供倾斜性的制度扶持和权利保障,成为克服社会不公以及减缓贫困的利器。相反,不公平和非正义的制度总是忽视甚至剥夺弱势群体的权利,将其排斥在制度保护的范畴之外,使其丧失自由选择的能力以及自我发展的机会。从这个意义上讲,公平合理的制度供给不足是造成贫困的关键肇因之一,甚至有学者认为,制度排斥与权利剥夺是造成贫困的最核心的原因。[3] 与制度供给不足型贫困相比,可行能力的不足诱致的贫困带有结构性贫困的特征,它指向的是贫困者个体由于在基本生产、知识获取、资源利用、参与决策等方面能力的不足而诱致的贫困现象。鉴于权利贫困与可行能力的剥夺是造成

---

〔1〕 参见王延科:《现代金融制度与中国金融制度转轨》,中国经济出版社1999年版,第266页。
〔2〕 阿马蒂亚·森:《以自由看待发展》,任赜、于真译,中国人民大学出版社2002年版,第85页。
〔3〕 参见王曙光:《告别贫困——中国农村金融创新与反贫困》,中国发展出版社2012年版,第4页。

贫困的主要因素,国际社会普遍主张通过赋权与赋能进行减贫,并形成了反贫困问题的权利进路。在该进路之下,解决贫困问题与实现自由、能力和权利存在内在关联。[1]

权利贫困、能力剥夺与收入分配不公之间具有千丝万缕的勾连。本文认为,收入分配是否公平的关键在于权利享有的多寡,这是因为收入分配不公的根本在于规则缺失下的群体间的分配权利失衡,分配权利的失衡决定了群体间在财富占有方面的机会、过程与结果的不平等。有学者对此指出,财富不平等作为一种分配结果,其不平等的背后隐藏着权利的不平等和机会的不平等,解决不平等扩大的问题不仅仅是一个财富再分配的问题,还涉及一系列权力和利益的重新调整。[2] 既然贫困与不平等根源于社会成员在权利拥有上的差异,群体间权利拥有的区别必然导致群体间在表达和追求自己利益的能力上存在巨大差异,因此,收入差距的背后隐含着群体间能力失衡的制度逻辑,权利不平等实质上意味着个人对生产要素的控制能力不同,这是隐藏在收入分配不公平背后的重要原因。

具体到金融法中,弱势群体金融权利贫困与金融能力孱弱的现象是广泛存在的。例如,由于《金融机构行政许可事项实施办法》关于农村金融发起人条件的不合理限制、《农村资金互助社暂行规定》关于农村金融产权界定的模糊、《农村信用社管理规定》关于社员退社自由的不当规定,农民金融发展权无法落实。大量的研究表明,公众缺乏享有金融服务的权利是导致持续的收入分配不均等、贫困陷阱以及低增长的主要因素。[3] 随着金融产品的日益复杂,弱势群体在获取金融服务方面显得困难重重,正如联合国开发计划署指出的,读写能力有限的人们常常意识不到他们应有的权利,金融知识的缺乏肯定会导致一些人对某些金融产品的排斥,有限的文化水平也会限制了贫困人群寻求原本可以获得的金融服务的能力。[4] 有学者对此认为,金融市场主体能力是实现金融公平的关键要素,这是因为"金融市场主体能力反映了相应主体在金融市场中的话语权,会影响其在参与金融市场

---

〔1〕 参见郑智航:《论免于贫困的权利在中国的实现——以中国的反贫困政策为中心的分析》,载《法商研究》2013 年第 2 期,第 48 ~49 页。

〔2〕 参见万海远:《收入不平等与公共政策》,社会科学文献出版社 2017 年版,第 259 页。

〔3〕 参见江春:《金融改革和金融发展:理论与实践的回顾及反思》,人民出版社 2012 年版,第 484 页。

〔4〕 参见焦瑾璞、陈瑾:《建设中国普惠金融体系——提供全民享受现代金融服务的机会和途径》,中国金融出版社 2009 年版,第 47 ~48 页。

活动过程中与其他主体的力量对比,会对金融市场进入、金融交易运行和金融福利分享产生影响”。[1] 事实上,包括金融法在内的整个经济法都存在严重的“权利缺失”现象,金融法可以先行一步,引入“权利扶贫”与“能力扶贫”的理念,通过法律赋权与法律赋能的制度安排从根本上改变弱势群体权利贫困与能力孱弱的局面。

(三)金融利益表达与博弈机制的扭曲

改革开放以来,经过持续不断的金融体制改革,中国金融业以前所未有的速度与规模在成长,由此累积了可观的金融财富。然而,与此相配套的金融利益均衡机制却迟迟没有建立起来,导致的结果是金融领域利益冲突的加剧以及利益格局的失衡。金融利益的冲突与失衡,实质上反映出的是金融利益表达与博弈机制的扭曲。无论是财富还是资源,在法律看来都是一种利益形态,因此,收入分配的实质是一种利益分配,收入分配失衡实际上是一种利益分配失衡,收入分配改革困局的金融法根源可以从利益的视角加以探寻。与城乡收入分配差距、地区收入分配差距、行业收入分配差距相对应,金融利益在城乡之间、地区之间、行业之间的分享存在严重的不平衡问题,城市、东部地区和垄断性行业占控制着大量金融利益,农村、西部地区与非垄断行业享有的金融利益却非常少,这必然会激发起利益受损者强烈的利益表达愿望。然而,现实的一个悖论在于,社会强者与社会弱者有着各自的利益诉求,两者之间的利益冲突似乎无法调和:前者掌握着充足的社会资源,具备影响社会舆论及话语形成的能力,利益表达渠道畅通;后者可依据的社会资源有限,正当的利益表达诉求往往受到压制,且难以寻求到适当的利益代言人。政府本来肩负着保障弱势群体利益表达诉求和消除收入分配鸿沟的使命,但由于收入分配政策调节的滞后性与偏差性,政府在信息非完善的条件下给出的政治决策和公共政策难以矫正社会利益格局的失衡,产生分配不公和贫富分化现象。[2]

对于上述“利益表达失衡—政策调控不力—收入差距过大”的逻辑演绎,孙立平教授指出:“问题的关键是建立起一种相对平衡的、有制度保障的

〔1〕 袁康:《金融公平的法律实现》,社会科学文献出版社 2017 年版,第 125 页。

〔2〕 参见吴群芳:《利益表达与分配——转型期中国的收入差距与政府控制》,中国社会出版社 2011 年版,第 28~29 页。

利益表达机制。建立有效的利益表达机制,实际上是构建相对完善的市场经济体制的一个不可缺少的组成部分。市场经济从本质上说是一种建立在利益主体分化基础上的博弈经济,较为完善的市场经济中有一种不同利益主体之间的良性博弈。在这样的体制中,利益表达是博弈的基础。"[1]在应然意义上,金融法构建均衡的利益表达机制,需要从规范强势群体的利益表达行为、提高弱势群体的利益表达能力、培育利益表达的组织载体、构建有效的利益表达渠道、健全利益表达的回应体系等方面入手,实现金融财富分配的合理化与金融改革发展成果的惠益分享。由于民主是解决公共性问题的主要手段,而金融利益分配失衡又是一个典型的公共性问题,所以在金融法中引入以协商民主为中心的利益博弈机制势在必行。无独有偶的是,2008年金融危机之后,罗伯特·席勒所提出的"金融民主化"理念风靡全球,"金融是全社会财富的托管人"思潮再度兴起,我们应当以此为契机,打破金融的精英权力结构,使金融更加民主化,使社会财富分配更加公平化。

三、路径选择:通向收入分配正义的金融法变革

"社会经济发展所要求的最佳状态既不是福利上的完全平等,也不是贫富两极分化,而是经由公民共识在两者之间寻求一种中庸状态,实现权利、机会和利益的合理的从而也是正义的分配。"[2]诚哉斯言!在中国改革开放迎来四十周年的关键历史节点,实现收入分配正义不仅是包容性发展的基本要求,也关乎社会弱势群体的切身利益,更决定着我们能否拥有更高水平的政治文明。在金融法视域下,收入分配正义的法律实现既需要宏观上的顶层设计,亦需要微观上的制度回应。

(一)顶层设计

考虑到金融权力的异化与滥用、金融权利的贫困与金融能力的孱弱、金融利益表达与博弈机制的扭曲是收入分配改革困局的金融法实质,而这些问题的形成根源于根深蒂固的观念桎梏与盘根错节的利益纠葛,非简单的立法缺陷问题,所以,通向收入分配正义的金融法变革必须跳出法条修补式的思维局限,从顶层设计的高度进行权力控制和权利赋予,提高弱势群体的

〔1〕孙立平:《重建社会——转型社会的秩序再造》,社会科学文献出版社2009年版,第248页。
〔2〕贾可卿:《分配正义论纲》,人民出版社2010年版,第263页。

利益博弈能力,进而在不同群体间形成一种利益均衡机制。

1. 控权

分配结构不仅是一种经济结构,也是一种法律结构,本质上是权力和权利结构。“无论宪法抑或其他法律,只要其中包含分配制度,则均应在相关分配主体之间有效界定分配的权力和权利,对分配结构实施有效调整,以确保其合理性与合法性,最大限度地解决经济社会发展过程中产生的各类分配问题。”[1]鉴于权力分配是基础和关键,在本质上规定和决定着生产要素配置、要素所得和要素流动,最终决定和影响着收入分配关系的制度变迁,面向收入分配正义的金融法变革必须首当其冲地规范金融权力的运行,防止其走向异化。金融权力是一个很宽泛的概念,货币权、金融调控权、金融监管权、金融资源配置权等皆为金融权力的表现形态,这些金融权力与收入分配均存在紧密关联,尤以货币权和金融资源配置权为甚。货币权是一种典型的垄断性权力,谁控制了货币谁就控制了社会、国家乃至世界。目前,中国的货币权呈现出外部萎缩、内部扩张的双重困境。在国际金融治理中,由于中国在货币金融方面规则制定权、定价权以及资本流动吞吐权等方面的缺失,财富源源不断地流向美国,这也是党的十八届五中全会提出“提高我国在全球经济治理中的制度性话语权”的重要背景。但在国内,货币供应量急剧攀升,货币发行总收入已经远远超出全国财政总收入,造成了货币贬值与通货膨胀。通货膨胀的发生意味着政府提高了税收的征收额度,使政府获得了税收之外的收入,其实质是把人民的部分货币财产转化为政府财产。[2] 改变这种局面,一方面需要进一步推进人民币的区域化和国际化,建立合理的外贸外币依存度,加强外汇管制立法,完善国际储备立法,以维护国家主权财富安全;另一方面需要将人民币发行纳入《预算法》的管理范围,控制财政赤字规模,防止财政赤字货币化对人民财富的变相掠夺。

与货币权相比,金融资源配置权对收入分配的影响更为直接和突出。众所周知,中国的金融资源配置经历了一个由中央政府集中配置到央地政府共同配置的过程,政府在配置金融资源过程中普遍存在“重城市,轻农村”“重东部沿海,轻西部内陆”“重国企,轻民企”等倾向,这是造成收入分配城乡之间、地区之间、行业之间差距不断扩大的重要原因。政府对金融资源的

---

〔1〕 参见张守文:《公平分配的财税法促进与保障》,北京大学出版社 2017 年版,第 33 页。

〔2〕 参见吴礼宁:《货币宪法学:知识谱系与中国语境》,法律出版社 2015 年版,第 203 页。

垄断与权力滥用,扭曲了市场机制,扼杀了金融市场的活力,制造出一个显失公平的权力经济。正如有学者所指出的,政府统御市场、各级地方政府几乎无任何权力约束地参与市场,已经导致政府成了当今市场运行中一个最大"玩家"(player)。[1] 政府对金融资源配置的嵌入,实际上就是用权力控制资本的过程,由于资本的本性是寻求增值,而借助于权力的庇佑极易实现资本增值的目的,所以,权力与资本自然结合为一体,形成了所谓的"权贵资本"或"权力资本"。可以说,金融资源分配公平中的政府行为存在明显悖论,即政府一方面是维护和实现金融资源分配公平的主体,另一方面又构成了金融资源分配不公平的重要根源。金融资源配置权的法律控制,在纵向维度上需要用法律来界分央地政府之间的金融资源配置权限,通过"选择性集权、法律性分权"重构央地政府间的金融利益分配关系;在横向维度上需要以"法律治理"替代"政策治理",引导金融资源配置中的地方政府竞争从恶性的要素竞争走向良性的制度竞争,将地方政府的金融资源配置行为纳入法治轨道,实现由权力经济到法治经济的转变。

2. 赋权

社会成员之间权利、权力、义务与责任的配置是分配正义关注的核心命题。[2] 在"认真对待权利"的现实语境下,权利的配置是否公平是考量法律正当性的基本前提,正如有学者所言,无论是初次分配还是再分配,无论是市场主体之间的分配还是国家与国民之间的分配,都对应着一系列的权利,直接体现为相关权利的配置问题。[3] 权利配置与权利行使的不平等是金融不平等的根源,权利的贫困则是弱势群体金融资源匮乏的实质。因此,实现收入分配正义的金融法路径,必须引入权利配置的理念,对社会弱势群体进行赋权并进行倾斜性保护,保障其权利选择与权利行使的自由空间。对于贫困群体而言,金融赋权意味着激发他们的自主意识,提升他们的行动能力,拓展他们的发展自由,保障他们的公平权益。作为一种反贫困的重要法律方法,金融赋权是西方国家的惯常做法。例如,美国 1977 年《社区再投资法》规定,存贷性机构有责任满足本社区的信贷需求,这其实是赋予了社区内中低收入人群信贷权,法国 1984 年《银行法》规定,在法国有住所的任何

〔1〕 参见韦森:《大转型——中国改革下一步》,中信出版社 2012 年版,第 12 页。

〔2〕 参见刘剑文:《收入分配改革与财税法制创新》,载《中国法学》2011 年第 5 期,第 50 页。

〔3〕 参见张守文:《分配结构的财税法调整》,载《中国法学》2011 年第 5 期,第 25 ~ 26 页。

自然人或者法人,如果没有活期存款账户的话,有权利选择信贷机构开设账户,或者接受邮政储蓄银行或财政部提供的金融服务,赋予了弱势群体开立账户权。[1] 开立账户权与获得贷款权等金融权利的获得,是普通社会成员成为金融消费者的前提和享有金融服务的基础,也是实现权利公平和机会公平的重要环节。[2]

相比而言,中国的金融赋权还做得远远不够,农村金融、民间金融等诸多领域的金融权利处于缺失状态,金融排斥现象较为严重,金融的反贫困功能尚未得到充分发掘。以农村金融为例,由于农村信贷市场具有典型的信息不对称特征,再加上农地产权、农地流转、农地金融等制度设计的不合理,农村地区的收入分配状况较为严峻,释放农村土地的财产功能和融资潜力已经迫在眉睫。尤其是在农地金融方面,应当乘国务院颁布《关于开展农村承包土地的经营权和农村住房财产权抵押贷款试点的指导意见》的政策东风,全面推进农村土地承包经营权抵押贷款,适时启动土地信托,发行土地债券,组建土地银行,破解农民贷款难题,释放农地的金融功能。再以民间金融为例,传统金融管制的逻辑倾向于采取压制和排斥的做法,将民间金融视为"洪水猛兽",漠视民间金融所承载的正当性融资权利,对其民事合同行为的法律本质视而不见。正如有论者所言:"在监管制度的设置中给予非正规金融机构严厉的限制和禁止,很大程度上会压制农村资金的自由流转,并对公民生存权和发展权的实现产生直接影响,并让他们的权利得不到保障。"[3]以实现收入分配正义为契机,调整现有对民间金融法律规制的立法理念,强化金融市场的金融权利保护,限制金融权力的过度使用,变"堵"为"疏",显得刻不容缓。[4] 只有将惩罚性规制与激励性规制结合起来并形成适时替代的良性格局,民间金融的规制悖论才能消解,不同金融形态之间的有序竞争也才有可能达成。

除此之外,通向收入分配正义的金融法变革还应特别关注信贷权和企业公平融资权的赋予问题。20 世纪 70 年代以来,穷人信贷市场开始发生巨

---

〔1〕 参见孟飞:《合作金融组织社员权利保护研究》,法律出版社 2014 年版,第 30 ~ 31 页。

〔2〕 参见胡文涛:《普惠金融发展研究:以金融消费者保护为视角》,载《经济社会体制比较》2015 年第 1 期,第 99 页。

〔3〕 邢琳:《基于金融发展权的视角看农村合作金融法律制度》,东北师范大学出版社 2017 年版,第 127 页。

〔4〕 参见邱润根:《金融权利视角下民间金融的法律规制》,载《法学论坛》2015 年第 2 期,第 90 页。

大转变,非盈利、非政府组织开始试验能够使它们大规模地向穷人提供商业投资贷款的新贷款模式。随着这些模式变得广为人知,小额信贷迅速发展,延伸到了几乎所有的发展中国家和发达国家的低收入群体,小额信贷 NGOs 也受到了国际开发捐赠机构、政府援助机构以及各种基金会的欢迎,被认为是提高穷人收入最有效的方法之一。〔1〕 然而,由于缺乏还贷保险机制等原因,小额信贷遭遇了可持续发展难题,因此,仅有商业性的小额信贷不足以满足贫困人群的融资需求,必须上升到国家的义务层面,赋予贫困人口信贷权的法定权利。企业公平融资权的法律实现,则需要对现行的《贷款通则》进行修改,引入贷款申诉制度,即允许企业在公平融资权受到侵害时向相关主体(如银行业协会或银监会)申诉,由后者对借款银行的行为予以纠正或给予惩戒。唯有如此,企业公平融资权才不会停留在政策宣誓的层面上,而是能够转化为缓解企业融资困境的有力政策工具。

3. 赋能

对弱势群体赋权之后,如果他们缺乏行使权利的能力,那么法律赋权依然难以改变其生存境遇。在此背景下,法律赋能的重要性得以彰显。法律赋能是以弱势群体为对象、以法律为工具、以权能为切入点、以权利为基础、以获得自由和机会为目的的过程,旨在使弱势群体增长信心、知识、能力、资源等权能,从而得以利用法律来保护、促进自身权利及利益进而获得机会。〔2〕 对于金融法而言,通过引入法律赋能理念来达致收入分配正义可以说恰逢其时,这是因为我们处在一个名副其实的"金融社会"时期,金融深刻影响着社会资源的流动以及人们的行为选择,无论是住房、医疗甚至人的生命都深受金融力量的支配,金融知识的掌握程度、金融资源的占有多寡、金融服务获取能力的高下直接影响着人们的生存与发展状况。尤其是随着金融创新的日新月异,金融产品越来越复杂,离实体经济越来越远,金融的投机性与泡沫化日趋严重,异化为少数人剥削大多数人的工具,以致在 2008 年金融危机之后,金融知识成为一个新的民权议题,如何赋予普通的金融消费者对金融产品更大的判断力和行动能力成为金融赋能的新任务。在本文看来,提升弱势群体参与金融市场活动并实现自身发展的能力,更为重要的举

〔1〕 参见[美]帕特里克·博尔顿、霍华德·罗斯塔尔:《穷人的信贷市场》,徐晓萍译,上海财经大学出版社 2011 年版,第 180 页。

〔2〕 参见程骞、徐亚文:《中国农村治理变迁与获致司法正义》,载《北方法学》2015 年第 1 期,第 137 页。

措是普及金融教育,提升国民的金融素质,消除“金融文盲”。由于金融社会化与社会金融化的趋势日渐明显,金融对个人的影响不断加深,掌握基本的金融知识成为一种基本的生存技能。但由于金融教育的缺失,公众的金融知识极度匮乏,不成熟的投资者与金融消费者大量存在,为金融欺诈的滋生、金融风险的扩散和金融危机的蔓延提供了心理基础。有研究表明,金融教育能够帮助金融消费者以及投资者更好地理解金融体系运行和金融市场活动,增强其作为金融市场参与主体的能力,从而能更充分有效地认识自身的权利和所参与的金融活动的实际情况,避免自身利益受损,进而有利于促进金融活动的公平性。[1] 笔者建议从建设金融强国的战略高度将金融教育纳入国民素质提升计划,通过金融知识的普及和金融意识的强化,助推社会弱势群体的权利觉醒,激发社会弱势群体的金融权能,进而使金融成为改善与保障民生的重要工具。

(二)制度回应

1. 从金融抑制走向金融深化

早在1973年,美国经济学家罗纳德·I. 麦金龙(Ronald. I. Mckinnon)和爱德华·S. 肖(Edward. S. Shaw)就对发展中国家金融发展与经济增长的关系进行了拓展性研究,提出了著名的“金融抑制”和“金融深化”理论,其核心论点是放弃政府对金融业的过度管制和人为干预,实行金融的市场化改革,通过市场机制的作用实现“市场出清”并提高经济效益,促进金融发展与经济增长之间的良性循环。整体而言,中国的金融改革是遵循着从金融抑制到金融深化这条路径展开的,但改革过程中锲入了“中国智慧”,形成了以“摸着石头过河”为经验逻辑的实验主义和渐进式制度变革模式。党的十八届三中全会之后,全面深化改革的大幕开启,从金融抑制走向金融深化成为包括收入分配改革在内的市场经济体制改革的重要诉求。但我们应当清醒地认识到,金融抑制构成了我国金融体系变迁的结构性特征,已经形成较为强烈的路径依赖,这无论是从利率管制和股票发行的审核制,还是信贷投向以及金融机构超高的国有股权比重,均可以得到证实。由于金融抑制产生的一个结果是穷人面对更低的存款利率和更高的贷款利率,形成一种穷人

[1] 袁康:《金融公平的法律实现》,社会科学文献出版社2017年版,第186页。

补贴富人、居民补贴企业的“倒挂”机制,[1]所以,对收入分配不公起到了固化作用。在收入分配正义的语境下,推进金融抑制走向深化,当务之急是从以下两个方面做出实质性制度变革:

首先,打破金融垄断,放松金融管制,打造竞争性金融市场。关于金融业的垄断与竞争问题,如果只是套用市场结构(Structure)—企业行为(Conduct)—经济绩效(Performance)的理论范式(SCP框架)来分析金融业的市场份额、市场集中度、进入壁垒等结构性问题,会得出似是而非的结论。这是因为,转型时期的中国金融业(特别是国有银行)正处于商业化进程中,它们从没有过金融产品和服务的自由定价权,也无法做到自负盈亏和正常退出,而且规模和业务选择等行为都受到严格的行政控制,所以,它们不是一般意义上的营利性企业或商业机构。[2] 以银行业为例,尽管我国银行业的结构状况在规范意义上并不符合《反垄断法》关于“垄断”的定性,但事实上的银行业垄断是客观存在的,一个突出表征是四大国有商业银行占据着绝对主导地位,通过各种金融规则控制着金融市场,具有较强的市场支配能力,备受诟病的“银行暴利”归根结底源于银行的市场支配地位。借助于国家保护和优惠政策,大型国有商业银行垄断了多数金融资源,利用其影响力干预金融立法与政策制定,并且缺乏推动金融改革的动力与热情。例如,面对居高不下的企业融资成本和持续多年的中小企业融资难题,商业银行鲜见出台实质性的缓释举措,反而不断固化着既有的利益分配格局。由于中小企业的生存与发展关涉社会弱势群体的切身利益,其融资难题必然影响到不同群体间的财富分配,因而商业银行对中小企业的“惜贷”等行为对收入分配差距扩大有着不可估量的影响。在笔者看来,化解中小企业融资难题,根本之道在于构建一个与产业结构和企业特征相配套的金融结构,即以中小银行为核心、同时辅以大银行和证券市场的金融体系。正如林毅夫教授所言,将动员起来的资金配置到富有比较优势的中小企业,支持创新型企业家的发展,是提高中国金融体系效率的必由之路。[3] 因此,打破银行垄断的关键在于放宽商业银行的市场准入门槛,为民间资本进入银行业提供制度便利,在注册资本、牌照发放、公司治理结构等方面放松对民营银行的设

---

[1] 陈斌开、林毅夫:《金融抑制、产业结构与收入分配》,载《世界经济》2012年第1期,第5页。

[2] 参见陈经伟:《金融法治与金融规制——转型时期逻辑与经济金融分析》,社会科学文献出版社2016年版,第141页。

[3] 参见林毅夫:《解读中国经济》,北京大学出版社2014年版,第199页。

立要求,大力发展中小银行,真正在银行业中引入竞争机制。

其次,着力构建多层次资本市场,提高资本市场服务于实体经济的能力,不断发掘资本市场的社会功能。近十年来,尽管我国多层次资本市场的构建取得了长足进展,但还远远不能满足企业的多元化融资需求,无论是多层次债券市场体系还是多层次股票市场体系均有很大的制度改进空间。其中,多层次债券市场建设中面向实体企业与城乡居民发售公司债券、培育实体企业间的资金借贷市场、开发实体企业间的融资性商业票据产品等举措都可以减缓企业间的融资不公平问题;多层次股票市场建设中实施股票发行注册制改革、分离沪深交易所的交易规则并在交易所中引入竞争机制、在创新型企业中引入多层投票权架构、通过中国存托凭证(Chinese Depository Receipt,CDR)吸引境外上市企业回归、降低新三板挂牌企业市场准入门槛、规范发展区域性股权交易市场等举措都可以强化股票市场服务于实体经济的能力。值得肯定的是,中国证监会于2016年9月发布了《关于发挥资本市场作用服务国家脱贫攻坚战略的意见》,对贫困地区企业首次公开发行股票、新三板挂牌、发行债券、并购重组等开辟“绿色通道”,这有助于还原资本市场的社会功能,促进金融资源的公平配置,夯实资本市场发展的正当性基础。

2. 从金融排斥走向金融包容

作为社会排斥的一个类型,金融排斥的基本含义是指存在各种困难影响人们通过主流金融市场获得和使用金融服务和产品,而这些金融服务和产品是适合人们的需求且能够使他们在其所属社会过上正常的社会生活。[1] 究其实质,金融排斥指向的是金融服务的可获得性问题。由于我国的金融资源配置存在城市偏向、东部偏向和所有制偏向,农村、西部和民营企业在金融服务的可获得性方面严重不足,由此产生的金融排斥进一步加剧了城乡之间、地区之间和行业之间的收入分配鸿沟。在联合国等国际组织的推动下,世界范围内正在掀起建设普惠金融体系的浪潮,从金融排斥走向金融包容成为实现收入分配正义的必然进路。

鉴于我国积重难返的金融排斥现实,必须在以下几个方面进行实质性的金融改革,以提高弱势群体金融服务的可获得性,拓展金融包容的广度与深度:首先,针对农村地区金融机构大量撤出留下的服务空白,必须培育社

〔1〕 周仲飞:《提高金融包容:一个银行法的视角》,载《法律科学》2013年第1期,第183页。

区银行、融资担保机构、社区发展基金等适应农村金融需求的普惠性金融机构。将这些普惠金融机构引入农村金融市场,可以有效防止基层金融的空洞化,从源头上改善农村金融生态。对于村镇银行、贷款公司、农民资金互助社等新型农村金融组织在实践运行中暴露出来的问题,需要寻求有针对性的因应之策。[1] 例如,村镇银行的"主发起银行"制度涉嫌歧视民间资本,招致了广泛批评,应当废止该制度,完全放开民间资本进入村镇银行的准入限制,使村镇银行成为提升农村地区金融服务可获得性的重要载体。

其次,针对地区间经济发展失衡导致的西部地区金融服务严重不足问题,必须引入区域金融合作与区域金融协调的理念和制度,弥合不同区域金融断裂的空隙,从金融分割走向金融一体化。实践中,珠三角、长三角、环渤海等区域金融合作与协调已经卓有成效,例如,2014 年底,泛珠三角九个城市金融工作部门签署了《泛珠三角区域省会城市金融合作框架协议》,重点在金融发展战略和规划、金融市场对接和金融机构合作、金融支持区域产业和重大项目建设等方面加强区域金融合作。推进区域金融合作与区域金融协调,需要出台区域金融合作与协调的专门立法,为金融资源的区域流动与优化配置提供"金融法律基础设施";明确地方政府与监管部门的角色定位,为区域金融合作扫除障碍;建立区域金融协调发展机制,填补监管真空,规制监管套利,实现金融机构、金融业务与金融市场的协同发展。

最后,采用差异化金融调控与差异化金融监管,构建面向弱势产业、弱势群体的倾斜性金融资源配置机制。在金融调控方面,利率、存款准备金、再贴现与"最后贷款人"制度、公开市场业务等货币政策工具均可以进行差异化调控安排,引导金融资源向特定产业和群体倾斜。在金融监管方面,应当正视官方金融与民间金融的二元结构,对民间金融的监管从粗暴的压制、取缔走向柔性的引导、规范,通过包容性监管助推民间金融的健康发展。由于民间金融的主体和行为都是多元化的,类型化思维的引入极为必要。其中,主体类型化的目的在于区别法律干预的程度,以必要性为限进行干预,最大限度实现市场自由;行为类型化的主要目的在于对民间金融行为进行

---

[1] 中国银监会 2006 年发布的《关于调整放宽农村地区银行业金融机构准入政策 更好支持社会主义新农村建设的若干意见》首次提出了"新型农村金融组织"的概念,其是指依据有关法律法规,由境内外银行资本、产业资本、民间资本等在我国农村地区投资、收购、新设的,组织规模小、治理结构简洁、服务方式灵活,主要为县域农民和小微企业、农业和农村经济发展提供金融服务的金融组织。参见李建胜:《新型农村金融组织法律制度研究》,法律出版社 2015 年版,第 18 页。

抽象和调整，避免行为模式创新带来的立法空白。[1] 总之，民间金融的法律监管需要打破“一刀切”式的干预模式，根据不同形态的特性区分监管强度和选择监管方式，体现出更多的包容性和激励性，使之与正规金融形成有序的制度竞争，共同致力于收入分配正义的法律实现。

四、结语

收入分配作为一个凸显的民生问题，离不开强有力的金融支持，收入分配改革这一“关键时期的关键改革”更是亟需金融法的理论创新与制度回应。2008 年全球金融危机之后，关于“金融的本质是什么”的反思与讨论再度兴起，人们重新深刻认识到对财富的追逐并不是金融的全部，承担社会责任和回应民生诉求也是金融的正当价值追求。在此背景下，金融与民生的关系开始受到学界关注，金融社会属性的强调、金融公平理念的提倡、法律赋权与法律赋能理念的引入正在重塑着金融法的思想谱系与知识传统。与民生金融相对应的金融法将是一部以公平正义为价值基础、以民生诉求为制度导向、以普惠金融为目标定位的良法。通向收入分配正义的金融法变革，应朝着民生金融法的方向砥砺前行。

〔1〕 参见胡晓治、梁偲：《民间金融市场治理法律制度研究》，浙江大学出版社 2016 年版，第 34 页。

中国 PPP 特别立法的重构研究*

廖振中**　高晋康***

内容提要　PPP 模式存在公共品质量激励不足、机会主义泛滥和运作成本高企的固有弊病。一国 PPP 有序发展需要特别立法为其塑造适宜的外部制度环境。世界各国 PPP 特别立法均围绕合法性、信任度和执行力三方面塑造“PPP 优益环境”，是为立法之理论同源，但各国本土禀赋又会导致立法在制度选择和制度成效上出现明显的现实异流。地方融资冲动导致 PPP 不当泛化、基层政府信用缺失妨碍公私信任、公权机构行为博弈造成制度冲突是当前妨碍我国 PPP 有序发展的三大障碍。中国 PPP 特别立法应当克服以往“短期功利主义”和“技术移植主义”之舛误，遵循维护公共利益优先、构筑公私信任关系、协调公权分工运作三大进路进行本土重构。

关键词　政府与社会资本合作(PPP)　不完全合同　制度环境　特别立法

一、问题的提出

政府与社会资本合作(PPP)是近二十年来全球新公

---

* 本文英文版已发表在《中国法学》(海外版)，2019 年第 3 期，特此声明。

** 西南财经大学法学院副教授，法学博士。

*** 西南财经大学法学院教授，博士生导师。

共治理运动的重要成果。除疏解政府债务外,PPP 可以有效提升公共品供给效率,鼓励创新并激发政府与市场之间的治理协同。[1] 我国从 2014 年开始经历了一个 PPP 迅猛发展的时期,项目数量和投资额在短短 4 年内都骤增至世界第一,[2]但也出现了合作项目范围泛化、民营资本参与不足、相关制度措施"政出多门"等问题。中央政府由此在 2018 年将之前"鼓励发展 PPP"的思路调整为"规范有序推进 PPP",以此构建社会资本参与我国基础设施和公共服务的长效机制。[3] 在此背景下,研究如何将 PPP 纳入法治轨道,保证其有序推进具有极大现实意义。[4]

在此背景下,PPP 立法成为近年来学界研究的热点。[5] 早期法律或政策尚未正式提出"PPP"一词,相关研究主要围绕政府特许经营进行,参与讨论的多为行政法与经济法学者。[6] 2014 年后随着国家 PPP 顶层设计的推出,相关研究主要呈现出两个方面的特点:一是学者开始针对 PPP 这一模式

---

〔1〕 经济学研究显示,PPP 政府债务纾困的功能是暂时、不确定的,长期来看,PPP 主要制度功能在于提升公共品供给效率和鼓励创新。参见廖振中、刘嘉、罗佳意:《政府与社会资本合作(PPP)检视》,载《财经科学》2018 年第 3 期,第 80 页。

〔2〕 财政部:《至 2018 年 7 月底,全国 PPP 综合信息平台项目库累计入库项目 7867 个,投资额 11.8 万亿》,载中华人民共和国财政部政府与社会资本(PPP)合作中心官网,http://www.cpppc.org/,2018 年 9 月 9 日访问。

〔3〕 国务院法制办 2017 年 9 月指出,实践中推进政府和社会资本合作模式也存在一些亟待解决的突出问题,主民营资本总体参与度不高;相关管理制度措施存在"政出多门"等。参见国务院法制办:《关于〈基础设施和公共服务领域政府和社会资本合作条例(征求意见稿)〉的说明》,载中华人民共和国商务部官网,http://www.mofcom.gov.cn/article/b/g/201709/20170902653358.shtml,2018 年 6 月 1 日访问。

2018 年 9 月 18 日国务院常务会议上提出:"有序推进政府与社会资本合作项目,积极吸引民间资本参与建设。"2018 年 10 月 30 日国务院办公厅印发《关于保持基础设施领域补短板力度的指导意见》,其中第(八)条指出,规范有序推进政府和社会资本合作(PPP)项目。

〔4〕 笔者统计,2014 年来国家各部委下发的政策性立法文件超过 200 个。2017 年 7 月国务院办公厅将《基础设施和公共服务领域政府和社会资本合作条例》纳入《国务院 2018 年立法工作计划》。

〔5〕 笔者统计,2014 年以来,知网刊登 PPP 法律方面论文颇多。华东政法大学、中国财政科学研究院等学术机构都举办了相关立法研讨会,参见陈少强、刘微:《〈政府与社会资本合作条例〉立法研讨会会议纪要》,载《财政科学》2016 年第 9 期,第 155 页;谭晨:《公私合作制(PPP)的法治保障研究会综述》,载《经济法研究》2016 年第 1 期,第 257 页。国际上,Neto 等人(2016)回顾了 1990 年至 2014 年国际上 600 多篇 PPP 研究文献,其中法学研究占了 43 篇,在各个研究领域居第 6 位。See de Castro e Silva Netoet al. Bibliometric analysis of PPP and PFI literature: Overview of 25 years of research, *Journal of Construction Engineering and Management*, 2016, pp. 3 – 4。

〔6〕 这一时期经济法的代表文献包括但不限于:蔡奕:《BOT 投资方式的若干法律问题探析》,载《现代法学》2000 年第 6 期;史际春、肖竹:《公用事业民营化及其相关法律问题研究》,载《北京大学学报》(哲学社会科学版)2004 年第 4 期;曹富国:《私人融资基础设施项目的联合国立法,其适用与局限性》,载《河北法学》2007 年第 1 期;行政法的代表文献包括但不限于:邢鸿飞:《政府特许经营协议的行政性》,载《中国法学》2004 年第 6 期;章志远:《民营化、规制改革与新行政法的兴起——从公交民营化的受挫切入》,载《中国法学》2009 年第 2 期。

研究具体的法律问题,相关文献涉及PPP中公共利益的保护(张守文,2015;邓敏贞,2014;高俊杰,2014)、PPP协议性质(陈阵香、陈乃新,2015;李霞,2015;邓敏贞,2012)、PPP特许经营财产权性质(付大学,2016)、PPP公私利益协调(胡改蓉,2015)、PPP争议解决(高俊杰,2016)、PPP中政府定位(邢会强,2015)、PPP长期合同的困境的立法救济(陈婉玲,2018)等[1];二是通过比较法介绍国际上PPP立法之经验,如法国(徐琳,2016),英国(谢煊等,2014),德国和美国的比较分析(袁文峰,2014)等[2]上述研究成果为我国PPP立法提供了亟需的理论支撑,对实践操作具有指导意义,也扩展了既有法学研究的视野,殊值称道。总的来说,既有研究呈现出两个特点:一是多通过法学视角聚焦于PPP所涉及的某个单一法律问题,二是寄希望于通过引入发达国家的成熟经验加速我国PPP的立法进程。[3]

在回顾相关理论研究之外,还需要反思现实中我国PPP发展历程所呈现的"短期功利"和"技术移植"两大问题。一方面,政府耽溺于吸收资金、缓解政府债务等短期目标,往往过度使用政策工具推动PPP,但对这一模式的固有弊端缺乏深入认识,PPP立法系统性缺失。[4] 从历史经验来看,一旦出现问题,政府又容易转向否定PPP。短期功利主义造成PPP在中国的发展曲线大起大落,极不稳定。20世纪90年代和2003年社会资本在公共服务领域的两次兴起都在很短的时间内陷入低潮,相关政策要么被废止,要么被闲

---

[1] 张守文:《PPP的公共性及其经济法解析》,载《法学》2015年第11期;邓敏贞:《论公用事业消费者的权利——基于公私合作背景的考察》,载《河北法学》2014年第4期;高俊杰:《论民营化后公用事业规制的公益目标》,载《现代法学》2014年第2期;陈阵香、陈乃新:《PPP特许经营协议的法律性质》,载《法学》2015年第11期;李霞:《公私合作合同:法律性质与权责配置——以基础设施与公用事业领域为中心》,载《华东政法大学学报》2015年第3期;邓敏贞:《公用事业公私合作合同的法律属性与规制路径——基于经济法事业的考察》,载《现代法学》2012年第3期;付大学:《PPP特许经营权:一种混合财产权及其保护规则》,载《法学论坛》2016年第6期;胡改荣:《PPP模式中公私利益的冲突与协调》,载《法学》2015年第11期;高俊杰:《政府特许经营项目运行中的行政纠纷及其解决机制——一种框架性分析》,载《当代法学》2016年第2期;邢会强:《PPP模式中的政府定位》,载《法学》2015年第11期。

[2] 徐琳:《法国公私合作(PPP模式)法律问题研究》,载《行政法学研究》2016年第3期;谢煊、孙洁、刘英志:《英国开展公私合作项目建设的经验及借鉴》,载《中国财政》2014年第1期;袁文峰:《论公私合作案中公私行为的判断标准——以德美公私行为理论的比较为中心》,载《行政法论丛》2012年第15期。

[3] 有学者将PPP理论研究现状概括为"三多三少":管理类成果多,法学类成果少;单一成果多综合成果少;制度建设成果多,立法方法成果少,并指出PPP立法理论研究远不能适应其发展要求。参见陈婉玲、汤玉枢:《政府与社会资本合作模式(PPP)立法研究》,法律出版社2017年版,第19页。

[4] 笔者统计,在现有近198个中央PPP相关文件中,以法律法规形式出现的仅有3个(占比1.89%),另有条例3个(占比1.89%)和管理办法4个(占比2.52%),其余都以部门《通知》《若干意见》《指导及实施意见》的政策工具形态出现。有学者将其概括为立法政策化,陈琤、李丹:《PPP政策变迁与政策学习模式:1980年至2015年PPP中央政策文本分析》,载《中国行政管理》2017年第2期。

置不用,造成我国始终不能找到 PPP 的最佳法治定位,“在旧系统不断地反射回应中,中国移植 PPP 的尝试始终徘徊在次优不稳定状态”。[1] 另一方面,相关部门醉心于移植其他国家的制度文本,将 PPP 割裂视为一系列技术性操作规则的简单汇总,却忽视了他国规则背后的制度背景和我国本土条件之间的差异,从而造成法律移植失墒。这些移植的条文在实践中既无法满足本土需要,又与既有法律框架冲突,甚至造成后续立法思路上的矛盾。

我国 PPP 立法必须跳出过去“短期功利”和“技术移植”的陷阱,立法者应当意识到,PPP 是我国公共品供给实现从政府垄断到公私合作转型的国家战略。需要法律制度介入克服 PPP 的固有弊病,但也要尽量减少法律制度本身的执行成本,即“要充分研究建立和运用 PPP 机制的目的所在,反推实现目的的最优手段,避免陷入脱离既定目标的无谓争论”。[2] 由此,本文分析思路按照“基本理论——国际考察——本土构建”的进路顺次展开,通过经济学、社会学、法学等多学科的复合视角建立一个对 PPP 特别立法的系统性分析框架并尝试对 PPP 中国本土特性及其对立法的影响进行解释。笔者认为,对于 PPP 立法的分析需要自上而下分为“同源”和“异流”两个层面:前者乃是基于 PPP 本身固有弊病引发法律制度介入,形成全球 PPP 立法“同源”之根。我国立法应当始终坚持这一普遍规律,从而克服“短期功利主义”的摇摆不定;后者基于“法律对本土条件适应的重要性远远大于起源本身”的判断,[3] 分析各国 PPP 立法“异流”的原因,根据我国本土制度环境之特殊性分析相关法律移植的可能和侧重,以克服“技术移植主义”的僵化紊乱。

本文第二部分借鉴经济学研究成果分析 PPP 不完全合同的本质及其所带来的固有弊病。第三部分指出 PPP 的固有弊病决定了其有序发展需要特定的外部制度环境支持。PPP 特别立法为此需要从合法性、信任度和执行力

[1] 一般认为我国社会资本介入公共服务经历了三次兴起:20 世纪 90 年代我国曾经历了外资作为社会资本的 BOT 时代,但 2002 年国办发 43 号文认为外资获取了过多固定回报从而终止这一模式,导致之前外经贸部 89 号文、1208 号文被废止。2004 ~ 2006 年国家也曾鼓励国内民营资本进入公共领域,但由于金融危机的影响,相关政策在 2008 年后被基本闲置。第三次是指 2014 年以来以财政部为主导的 PPP 模式。Mu, Rui, Martin De Jong, and Joop Koppenjan, “The rise and fall of Public-Private Partnerships in China: A path-dependent approach”, *Journal of Transport Geography*, 19. 4, 2011, p. 803。

[2] 最高人民法院党组副书记、副院长江必新:《中国 PPP 协议发展及争端解决研讨会上的发言》,载最高人民法院网, https://www.chinacourt.org/article/detail/2017/06/id/2900391.shtml, 2018 年 7 月 22 日访问。

[3] 参见鹤光太郎:《用内生性法律理论研究法律制度与经济体系》,载《财经》2003 年第 16 期,第 116 页。

三方面塑造PPP优益环境,以此说明全球PPP立法之“同源”。第四部分分析各国PPP特别立法的“异流”现象,即不同国家国情导致的PPP立法在制度选择和制度效果上的差异。第五部分检讨中国PPP制度环境的特殊之处,进而提出若干PPP特别立法本土化构建建议。第六部分是对全文的小结。

二、PPP特别立法的理论基础:不完全合同弊病之克服

经济学研究显示,虽然PPP具有纾解政府债务和提高公共品供给效率两大功效,但其不完全合同的本质也导致该模式天生就存在公共品质量激励不足、机会主义泛滥和运作成本高企的固有弊病。这些弊病是造成现实中相当一部分PPP项目失败的主要原因所在。[1] 因此,如果一国既有制度环境无法克服、抑制这些弊病,PPP就需要法律制度的介入。

作为一个集合概念束,“PPP可界定为政府和私人部门之间的多样化安排”。[2] 因此,对其进行精确概念化是十分困难的,“界定PPP就好像尝试将布丁钉在墙上一样”。[3] 但几乎所有经济学者都同意,PPP天生是一种不完全合同:(1)无论双方如何努力,有限理性的存在使PPP合同本身充满了不确定性;(2)动辄十年以上的长期合同决定了履约过程中不可避免地存在大量修订和再谈判,导致了各方机会主义的可能;(3)除了价格之外,其他合同标准都往往模糊不清,这会导致合同履行中公共品质量监督缺位;(4)PPP合同专业名词过多且结构复杂,司法机构事后难以验证和判断合同条款,此时即便在合同中写尽所有的内容也没有用。

1. 公共品质量激励不足,经济学称之为“质量阴影假说”(quality-shading hypothesis),即如果法律制度不进行干预,PPP在降低成本的同时必然牺牲公共服务的质量水平,[4]原因如下:(1)政府面临着“税款征收者和公共服务

---

〔1〕 有机构对全球203个PPP项目进行统计发现,约有8%的项目出现了10%左右的效益损失,其中有2%的项目甚至出现了高于20%的效率损失。

〔2〕 [美]E. S. 萨瓦斯:《民营化与PPP模式:推动政府与社会资本合作》,周志忍等译,中国人民大学出版社2015年版,第3页。

〔3〕 德国学者Schuppert语,转引自许登科:《德国担保国家理论为基础之PPP法制》,台湾大学2008年博士学位论文,第201页。

〔4〕 See Evatt Research Centre, *Breach of Contract: Privatisation and the Management of Australian Local Government*, Pluto Press, 1990 转引自 Reynaers, Anne-Marie, “Public Water in Private Hands”, *International Journal of Water Governance*, 3. 2, 2015, p. 4.

监督者”双重代理角色冲突,由于纳税的公众比 PPP 服务的直接受益人人数更多、拥有着更强的政治力量,政府在成本节约和保证服务质量上会更倾向于前者,进而忽视对 PPP 的质量监督。(2)有限理性和 PPP 的低透明度导致合同对服务质量进行的事前描述和过程监控都是不可靠的软性约束。(3)由于资本趋利性,必然引发“努力替代问题”(effort substitution problem),即社会资本的精力一定过分关心成本而导致质量提高的边际努力不足。[1](4)合同条款对社会资本的制约依赖于后者对项目的预期。由于社会资本在质量上违约往往与项目状况恶化同时出现,社会资本此时有极大可能会完全放弃项目,这会导致 PPP 合同中对其进行制约和惩罚的条款无法得到落实。[2]

2. 机会主义泛滥。PPP 参与各方在数十年的履约过程中都有采取自利行为的动机和机会。一方面,由于规模经济和自然垄断的存在,社会投资可能利用其特许经营的“先占”垄断优势和信息地位,谋取非竞争性的利益;另一方面,一旦私人投资的沉没成本形成之后,政府可能随意改变游戏规则,从而向私人伙伴收取超额经济租值。有学者研究拉丁美洲的 PPP 项目后发现,当政府发现寻租的机会时,为了威胁社会资本有可能动用的手段无所不用其极,包括立法、行政命令、监管决定、律师函、司法判决、政府公报、反腐败调查函和舆论工具。[3] 另外,项目的第三方,如律师、咨询机构、金融中介也存在故意将 PPP 项目复杂化,企图从中牟利的机会主义行为。[4]

3. 运作成本高企。(1)为了克服机会主义并保证项目质量,合同各方会被迫在缔约投标、项目咨询、过程(质量)监控中付出高额的交易成本(时间和金钱);[5](2)由于 PPP 特别法是典型的横断面立法,需要克服不同政府

---

〔1〕 See Välilä, Timo, “How Expensive are Cost Savings? On the Economics of Public-Private Partnerships”, *EIB papers* 10. 1, 2005, p. 103.

〔2〕 See Williamson Oliver E, “Credible Commitments: Using Hostages to Support Exchange”, *The American Economic Review* 73. 4, 1983, pp. 519 – 540.

〔3〕 See Spiller, Pablo T, *An Institutional Theory of Public Contracts: Regulatory Implications*, No. w14152National Bureau of Economic Research, 2008, p. 8.

〔4〕 See Shaoul, J, *The Private Finance Initiative or the Public Funding of Private Profit?*, Books, 69(4), 2005, pp. 779 – 782.

〔5〕 有学者指出,PPP 的交易成本包括公私双方的法律、金融、技术顾问费用,组织与参与 PPP 招投标的费用,合同谈判费用,合同履约中的监督协调费用四个部分。Dudkin, Gerti, and Timo Välilä, “Transaction costs in public-private partnership”, *Competition and regulation in network industries*, 1, 2005, p. 309.

部门基于自身行为逻辑形成的“深井(silos)效应”,[1]从而导致额外的协调成本;(3)由于路径依赖的存在,PPP 特别立法会对现有法律框架形成冲击,从而导致法律制度运行的滞阻和消耗。

三、PPP 特别立法的“同源”:制度环境的塑造

由于 PPP 上述固有弊病的客观存在,一国发展 PPP 的必要前提是本国的客观制度环境能够抑制、克服不完全合同所带来的弊病。PPP 在英国的诞生某种意义上是该国制度禀赋的一种历史偶然。对于那些先天制度环境不足以支持 PPP 的国家或地区,法律制度强制约束的介入乃是势所必然。由此而论,PPP 特别立法的“同源”根基在于:无论在哪个国家,特别立法都旨在通过对外部制度环境的合法性、信任度和执行力塑造以抑制、克服 PPP 模式自身之固有弊病。

(一)外部制度环境对 PPP 的重要意义

鉴于 PPP 自身固有弊端的客观存在,一国 PPP 能否健康发展,取决于该国制度环境能不能够克服 PPP 的固有弊病,否则,“如果相关制度环境不到位,PPP 会成为一个出现在错误时间的正确答案”。[2] 为描述克服 PPP 弊病的制度环境,学界创造了“PPP 优益环境”(enabling ambient environment, EAE)一词,“这一概念含有合法性、信任度和执行力三个核心要素,其目的在于界定 PPP 制度环境,并为跨地域的 PPP 研究提供量化指标”。[3] 根据这一体系,东道国在发展 PPP 之前需要回答:本国制度环境是否足以保障 PPP 项目的合法性,从而克服质量约束不足?是否能够提升公私双方的信任度以减少机会主义?能否保证 PPP 运行中政府和法律的执行力以降低运作成本?

值得指出的是,PPP 优益环境并非完全取决于法律。英国创造 PPP 这一模式并没有成文法支持,最高级别的文件不过是财政部政策指南。它的

---

〔1〕 由于历史路径依赖,各部门限于自身行为逻辑都就倾向于在自身系统(筒仓深井)中运作,很难与其他部门在 PPP 立法上的合作,这一现象被称为“深井效应”。Groarke, Leo, and Beverley Hamilton, *Doing the PPP: A Skeptical Perspective*, Academic Matters, 2014, p. 6.

〔2〕 Klijn, Erik-Hans, and Geert R. Teisman, “Institutional and Strategic Barriers to Public—private Partnership: An Analysis of Dutch Cases”, *Public money and Management*, 23. 3, 2003, p. 144.

〔3〕 Matos Castano et al., *The Complex Interplay Between the Institutional Context and PPP Project Outcomes*, Proceedings of the Engineering Project Organization Conference, 2012, p. 5.

解释是,PPP 之所以诞生于英国,是因为该国制度环境历史演化出大量利于 PPP 因子的偶然结果。“在英国,PPP 并非是一种变革预设条件,而是变化自然结果”。[1] 首先,撒切尔时代新自由主义的思想赋予了 PPP 宏观意义上的合法性,同时英国政府将 PPP 控制在公共总支出的 10% ~15%,防止其不当扩大的做法给予了 PPP 微观意义上的合法性。其次,英国司法系统对特许合同保护的传统有利于抑制政府机会主义,“特许合同,只要他们能够得到地方法院的支持,就能对政府机会主义行为提供某种程度的对抗。”再次,普通法系使“政府可以根据管辖商业合同的法律签订私人合同”,[2]避免了欧陆公私二元化背景下行政法系统对 PPP 的束缚,也避免了 PPP 规则与在先成文法之间的冲突。最后,该国公共服务领域历史上曾有数百年的“公私交替”(privatization-nationalization wheel),这使政府和公众对社会资本进入基础设施领域并不陌生,“英国 UK 伙伴”“英国地方 PPP 中心”等智库的出现也提高了政府对 PPP 项目的执行力。

(二)PPP 特别立法对外部制度环境的塑造

特定的制度环境能够有效克服 PPP 的固有弊病,但大多数国家都无法如英国一样幸运,通过历史偶然演化获得适合的制度环境。作为一种强制度约束,法律可以弥补一国既有制度环境之不足,对于 PPP 发展具有重要的驱动和保障作用,这是千禧年之后全球 PPP 特别立法潮流兴起的根本原因。正是由于全球的 PPP 特别立法都旨在塑造“PPP 优益环境(EAE)”,其基本框架显示出了相当程度的同质性,即都从合法性(适用范围、前置论证、竞争准入、信息公开)、信任度(社会资本投入的保障、多元纠纷解决机制)和执行力(成立 PPP 执行与促进机构、减少 PPP 与在先法律的冲突)三方面构建 PPP 特别立法的基本框架。联合国贸易法委员会、经合组织、欧洲复兴开发银行,欧洲投资银行等国际组织对 PPP 的示范或推荐立法文本在结构上都

---

〔1〕 Jintamanaskoonet al. *Public-Private-Partnerships as a Consequence, not a Condition of Reform: Unfolding Historical Events in the British Railway Industry*, Engineering Project Organization Conference, 2014.

〔2〕 联合国贸易法委员会编:《私人融资基础设施项目法律指南(2001)》,第 7 章第 24 段,载联合国贸易法委员会官网,https://www.uncitral.org/pdf/english/texts/procurem/pfip/guide/pfip-e.pdf,2018 年 2 月 3 日访问。

基本遵从这一框架,[1]如图1所示。

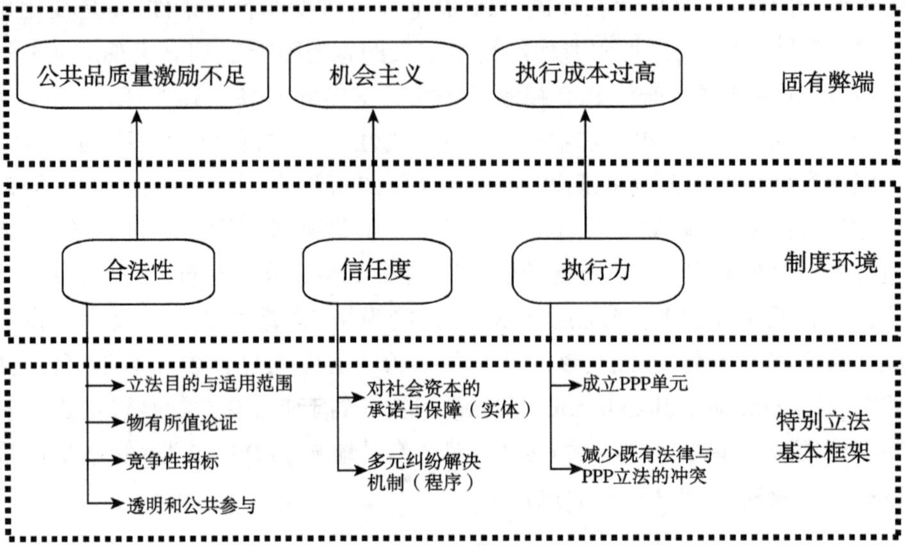

图1　PPP固有弊端、制度环境与特别立法

1. PPP将传统上本应由政府提供的公共产品转交给社会资本提供,并要求公众支付对价或由政府购买,其中必然产生社会资本的逐利性与公共服务的公众性之间的矛盾。因此,法律必须保证PPP运作中公共利益的最大化,联合国将其归纳为"以人为本"(putting people first)。[2] 换言之,"所有PPP,必须在一定限度内满足某种公共利益的增长……从而取得合法(正当)

〔1〕 联合国贸易法委员会2001年出台了《联合国贸易法委员会私人融资基础设施项目立法指南》(*UNCITRAL Legislative Guide to Privately Financed Infrastructure Projects*"*PFIP Guide*"),2003年出台了《联合国贸易法委员会关于私人融资基础设施的立法示范文本》(*UNCITRAL Model Legislative Provisions on Privately Financed Infrastructure Projects*,"*Model Provisions*")。经合组织(OECD)2013年出台了《PPP公共治理规则》(*OECD Principles for Public Governance of Public-Private Partnerships*);欧洲复兴开发银行2005年发布了《现代特许法的核心原则》(*EBRD Core Principles for a Modern Concession Law*);欧洲银行的PPP专家中心(European PPP Expertise Centre,"EPEC")2015出台了第二版《PPP指引之指南》(*EPEC PPP Guide to Guidance*)。这些国际组织的PPP立法示范文本在结构上基本遵从合法性、信任度和执行力的框架。Son,Seungwoo."*Legal Analysis on Public-Private Partnerships Regarding Model PPP Rules*",Working Paper. UNCITRAL (United Nations Commission on International Trade Laws),2012,pp. 1-33.

〔2〕 See United Nations. Economic Commission for Europe,*Guidebook on Promoting Good Governance in Public-private Partnerships*,Vol. 8. United Nations Publications,2008,p. 59.

性”。[1] 因此,几乎所有使用 PPP 的国家在立法或政策中都提到了公共利益。成文法国家斯洛文尼亚 PPP 特别法第 8 条规定,“本法的制定旨在保障 PPP 具体过程中的透明度、竞争性、非歧视和公平,以公共利益最大化为原则”。[2] 普通法系的澳大利亚《国家 PPP 操作指引》第 2 条第 5 款规定:“政府必须在 PPP 投资权衡及投标决策中以公共利益为先。”[3]

2. PPP 需要在“科层任务导向型组织(政府)”与“市场利润导向型组织(社会资本)”之间建立起稳定信任,这就需要法律制度激发商业互信关系、提供长久持续合作预期和执行违约惩罚。相比起一般合约,PPP 更加看重法律制度实际如何分配履约过程中的风险,而不仅仅是进行诉讼。因此,特别立法对 PPP 信任度的塑造途径有两个:(1)保证参与 PPP 各方,尤其是政府一方“行为的可预测性”和“承诺的可靠性”;(2)提供一个公私双方在漫长合同履行期内针对外生变化进行再谈判程序框架,以维系双方的信任关系。

3. “PPP 需要政府方能够具有更为高效的谈判能力、合同管理能力和风险分析能力,从而对政府及法律提出了更高的要求和责任。”[4] 从趋同来看,全球 PPP 特别法在提高政府执行力上都采取“组建 PPP 执行与促进机构”(PPP Units)的办法。PPP 执行与促进机构是依法设立的特别政府机构,理论上包括“任何在政府提供全部或部分帮助的情况下,旨在确保公共部门有必要的能力来创建、支持和评估 PPP,并同政府其他部门紧密联系的组织”。[5] 千禧年后世界上有 30 多个国家立法成立了 PPP 执行与促进机构,其最重要的功能一是解决政府机构之间协调机制匮乏的“深井”问题,二是培育基层政府对 PPP 项目的运作能力。

---

[1] See Brinkerhoff, Derick W., and Jennifer M. Brinkerhsoff, “Public - private Partnerships: Perspectives on Purposes, Publicness, and Good Governance”, *Public Administration and Development*, 31. 1, 2011, p. 8.

[2] See Slovenian PPPA Article 8. See Ticar Bojan, “*Public-Private Partnership as a sui Generis Legal Institute in Slovenian Law*”, 2007, p. 339.

[3] See Australia, Infrastructure, *National Public Private Partnership Guidelines*, Public Sector Comparator Guidance. Infrastructure Australia, 2008, p. 9.

[4] See Jooste et al., *Capacity, Legitimacy, and Interest: Toward a Framework for PPP Program Success*, Paper for the Lead 2009 Conference, South Lake Tahoe, *CA*, *USA*, 2009, p. 2.

[5] Istrate, Emilia, and Robert Puentes, *Moving Forward on Public Private Partnerships: US and International with PPP units*, 2011, p. 6.

四、PPP 特别立法的"异流"考察:制度选择与制度效果

就变异而言,各国传统法系、政治体制、意识形态、社会环境等国情差异会导致特别立法在具体制度选择和最终制度效果出现双重意义上的"异流"现象。一方面,虽然多个国家都试图移植他国 PPP 立法经验,但对具体内容和本国实际冲突之处,都会做出修正或更改,这导致各国 PPP 特别立法在内容上差异很大。英国领英咨询公司的一份报告显示,全球任何一国 PPP 立法内容与联合国《私人融资基础设施的立法示范文本》的标准文本相比,都相去甚远。[1] 另一方面,实证研究显示高水平特别立法并不都对应较强的 PPP 活跃度。法律对 PPP 具有一定的促进作用,但 PPP 的发展往往还会受一国法律之外其他制度禀赋的影响。[2] 总而言之,"PPP 特别立法不是'万能通用'(one size fit all)地粘贴复制,必须考虑法律移植与东道国既有制度禀赋之间的'拟合优度'(goodness of fit)。"[3]

(一)特别立法塑造 PPP 合法性的"异流"

对于如何维护公共利益,塑造 PPP 合法性,各国的具体立法进路及效果差异很大。

1. 适用范围。为保证 PPP 的合法性,特别立法首先需要确认是否在公共服务领域启用 PPP 模式,如果答案是肯定的,则需要进一步回答是否需要将 PPP 排除在部分政府核心公共服务之外?对于前一个问题,北欧各国基于政府维护公共服务的宪法义务,在立法上直接拒绝在任何领域使用 PPP。即便是允许适用 PPP,相当一部分国家立法也强调政府核心服务不得使用

[1] 研究显示,在 58 个国家的 PPP 立法与《示范文本》的比较中,各国立法平均有 39% 的内容与《示范立法条文》不一致。其中 21% 的 PPP 立法与《示范文本》第一章"总则与制度框架"不一致;34% 的立法与第三章"私营合作伙伴的选择"不一致;46% 的立法与第四章"建设、运行:立法框架和项目协议"不一致;38% 的立法与第五章"项目协议的持续时间、延续和终止"不一致;70% 的立法与第六章"争议的解决"不一致。Crown Agent,"Comparison of Country PPP Laws with UNCITRAL PFIPs Instruments",February 2014, file:///C:/Users/mac/Desktop/Report_of_Crown_Agents.pdf,2018 年 6 月 3 日访问。

[2] See Verhoest, Koen, et al, "How do Governments Support the Development of Public Private Partnerships? Measuring and Comparing PPP Governmental Support in 20 European Countries", *Transport Reviews* 35. 2,2015,pp. 118 – 139.

[3] See Matos—Castaño, Julieta, Ashwin Mahalingam, and Geert Dewulf, "Unpacking the Path—Dependent Process of Institutional Change for PPPs",*Australian Journal of Public Administration*,73. 1,2014,p. 62.

PPP,如希腊 3389/2005PPP 法案第 2 条规定,国防、警察、法官和刑事司法执行均不能采用 PPP。[1] 北欧各国基于政府有维护公共服务的宪法义务,甚至在立法上直接拒绝在任何领域使用 PPP。[2] 另外,考虑到 PPP 高昂的交易费用,部分国家为了防止公共资金浪费,立法对 PPP 项目适用规模做出了限制。如英国规定 2000 万英镑以上的项目才能考虑 PPP 模式,葡萄牙 2006 年 PPP 专门法则规定累计负担(cumultive burden)小于 1000 万欧元或累计投资低于 2500 万欧元的项目都不得使用 PPP。[3]

2. 前置论证。各国都要求政府在项目启动之前通过特定程序论证使用 PPP 模式的必要性和可行性,但具体而言有三种做法:(1)英式物有所值评价体系(value for money,VFM)以经济效益分析为核心,以数据模型(PSC 综合评价)确定是否采用 PPP,[4] 英联邦国家多采用这一体系。(2)经济效益及其他社会效益综合评估。如法国 2004 年(CP)特别法令第 2 条规定,必须通过事先评估以判断 CP 合同的经济、金融、法律和行政动机……这种评估应当包括对于各种选择的比较分析,特别是对税前成本、风险分担和对可持续发展的关注。[5] 科索沃 2011 年 PPP 法案也要求政府在采用 PPP 除考虑经济效率外,需要综合评估项目在经济、社会、技术、金融、环境等方面带来的其他效益。[6] (3)美国、罗马尼亚、奥地利、比利时等国则采取竞争性投标法考察 PPP 的必要性。

---

〔1〕 See Stephan Francois, Raymond Levitt, and Dick Scott, "Beyond 'One Size Fits All': How Local Conditions Shape PPP-enabling Field Development", *The Engineering Project Organization Journal* 1.1, 2011, p. 11-25.

〔2〕 北欧各国基于福利国家的意识形态多持这一观点。如爱沙尼亚司法副大臣 Parrest. N 撰文解释该国拒绝使用 PPP 的原因时特别指出,根据政府角色适当性原则(the ability of state to act like state),政府不得擅自将公众通过宪法赋予之权力转移他人。PARREST et al., Constitutional Boundaries of Transfer of Public Functions to Private Sector in Estonia, *Juridica Int'l*, 2009, pp. 16-44. Spirou, Claire, and Vassiliki Koumpli, "Public Private Partnerships Under Greek Law", *RHDI* 63, 2010, p. 443.

〔3〕 See Verhoest et al., *Public Private Partnerships in Transport: Trends & Theory P3T3.*, Discussion Papers part I, COST, 2013, p. 152.

〔4〕 物有所值评价体系的基本理念是通过数学模型比较公共品通过传统政府投资供给和通过 PPP 模式供给之间的经济效率差异,如果 PPP 在经济上更能节本增效,就达到了物有所值的效果。Treasury, Her Majesty's, *Value for Money Assessment Guidance*, UK Government, 2006, p. 11.

〔5〕 法国 2004(CP)法案在原有公共合同与公共服务委托之外,效仿英国 PPP 模式创造了公私合伙合同(Partnership Contract, CP)的概念。Article 2 Ordonnance n°2004—559 du 17 juin 2004 sur les Contrats de Partenariat.,载法国法律官网,https://www.legifrance.gouv.fr/affichTexte.do?cidTexte=JORFTEXT000000438720&categorieLien=id#JORFARTI000001671530,2018 年 2 月 8 日访问。

〔6〕 See Muharremi, Robert, "Public Private Partnership Law and Policy in Kosovo", *Eur. Pub. Private Partnership L. Rev.* 6, 2011, p. 117.

3. 竞争准入。各国PPP特别法均要求通过竞争性招标提高PPP的效率和鼓励创新。各国之间的一个重要差异在于是否允许社会投资者主动发起"非招标提案",同时政府对其前期投入予以承认和补贴。这个问题上反映出不同国家法律对"公平"和"创新"的不同价值定位:一部分国家担心暗箱操作,禁止非招标提案;而另一部分国家则出于鼓励创新,允许非招标提案。后者的具体做法又分为两类:或对社会发起方给予投标技术加分的鼓励(韩国、智利),或给予社会发起方就最终中标报价提出匹配的优先权制度(意大利)。[1]

4. 信息公开。各国PPP特别立法均强调PPP信息公开,但具体做法分为三种模式。(1)通过专门的PPP执行与促进机构(PPP units),如德国OPP Deutschland在法律上负起"向公共实体和私人实体提供中立和独立的信息"的职责。(2)由财政部负责PPP信息发布。作为政府公共支出透明度承诺的重要组成部分,英国财政部每年都要公布项目的汇总数据。(3)由审计部门负责信息披露。例如,2013年加拿大萨斯喀彻温省605号《PPP透明度和独立问责保障法案》指出:"本法案旨在保证PPP项目独立评估及对纳税人物有所值(VFM)的报告,同时保障使用该模式的透明度与第三方独立问责责任之落实。"[2]

从效果来看,相当一部分国家,如北欧诸国,都因担心社会资本提供公共品的质量问题,在法律层面拒绝使用PPP。使用PPP的国家,大部分可以通过法律实现对公共利益的保障以推广PPP;也有国家囿于本土的特殊原因,虽有特别立法,却无力实现对公共利益的保护,导致PPP止步不前。[3]

---

〔1〕 非招标提案,英文为Unsolicited Proposal,UNP,我国台湾地区称之为"民间自提",见我国台湾地区"促进民间参与公共建设法"第46条。南非、韩国、智利、菲律宾等国均有类似规定。Hodgeset al., *Unsolicited Infrastructure Proposals: How Some Countries Introduce Competition and Transparency*, 2007, pp. 1-4.

〔2〕 Canada, Saskatchewan, 2013, Bill No. 605: *An Act respecting the Transparency and Accountability of Public-Private Partnerships*,载加拿大萨斯喀彻温省官网,www qp. gov. sk. ca/documents/english/.../2013/Bill-605. pdf.,2018年2月8日访问。

〔3〕 最典型的例子是,马来西亚通过修订立法大力推行PPP,并且成立了专门的公私合作署(Public Private Partnership Unit,3PU),但受制于该国的政治生态,社会资本过多依赖于裙带关系而非效率优势取得项目授权,造成物有所值、竞争性投标都失去效果,项目频频失败,公众由此对PPP意见很大。Beh, Loo-See, "Development and Distortion of Malaysian Public—Private Partnerships - Patronage, Privatised Profits and Pitfalls", *Australian Journal of Public Administration*, 69, 2010, pp. 74-84.

（二）特别立法提升 PPP 信任度的"异流"

就提升 PPP 各方信任度而言，特别立法的重点一般放在保障社会资本的实体规定和多元纠纷解决程序两个方面，但各国的具体做法和效果仍存在很大差异，其中传统法系的影响尤其明显。

1. 社会资本的实体保障。对于如何给社会资本提供"安全港"，两大法系国家之间区别甚大。英美法系将 PPP 合同视为普通商业合同，法院更容易基于履约利益对社会投资方提供保护。如在美国，20 世纪之初的 Walla Water 案、Russell v. Sebastian 及 Detriot v. Deriot Citizens' Street Railway Co. 等一系列案件中，法官都强调社会资本可以从契约中收回成本及获取预期利益。英美法院还经常通过援引宪法条款，将征收中对私人财产的保护规则引入 PPP 合同解释，作为禁止政府违反 PPP 特许契约义务之补充。[1] 与之相比，大陆法系的国家一般强调 PPP 合同的行政属性，政府享有行政优益权，理论上可以在任何时间基于公共利益而解除合同，在社会资本投资保护上有先天不足之处。因此，大陆法系国家往往需要调整自身的行政法系统以适应 PPP。典型例子是法国 2003 年 PPP 法案中就规定，"如果是 PPP 合同方已经全部履行了义务，可以要求获得预期收益的赔偿"。[2] 有学者评论道："法国 PPP 立法凸显了一种态度，即迫使行政法向普通商业合同法逐步靠拢以维持行政法自身之地位。"[3]

很多国家也基于其他原因给予 PPP 社会投资特殊保护。如俄罗斯《特许协议法》第 20 条特别规定了当法律变更不利于特许权受让方时的优先补偿，"以维护特许权受让方在特许协议签约之日已拥有的财产权益"。[4] 希腊 PPP 特别立法则非常有特色地规定，如果项目建设中出现历史遗迹或文

---

〔1〕 例如，1902 年 Detriot v. Deriot Citizens' Street Railway Co. 一案中，最高法院否定了底特律市政委员会通过一项条例来降低底特律公众铁路公司的收费。鲁佛斯 · W. 佩卡姆法官指出："如果协商确定的费率随时可以被市议会单方面决定所修改，很难想象资本家会为这种具有不确定风险的事业投资。已经使用的契约文本没有、也不打算赋予政府会随意改变这些重要、基本权利的权力。这些权力将影响企业在路线运营方面的存在和财务良好状态。"参见［美］史普博、西达克：《美国公用事业的竞争转型：放松管制与管制契约》，宋华琳译，公共管理出版、上海人民出版社 2010 年版，第 140 ~ 154 页。

〔2〕 徐琳：《法国公私合作（PPP 模式）法律问题研究》，载《行政法学研究》2016 年第 3 期，第 121 页。

〔3〕 See Campagnac, Elisabeth, "The Challenges of Implementing New Forms of PPP in France", No. hal－00812692. 2012, p. 37.

〔4〕 俄罗斯政府：《俄罗斯特许协议法：第二章"特许权受让方权力和合法利益的保障"》，载中俄法律网，http://www.chinaruslaw.com/CN/InvestRu/Law/2011512202003_821191.htm，2018 年 3 月 1 日访问。

物,导致政府无法按时提供土地时,政府有义务赔偿社会投资。[1]

2. 多元纠纷解决程序。为了促进公私之间的履约再谈判,各国立法往往根据自身情况在诉讼之前设定某些 PPP 纠纷前置解决机制,包括和解机制和专家调解。和解机制(conciliation)是通过非诉讼的合作型委员会或者独立审计小组解决 PPP 项目的日常性争议。如印度比哈尔 2006 年基础设施发展法案规定:"政府机构内部或当地政府应当设立 PPP 和解委员会,该委员会应当被看成是民事司法前置程序,该委员会应当以独立、公平的态度对 PPP 合同项下之争议进行友好调解。"[2] 另一种常见的前置机制是由技术、金融和法律方面的专业人士组成的专家调解(expert adjudication)。如印度最高法院在 Utter Pradesh Power Cor vs. NTPC 一案判决中写道:"根据 1998 年电力管制委员会条例第三部分所成立的专家委员会是决定电价水平的专业性主体,其不仅有法律、金融、商业、经济和项目管理方面相关的专业知识,而且是严格遵照相关程序进行独立判断,法院因此认为,本案中关于电费测算的相关问题应该由该委会自行做出解释,(最高法院)不会对这一解释进行干涉。"另外,许多国家立法都承认 PPP 合同的可仲裁性。

从效果来看,大多数国家的 PPP 特别立法都能够有效减少政府对社会资本的寻租,同时促进公私双方在履约中通过再谈判修正双方的关系。但南美国家的经验也显示,在政治不稳定或公权力不受约束的国家,PPP 特别立法对机会主义仍然无能为力。[3]

(三)特别立法优化 PPP 执行力的"异流"

为优化 PPP 执行力,各国一般会成立 PPP 执行与促进机构,但不同国家的 PPP 执行与促进机构在科层组织、作用路径及实践效果三方面相去甚远。

1. 不同国家的 PPP 执行与促进机构在组织、功能和层级上差异很大。在组织上,除财政系统外,PPP 执行与促进机构也可能隶属于其他部门,如日

---

〔1〕 希腊 3389/2005 PPP 法第 21 条、第 23 条、第 24 条。

〔2〕 和解机制在英国被称为"友好解决方案"(Amicable Settlement),在法国被称为"替代性纠纷解决机制"。Harisankar, K. S., and G. Sreeparvathy, "Rethinking Dispute Resolution in Public-private Partnerships for Infrastructure Development in India", *Journal of Infrastructure Development*, 5. 1, 2013, p. 27.

〔3〕 政治不稳定的典型例子是 1995 年阿根廷图库曼省政府因为需要在新一届选举中讨好选民,强制命令水利 PPP 经营方降低水价,导致运行不到两年的项目被迫终止;公权力不受控制典型的案例来自委瑞内拉,该国在 2007 年因为国际石油价格的上涨,直接否定之前 2002 年国际原油市场低迷时与私人公司签订的开采石油的特许经营合同。

本私人融资推广办公室就直接隶属于总理办公厅，而丹麦的PPP执行与促进机构隶属于商业与经济事务部。在功能上，法国、希腊、塞尔维亚、南非等国赋予了PPP执行与促进机构对项目的决定权，而其他国家更侧重其咨询建议功能。在层级上，PPP执行与促进机构对外可以是平级横向的，例如，爱尔兰中央PPP执行与促进机构不仅包括了相关部委的部长或代表，而且还与工会、商会之间建立了PPP信息对话平台机制；也可能是纵向的，例如，2004年成立的澳大利亚国家PPP执行与促进机构就旨在协调联邦和地方的PPP事务。这些差异体现了各国政治组织体制差异对PPP执行与促进机构本身的影响。

2. 对于既有法律的修订路径明显不同。PPP执行与促进机构有助于在税法、证券法、公司法、招投标法等领域做出更多有利于PPP发展的特殊性安排，[1]这些安排无疑都增强了政府对项目的执行力，但受本国既有法律的路径依赖，各国的具体做法差异甚大。例如，2009年法国金融法修订案赋予法国经济部对符合条件的PPP项目发放项目担保的权力，担保资金累计最高额可以达到100亿欧元，可覆盖80%的项目直接或间接融资。[2] 2007年意大利废除了原有2002年招投标法中的“优先权”(right of pre-emption)规定，[3]以鼓励PPP发展。智利倾向于引入外资参加PPP，所以将本国的特许经营法与外商投资法“拼接”在一起，发展出了南美洲最成功的PPP模式。[4] 总的来说，成文法国家的既有法律对PPP特别立法呈现出明显的路径依赖限制。

3. 从效果上来看，法国、希腊、葡萄牙、英国和意大利的案例均显示出特

[1] 联合国(2008)认为PPP对立法和监管法规提出了“更少、更好和更简”(Fewer、Better and Simpler)的要求，其中“更好”的要求就是其他法律对PPP的提供更多支援。

[2] See Zatezalo-Falator, Milica, “*Public Private Partnerships in France, State Guarantees Support the Congested Pipeline*”, *Columbia Journal of International Law* (Spring), 2010, pp. 3 - 4.

Zatezalo-Falator, Milica, Public Private Partnerships in France, State Guarantees Support the Congested Pipeline., *Columbia Journal of International Law* (*Spring*), 2010, pp. 3 - 4.

[3] 该法条规定，在通过招投标选定公共基础设施项目融资合同主体时，如果各方出价相同，则项目自动授予该项目的发起者；如果其他交易者的出价优于项目发起者，则项目发起者可以优先匹配这一报价。这一规定直接导致意大利PPP市场竞争性不足，例如在伦巴第地区的PPP竞价中，大约75%的招标除了发起者之外没有任何其他竞争者参与。Carbonara, Nunzia, Nicola Costantino, and Roberta Pellegrino, “A Three-layers Theoretical Framework for Analyzing Public Private Partnerships: The Italian Case”, *Organization, Technology & Management in Construction: An International Journal* 5. Special, 2013, p. 804.

[4] Hill, Andrew, “Foreign Infrastructure Investment in Chile: The Success of Public-private Partnerships Through Concessions Contracts”, *Nw. J. Int'l L. & Bus*, 32, 2011, pp. 165 - 190.

别立法设立 PPP 执行与促进机构对一国 PPP 发展有明显推进作用。但也有例外,如 2011 年塞尔维亚曾在特别立法中赋予了 PPP 执行与促进机构相当之多的权力,但其 PPP 发展却乏善可陈。学者的解释是,该国政治环境的不稳定导致 PPP 执行与促进机构异化为一种吉祥物(Pro forma)式的存在。[1]

五、中国 PPP 特别立法的本土化构建:检讨与优化

国际 PPP 特别立法的"同源"与"异流"对我国的启示有二:(1)PPP 模式自身的固有弊病决定了 PPP 特别立法的基本框架应当包括合法性、信任度和执行力三方面,我国立法也不能例外;(2)中国 PPP 特别立法不能将他国既有立法经验奉为圭臬,而是需要考虑移植对象与我国本土实际的契合度。在此,本文首先检讨过去三十年我国 PPP 本土制度环境存在的问题,然后在上述基本框架下针对这些问题探讨中国 PPP 特别立法具体制度的选择和优化。

(一)我国本土 PPP 制度环境之检讨

"政府与社会资本合作"一词虽然在 2014 年才成为我国法律和政策术语,[2]但公共品的公私合作在我国绝非新事物,相关历史可以最早溯源到 20 世纪 90 年代我国以 BOT 模式引导外资进入基础设施建设。[3] 梳理相关历史进程,我们可以发现本国制度环境中存在地方融资冲动导致 PPP 不当泛化、基层政府信用缺失妨碍公私信任、公权机构行为博弈造成制度冲突三大本土特有痼疾。

1. 地方融资冲动导致 PPP 不当泛化,危害公共品质量,蛀空 PPP 合法性。在 2014 年地方债务爆发的背景下,中央政府推出 PPP 的目的之一是希望通过 PPP 实现地方基础设施投资的政府责任限定和债务透明,以取代之

---

〔1〕 除塞尔维亚外,捷克和斯洛伐克也有政党纠纷导致 PPP 执行与促进机构的解散的案例。Van den Hurk, Martijn, et al. "National Varieties of Public - Private Partnerships (PPPs): A Comparative Analysis of PPP-supporting Units in 19 European Countries", *Journal of Comparative Policy Analysis: Research and Practice*, 18. 1, 2016, pp. 1 - 20.

〔2〕 财政部〔2014〕76 号文最早将 PPP 定义(翻译)为"政府和社会资本合作"。

〔3〕 我国基础设施领域最早的政府与社会资本合作项目可以追溯到 1984 年香港合和实业公司和深圳经济特区电力开发公司(深圳能源集团前身)签订协议在深圳投资建设沙角 B 电厂 BOT 项目。但大规模开展外资 BOT 项目是在 20 世纪 90 年代外经贸法函〔1994〕第 89 号和计外资〔1995〕1208 号文件颁发之后,1995 年广西来宾电厂二期工程是国家计委批准的第一个规范化 BOT 投资试点项目。

前企业债务与地方政府债务混淆不清的传统融资平台。但 PPP 本身无法解决分税制之后地方政府事权与财权不均衡状态,也无法消弭地方官员在晋升锦标激励下过度负债投资的对上博弈行为。因此,各地普遍将 PPP 简单视为一种新型政府负债工具,现实中无论项目本身是否适合公私合作,地方政府不惜通过违规担保、明股实债等违规手段推动项目上马,导致 PPP 严重泛化和异化,不仅增加了政府潜在负债,而且对公共品质量造成现实威胁。对此,财政部在 2018 年对 PPP 项目库进行大规模清理,上千个违规项目被勒令停工。[1] "PPP 项目粗放推行和快速增长中出现的非规范性现象,特别是以 PPP 名义设立自利性融资项目的虚假作为",[2] 使 PPP 陷入单一融资工具的陷阱,蛀空了我国 PPP 的合法性基础。

2. 基层政府信用缺失妨碍公私信任。与英文文献中反复提到社会资本"套牢"政府的国外案例截然不同的是,中国本土绝大多数案例都体现为基层政府失信造成社会资本的血本无归。究其根本原因,在于我国县市级政府的全能模式,即其对行政分支机构、司法机构、地方国有企业、监管部门甚至舆论走向的全面控制。[3] 基层政府的全能模式对社会资本的威胁体现在三方面:(1)政府行为不易预测和控制,"领导任期更迭或提升政绩"都可能导致政府承诺随时变化;[4] (2)政府具有绝对的政治权威,能够轻易推迟项目审批[5] 或稀释社会资本的权利,[6] 甚至通过地方立法权直接否定社会资

[1] 参见 2017 年 11 月 16 日财政部发布 92 号文要求集中清理 PPP 已入库项目。截至 2018 年 4 月 1 日,管理库清库项目 609 个,涉及投资额 6114.39 亿元;储备清单清库项目 1798 个,涉及总投资额 1.78 万亿元。

[2] 于安:《我国实行 PPP 制度的基本法律问题》,载《国家检察官学院学报》2017 年第 2 期,第 84 页。

[3] 张万宽、杨永恒、王有强:《公私伙伴关系绩效的关键影响因素——基于若干转型国家的经验研究》,载《公共管理学报》2010 年第 3 期,第 110 页。

[4] 如全国工商联《关于进一步完善环境基础设施领域 PPP 模式的提案》中称:"PPP 模式在我国并没有得到良好的发展,其潜能没有得到充分发挥,究其原因主要如下:……3. 政府信用风险不易控制。某些地方政府为加快基础设施建设或为了提升政绩,在短期利益的驱使下承诺缺乏承受能力的条件以吸引民间资本投资,而合同签订后,政府难以履行或不愿履行合同义务,如不按时支付项目费用等,直接危害到合作方的利益。"财政部通过财金函〔2015〕146 号回复了这一提案,参见财政部:《关于政协十二届全国委员会第三次会议第 2221 号(经济发展类 135 号)提案答复的函》,载中国人民政治协商会议全国委员会官网,http://www.cppcc.gov.cn/zxww/2016/02/27/ARTI1456567401181109.shtml,2018 年 6 月 11 日访问。

[5] 王守清等人的调研显示,审批延误在我国是仅次于法律变更的第二位 PPP 主要风险。参见柯永建、王守清、陈炳泉、李湛湛:《中国 PPP 项目政治风险的变化》,载《第六届全国土木工程研究生学术论坛论文集(2008)》,第 279~284 页。

[6] 例如,地方政府可以通过修改规划,在同一领域许可新的项目,从而稀释社会资本的权利。典型案例是泉州刺桐大桥项目就因为政府在短期内在同一河流上又批准了多条大桥而失败。参见贾康、孙洁、陈新平、程瑜:《PPP 机制创新:呼唤法治化契约制度建设——泉州刺桐大桥 BOT 项目调研报告》,载《经济研究参考》2014 年第 13 期,第 43 页。

本的权利[1];(3)地方司法权相对于行政权的弱势,造成社会资本事后救济的空心化。基层政府的全能造成社会资本始终与之无法形成平等的博弈关系。对此的一个注解是,除了与地方政府具有特殊信赖纽带的国企,真正的民营资本在我国 PPP 中所占份额并不多。[2]

3. 公权机构行为博弈造成制度冲突。PPP 涉及多个政府公权机构,但这些机构之间的行为博弈往往并非理性。[3] 横向来看,中央以"财政—发改"为核心、涉及十多个部委的 PPP 网络存在严重的制度冲突。(1)财政部与发改委各自出台操作指南,并分别组建信息平台和专家库,各自强调自身对 PPP 的立法和审批权限,不仅浪费资源而且极易造成规则冲突。(2)财政部倾向于建立英式政府购买式 PPP,发改委则主张承继特许经营法的框架,部门思路的分歧导致立法的难产。(3)部分强势行业主管部门倾向于争夺领域 PPP 的立法话语权,[4]加剧了政策的不确定性;而税务、国土等职能部门拒绝调整相关法律给予 PPP 特殊待遇,[5]又降低了政策的可操作性。从中央和地方纵向 PPP 网络来看,地方政府的实际操作与中央法律规定之间的博弈也会造成制度冲突。由于我国 PPP 项目的实际发起是在市县一级,考虑到该级政府的人力资源状况,其在合同谈判、履约监管中能否真正按照中央法律规定进行操作值得怀疑。一个明显的例子是,20 世纪 90 年代外资 BOT 的运作过程中,多地政府违反中央规定,在合同中给予外国投资者不合

---

〔1〕 2000 年 7 月长春市政府颁发《长春汇津污水处理专营管理办法》并和香港汇津公司签订相关协议。2003 年,长春市政府又以"长府发〔2003〕4 号决定"废止《专营办法》。参见靳明伟:《PPP 模式失败案例之长春汇津污水处理厂》,载中国工程建设网,http://www.chinacem.com.cn/ppp-nljs/2015-03/183741.html,2018 年 6 月 6 日访问。

〔2〕 截至 2018 年 1 月 15 日,全国累计的 PPP 项目成交金额合计 93,616 亿元,其中前 15 强企业中标金额总计高达 45,168 亿元,占比 48%,其中仅有 2 家民营企业,分别是华夏幸福(第 6 名)、东方园林(第 12 名)。见搜狐财经:《2017PPP 中标 15 强排行榜》,载搜狐网,http://www.sohu.com/a/217933029_661255,2018 年 1 月 6 日访问。

〔3〕 "行为博弈"是一个专用术语,该理论推翻了传统博弈论关于理性人的假设,认为博弈总是存在系统的推理误差,这些误差产生的原因大多来自博弈者的思考成本、激动和经验等心理因素的影响。政府机关同样存在这些偏差。[美]凯莫勒:《行为博弈》,贺京同等译,中国人民大学出版社 2006 年版。

〔4〕 如交通运输部在 2015 年发布《交通基础设施 PPP 等模式试点方案》,2017 年《PPP 公路建设项目投资人招标投标管理办法(征求意见稿)》,载交通运输部官网,http://zizhan.mot.gov.cn/zfxxgk/bnssj/glj/201701/t20170117_2155350.html,2018 年 6 月 1 日访问。

〔5〕 国税总局认为,"暂时不宜对 PPP 项目的正常经营活动给予特殊的优惠政策",参见吕敏、廖振中:《税收中性视野下 PPP 的税收制度嵌入路径研究》,载《税务研究》2017 年第 5 期,第 80 页。国土资源部〔2016〕38 号文虽明确 PPP 可将通过竞争方式确定项目投资主体和用地者的环节合并实施。但对 PPP 项目社会资本的土地资源补偿仍持否定态度。

理的超高固定回报,从而引发中央政府对此问题的集中整顿和清理。[1]

（二）中国 PPP 特别立法之优化进路

考虑本土制度环境的特殊性,中国 PPP 特别立法无需囿于英式或法式固定模板,应当基于合理移植或独立创造相关制度设计。《基础设施和公共服务领域政府和社会资本合作条例(征求意见稿)》(以下简称《征求意见稿》)[2]正在制定当中。结合《征求意见稿》的具体内容,本节将探讨如何遵循维护公共利益优先、构筑公私信任关系、协调公权分工运作运行三大进路构建与优化我国 PPP 特别立法。

1. 维护公共利益优先,通过适用范围、前置审查、竞争准入和信息公开全面构建本土 PPP 合法性。

鉴于现阶段我国 PPP 合法性之损害主要缘于地方政府融资冲动导致 PPP 不当泛化,进而放大了公共品质量失控。特别立法应当坚持公共利益绝对优先以构建 PPP 合法性,这是 PPP 在我国能作为一项长期制度存在的必要前提。

(1)对 PPP 的适用边界应当客观审慎。我国目前政策法规对于 PPP 的适用范围采取正面清单的鼓励模式,甚至在污水、垃圾处理领域强制推行 PPP。[3] 这一做法错误地假定 PPP 收益绝对存在,“有将 PPP 神化、泛化的倾向”。[4] 考虑到 PPP 固有弊病的客观存在,先入为主地促进和鼓励 PPP 并不可取。特别立法应当避免 PPP 虚化泛化,做出两个必要的制度安排:一方面,强调“运营为本”,保证我国 PPP 发力点集中于政府本身薄弱的公共事业运营环节;另一方面,以负面清单的形式排除 PPP 的不当适用。具体而言,涉及公共安全及国家核心职能(国防与司法)及项目规模太小(如投资额

---

[1] 当时多数项目合同回报率超过了 12%,有的甚至超过了 15% ~16%。2002 年 10 月 24 日国务院办公厅于发布的《国务院办公厅关于妥善处理现有保证外方投资固定回报项目有关问题的通知》(国办发〔2002〕43 号)由此限期地方政府处理现有固定回报项目。

[2] 国务院法制办:《关于〈基础设施和公共服务领域政府和社会资本合作条例(征求意见稿)〉公开征求意见的通知》,载中华人民共和国财政部官网,http://jrs.mof.gov.cn/ppp/gzdtppp/201708/t20170801_2663640.html,2018 年 8 月 1 日访问。

[3] 2017 年 7 月 19 日财政部、住建部、农业部、环保部:《印发〈关于政府参与的污水、垃圾处理项目全 面实施 PPP 模式的通知〉财建〔2017〕455 号》,载中华人民共和国中央人民政府官网,http://www.gov.cn/xinwen/2017-07/19/content_5211736.htm,2018 年 2 月 1 日访问。

[4] 喻文光:《PPP 规制中的立法问题研究——基于法政策学的视角》,载《当代法学》2016 年第 2 期,第 89 页。

小于1亿元)导致收益不足以覆盖交易成本的项目都理当禁止实行PPP。[1]《征求意见稿》对此没有规定,当属疏漏。

(2)坚持构建本土特色的PPP前置审查程序。目前,由于我国缺乏基础数据以及基层政府能力匮乏,从英国移植的物有所值论证受到了强烈批评,被指为形式主义。《征求意见稿》因此以“采用PPP必要性、合理性评估”的提法取代了“物有所值”,似有回避、弱化了这一理念的苗头。笔者认为,构建我国PPP前置审查程序需要兼顾两方面:一是为防止PPP不当泛化,PPP特别立法必须坚持“公共项目非经绩效评估不得外包”的理念,任何削弱这一理念的做法都会导致我国PPP虚化异化,误入歧途。因此,《征求意见稿》对物有所致的弱化并不可取。二是考虑到我国仍处于城市化初级阶段,基础设施的建设不能够单单从考虑项目个体的经济效益,英式PSC经济效益测试确有和我国现有国情无法完全兼容之处。同时,国际上对PPP的认识也正在从单纯的“改善效率”转向更广泛的“实现以人为本的可持续发展目标”。因此,我国特别立法不一定要锁定英式绩效经验,可以兼顾法、德等国做法,尝试在经济效益指标之外设立更为广泛、科学的其他技术、社会、环境等方面的多元效益指标,从而逐步形成有本土特色的PPP前置论证程序。

(3)为鼓励竞争和创新,特别立法应当允许社会资本发起“非招标提案”以鼓励创新并遏制地方对PPP的非理性滥用。多国的PPP特别法均将“非招标提案”设置为发起PPP的重要渠道,且完整地规定这一模式的流程、要求和社会资本回报标准。我国《征求意见稿》及相关政策对非招标提案仅有原则性提法[2],对其流程、要求及对社会资本前期回报都是空白,致其流于形式。这也许是出于对社会资本的提前介入妨碍竞争公平的担心。但长远来看,政府垄断PPP项目发起不利于鼓励竞争和创新,对PPP合法性危害更大。特别立法应当逐步放开非招标提案,通过制度安排给予项目社会发起方后续投标的适当加分,以在竞标公平与鼓励创新之间取得平衡。

---

〔1〕《PPP条例(征求意见稿)》第3条仅规定了适合使用PPP模式的正面清单条件,对负面清单并未提及。

〔2〕我国《基础设施和公用事业特许经营管理办法》第9条和财金〔2014〕113号均粗略地提到,“社会资本应以项目建议书的方式向财政部门(政府和社会资本合作中心)推荐潜在政府和社会资本合作项目”。《征求意见稿》第9条只有简单的一句“公民、法人和其他组织可以就基础设施和公共服务项目采用PPP模式向有关主管部门提出建议。”以上政策和法律均未提及如何操作非招标提案,现实中我国社会资本发起PPP项目的案例寥寥无几。

(4)强化 PPP 信息公开的操作性。目前我国已经制定了 PPP 信息公开的政策,财政部也建立了 PPP 信息库。但仍存在信息披露边界不清,信息渠道单一,问责依据不足等问题。特别立法应当可以考虑在以下几方面进行优化:①细化信息披露的内容,要求将项目营运期的具体信息进行披露;②在现有财政部信息披露之外,引入审计部门作为第三方独立信息源;③强化信息公开的问责制,明确各方怠于披露信息或信息虚假的法律责任;④按照利害相关性与公共利益并重的原则,通过利害相关方公开听证会区分商业秘密与 PPP 信息公开的边界。[1]

2. 保障社会资本投入,建立多元纠纷解决机制,构筑公私信任关系。

鉴于我国地方政府全能模式的路径依赖,为了保证政府行为与承诺的可靠性,我国 PPP 特别立法需要在实体上保证社会资本的投资,同时在程序上提供公私之间履约中持续对话的程序框架,以构筑公私信任关系。

第一,实体上立法规定清晰、利于司法认定和操作的社会资本事后补偿机制。基于公共利益的考虑,政府理应享有监督合同履行、单方面解除合同的行政优益权,但区别行政优益权和政府机会主义行为是非常困难的事。多数情况下对社会投资方保护只能遵循事后责任规则而非事前财产规则。[2] 基于我国地方政府强势全能的背景,PPP 特别立法应当考虑给予社会资本全面可靠的补偿机制,增强其投资信心。

(1)立法扩张列举 PPP 特许经营权受侵害需要补偿的情形,包括政府变更、中止特许经营权、应政府要求提供合同之外的延伸服务,或其他造成“在位者负担”或损害投资者预期的行为(如因政府原因增加项目外部竞争),社会投资者都应获得一定的补偿。《征求意见稿》现有规定政府补偿的范围过小[3],需要酌情扩大。(2)制定 PPP 刚性、清晰、易操作的赔偿标准。在 PPP 项目终止时,各国一般采用账面价值和融资价值两种基础计算补偿标准,并

---

〔1〕 Siemiatycki(2007)在《何为“秘密”?》一文中详细分析如何在 PPP 竞标过程中区分正当的商业秘密和应该公开的信息。See Siemiatycki, Matti, “What's the secret? Confidentiality in Planning Infrastructure Using Public/Private Partnerships”, *Journal of the American Planning Association*, 73. 4, 2007, pp. 388 – 403.

〔2〕 财产规则是指他人从权利人那里夺走特许授权,必须通过自愿交易;而责任规则是指他人从权利人那里夺走特许授权,只需支付被客观确定的价值即可。参见付大学:《PPP 特许经营权:一种混合财产权及其保护规则》,载《法学论坛》2016 年第 6 期,第 103 页。

〔3〕《征求意见稿》第 27 条仅规定在发生征收、征用合作项目财产导致合作项目中止时政府进行补偿,但对其他对社会合作方造成“在位者负担”等情况均没有提及补偿。

考虑第三方(如雇员、合作商)成本的补充支付。[1] 我国《征求意见稿》仅仅规定“合理补偿”,并未给出相关具体标准。[2] 在司法弱势的前提下,补偿标准的模糊往往不利于投资方。牙买加最高法院1966年就有因为无法确定立法上模糊的“公平回报”标准而拒绝审查PPP争议的情况。[3] 我国立法对社会资本的保护需要一个刚性、清晰、易操作的计算标准。(3)适当的投资风险担保。“在强势政府的背景下,合理的风险分配对于私人利益的保护尤为重要。”[4]很多国家对社会资本投资进行了一定的风险担保。如智利法律规定,政府对投资者提供不高于运行及投资成本70%的最低收入保证,超出该保证部分由投资者风险自担,而当出于公共利益而要求特许经营者追加投资时,追加部分不超过最初项目投资的15%。我国立法也可考虑类似的风险保障措施。(4)《征求意见稿》第26条规定社会投资方必须在同时满足“不影响公共服务提供的稳定性和持续性”和“政府同意”两个前提下才能对外转让项目公司股权。“政府同意”这一要件过于僵化,可能激发地方政府机会主义行为,鉴于PPP项目差异化,应考虑在保障公共利益的前提下将这一问题交给合同或者章程意思自治,赋予社会资本退出的部分选择自由。(5)相关文件曾试图规定上级财政部门可以对失信一级政府财政实行结算扣款机制[5],但最终未能实现。立法下一步需要填补政府失信惩罚措施缺位。

第二,程序上建立PPP多元纠纷解决机制,促使公私双方在履约过程中通过再谈判协调利益冲突,维持公私信任关系。

目前,建立我国PPP多元纠纷解决机制的最大障碍来源于对PPP协议性质的争议。强调PPP协议公法因子的行政法学者认为其是行政合同,民商法学者则强调私法因子,认为其属于平等的民事合同。这一争论反应在

---

〔1〕 邢钢:《PPP项目合同中的便利终止条款研究》,载《法学杂志》2018年第1期,第77页。

〔2〕 《征求意见稿》第27条规定“按照国家有关规定”给予社会投资方合理补偿,但“有关规定”的指向并不明确。

〔3〕 See Levy, Brian, and Spiller Pablo T, “Regulation, Institutions, and Commitment in Telecommunications: A Comparative Analysis of Five Country Studies”, *The World Bank Economic Review*, 7, suppl_1, 1993, pp. 215-252.

〔4〕 胡改荣:《PPP模式中公私利益的冲突与协调》,载《法学》2015年第11期,第38页。

〔5〕 《征求意见稿》第20条规定了双方应当守信践约,但未对政府一方违反诚信原则的责任提出具体有效的惩罚手段。上级财政扣款的设想见于《政府和社会资本合作项目财政管理办法(征求意见稿)》第32条,上级财政部门应当督促下级财政部门严格履行PPP合同。没有及时足额向社会资本支付政府付费或者提供补贴的,按照合同约定依法办理。经法院判决后仍不执行的,由上级财政直接从相关资金中代扣,并支付至项目公司或社会资本。但2016年正式出台的《政府和社会资本合作项目财政管理暂行办法》财金〔2016〕92号文件删去了这一内容。

立法上,就是我国《行政诉讼法》将特许经营协议纳入行政诉讼与现有 PPP 政策规定之间的矛盾。笔者认为,现实的做法是淡化 PPP 协议公私截然二分的争论,将 PPP 协议划分成若干合同束(群),并根据引起纠纷的具体合同条款认定其解决途径。这一思路不仅符合 PPP“公私利益复合性本质”〔1〕,也能与司法实践保持契合。〔2〕

合同束(群)的思维决定了 PPP 纠纷解决渠道应当多元化:(1)强调替代性纠纷解决机制。特别立法应当要求 PPP 合同中引入能够促进公私之间谈判和沟通的各种协商模式,包括和解机制和专家调解机制。如法国行政法典中明确规定,在 PPP 合同中必须包括或设定“预防和调解争端程序条款”。〔3〕(2)考虑到仲裁的专业和实践优势,特别立法应当承认 PPP 合同的可仲裁性。即便是大陆法系国家,法律也不应当排斥 PPP 合同提交仲裁。如法国“原则上禁止公法人进行仲裁,公共工程承包合同和供应合同例外”。〔4〕德国、意大利、我国台湾地区也有类似规定。(3)为强化投资者保护,可考虑赋予社会资本对纠纷解决机制的优先选择权。例如,《韩国 PPP 法》规定,当社会资本提起专设的 PPP 调解申请时,政府一方必须同意。〔5〕

3. 成立央地两级 PPP 执行与促进机构,协调公权分工运作,减少制度冲突。

目前财政部清洁发展机制基金管理中心暂时下设了事业单位性质的 PPP 中心,其组织定位、职能权限都距离国际上通行的 PPP 单元执行与促进机构有很大差距,而《征求意见稿》仍坚持 PPP 部委分头管理的做法更是值得商榷。〔6〕我国中央各部委之间的横向博弈与央地之间的纵向博弈所造成的制度冲突是我国 PPP 发展的软肋。基于此,立法需要创造出能够在横向和纵向两个维度协调公权分工运作的制度角色,即“中央(立法协调)—省级

〔1〕 多位学者都提到 PPP 合同的公私复合性质。参见邓敏贞:《公用事业公私合作合同的法律属性与规制路径——基于经济法事业的考察》,载《现代法学》2012 年第 3 期,第 71 页;陈阵香、陈乃新:《PPP 特许经营协议的法律性质》,载《法学》2015 年第 11 期,第 24 页。

〔2〕 最高人民法院(2015)民一终字第 244 号民事裁定书基于合同的营利性认定依据将合同定性为民事合同;而(2014)民二终字第 12 号民事裁定书认定政府单方解除特许经营的事项属于行政合同。参见郑雅芳:《论我国 PPP 协议中公私法律关系的界分》,载《行政法学研究》2017 年第 6 期,第 35 页。

〔3〕 徐琳:《法国公私合作(PPP 模式)法律问题研究》,载《行政法学研究》2016 年第 3 期,第 116 页。

〔4〕 高俊杰:《政府特许经营项目运行中的行政纠纷及其解决机制——一种框架性分析》,载《当代法学》2016 年第 2 期,第 95 页。

〔5〕 参见马斌、郭枫:《韩国 PPP 纠纷解决机制及其启示》,载《合作经济与科技》2017 年第 2 期。

〔6〕 《征求意见稿》第 7 条。发改委《PPP 工作导则》曾指出 PPP 需要“多评合一,统一评审”,财政部 113 号文则提出建立“联合审查机制”,但《征求意见稿》第 7 条仍坚持部委对 PPP 分权管理模式。

(项目审查)”两级 PPP 执行与促进机构。

首先,鉴于 PPP 特别法是典型的横断面立法,财政单方面单纯的预算限制考量并不能涵盖 PPP 的全部内涵。因此,PPP 执行与促进机构隶属于财政部并不是立法的绝对选项,有相当多些国家将这一机构镶嵌在政府组织网络的其他位置。我国 PPP 特别立法应当考虑在中央层面设立直属于国务院、跨部门的 PPP 执行与促进机构,从而赋予该机构必需的政策独立性,同时通过部委联席会议弥合财政、发改、土地、税收、金融监管等多个部门之间关于 PPP 的认识差异,降低立法博弈成本,促进 PPP 特别立法与其他部门法之间的融合。

其次,特别立法可以考虑在各省政府下属设立省级 PPP 执行与促进机构,同时赋予该机构对省内各市县实施 PPP 项目审查的权力。这一做法的合理之处在于,省级政府具有足够的人才资源和信息收集能力,也有一定动力监管下属各市县由于 PPP 而带来的财政支出,从而降低中央对一级市县 PPP 项目合法运行监督的信息成本。省级 PPP 执行与促进机构可以成立项目审查委员会,由公众(人大)、项目所在地政府、产业人士、学科专家和既有项目社会投资者五方代表通过投票民主决定项目实施与否。在另一方面,省级 PPP 执行与促进机构也担负对市县项目进行政策宣讲、智库支援和合同标准化的职责,以提高基层政府的 PPP 项目运作能力。

六、结语

“只有一国拥有安全、可预测、稳定持续的商业导向型立法框架后,PPP 才可能蓬勃泉涌。”PPP 本质上是对公共品供给国有化垄断的一种纠偏,作为一种强制性正式约束,法律制度能够为 PPP 有序发展提供制度变迁要素。本文的三个基本结论是:第一,PPP 模式存在公共服务质量激励不足、机会主义泛滥和运作成本高企的固有弊病,这是特别立法介入的法理基础。第二,特别立法能够从合法性、信任度和执行力三方面修缮 PPP 外部制度环境,抑制、克服其固有弊病,由此形成了全球立法基本框架的同源。但一国 PPP 特别法的具体制度选择和实际制度成效会受制于本土国情出现明显异流。第三,地方融资冲动导致 PPP 不当泛化、基层政府信用缺失妨碍公私信任、公权机构行为博弈造成制度冲突是妨碍我国 PPP 有序发展的三大顽疾。PPP 特别立法应当坚持本土问题导向,兼容并蓄各国经验,逐步改善内生性制度环境,保证 PPP 有序推进。

关于推动支付令司法适用的调研报告及建议

高晋康* 廖振中** 周寓先***

“金融是国家重要的核心竞争力,金融安全是国家安全的重要组成部分。”[1]司法制度是保障金融安全的重要力量。我国法院目前仍面临案多人少的矛盾,普通诉讼程序对近年来金融领域大量出现的信用卡催收、小额信贷,互联网金融等案件应对乏力。支付令(督促程序)能够一定程度上实现案件繁简分流,快速经济地解决部分事实清楚的纠纷。发达国家(如德国)[2]和我国沿海地区近年来激活民事诉讼中支付令制度,取得了较好的社会效益。为推动西部金融中心的建设,构建多元化纠纷解决机制,在成都地区推行支付令司法适用,本课题组进行了本次调研并提出相关建议。

一、支付令的法律条款及司法政策

我国民事诉讼立法对支付令的规定非常明确。2013

---

* 西南财经大学法学院教授,博士生导师。

** 西南财经大学法学院副教授,硕士生导师。

*** 四川省成都市高新区人民法院法官。

〔1〕 习近平:《深化金融供给侧结构性改革 增强金融服务实体经济能力》2019年2月23日。

〔2〕 德国督促程序利用率达到80%以上。欧盟出台《欧盟支付令指令》(EuMVVo)指导各国将督促程序适用拓展到国际合作上。王益华、王鑫:《关于支付令使用情况的调研》,载《山东法官培训学院学报》2018年第2期。

年《民事诉讼法》及2015年司法解释将其定位于督促程序,明确了支付令申请条件和对支付令异议的审查,同时明确了支付令与诉讼制度相衔接程序。近年来,最高人民法院为实现案件繁简分流,对支付令的适用亦提出了若干司法政策。如2016年最高人民法院《关于进一步推进案件繁简分流优化司法资源配置的若干意见》(法发〔2016〕21号)第4条指出:"积极引导当事人将债权人请求债务人给付金钱、有价证券的案件转入督促程序,推广使用电子支付令。"同年,最高人民法院《关于人民法院进一步深化多元化纠纷解决机制改革的意见》(法发〔2016〕14号)第32条明确指出,加强调解与督促程序的衔接。以金钱或者有价证券给付为内容的和解协议、调解协议,债权人依据民事诉讼法及其司法解释的规定,向有管辖权的基层人民法院申请支付令的,人民法院应当依法发出支付令。债务人未在法定期限内提出书面异议且逾期不履行支付令的,人民法院可以强制执行。在此基础上,2017年最高人民法院《关于民商事案件繁简分流和调解速裁操作规程(试行)》(法发〔2017〕14号)指出,基层人民法院对于离婚后财产纠纷、买卖合同纠纷、商品房预售合同纠纷、金融借款合同纠纷、民间借贷纠纷、银行卡纠纷、租赁合同纠纷等事实清楚、权利义务关系明确、争议不大的金钱给付纠纷,可以采用速裁方式审理。

综上可见,在成都地区法院推行支付令有坚实的法制依据,也符合当前最高人民法院的司法改革精神。

二、支付令的效率和程序优势

支付令的主要优势体现在效率和程序上,一是只要债权债务关系明确合法,人民法院在受理申请之后,可在15日内发出支付令。如债务人在收到支付令之后15日内不提出异议,债权人即可向法院申请执行,从而节约债权人时间和金钱。二是支付令可以直接转让执行程序,节约大量司法资源。从效果上来看,浙江省杭州市西湖区人民法院从2015年开始推广适用电子支付令,适用案件数量逐年递增(2016年,106件;2017年,352件;2018年,359件)。[1] 相比起西湖区人民法院普通民事诉讼平均长达110.58天的处理周期,适用支付令的督促程序从立案到法官发出支付令平均周期在5日左

---

〔1〕 数据由杭州市西湖区人民法院提供,该院2016年至2018年平均每年处理普通民事诉讼案件12,000件。

右。在债务人无异议的情况下,[1]支付令转执行程序的平均周期在20日左右。同时,由于运用互联网技术实现支付令的网上申请、网上审查、网上提交证据材料、网上送达、网上询问、网上自动生成支付令,法官对支付令的审查可以在10分钟之内完成。

上述支付令两大优势对于法院处理劳动工资、欠缴物业费和小额金融信贷催收等案件涉及金额不大、计算标准确定、债权债务关系明确的案件类型有重要意义。尤其是在金融领域,根据近期中国人民银行发布的《2018年第一季度支付体系运行总体情况》[2]显示,信用卡逾期半年偿信贷总额达到711.48亿元。对比历年数据,与2014年的357.64亿元相比,信用卡逾期额度已经翻番,与2010年相比,更是增长超过8倍。这给支付令适用提供了巨大的空间。

三、支付令适用的主要制度障碍

当前全国法院适用支付令在实践中存在程序空置的问题,主要表现在全国各级法院督促程序审结案件占民事案件比重历年来有明显下降趋势。这一现象的主要原因是法院推行支付令在当事人异议、送达、管辖和诉前保全四个问题上存在一定的制度障碍。

1. 当事人异议与虚假案件。《民事诉讼法》第194条规定,人民法院收到债务人提出的书面异议后,应当裁定终结督促程序,支付令自行失效,债权人可以起诉。上述规定使法官对支付令异议的审查仅限于“形式审查”,造成债务人对支付令提出异议具有随意性,甚至滥用异议权利,导致支付令生效比例低,严重伤害了支付令的权威。《中国法律年鉴》显示,支付令生效比例仅在11%左右。另一方面,也有法院担心支付令相对容易被恶意诉讼利用。[3] 上述两个原因导致法官普遍不愿意启动支付令,债权人也对这一制度失去动力和信心。

2. 支付令送达存在制度难点。最高人民法院在《民事诉讼法》第214条第2款规定支付令生效的条件是“支付令能够送达债务人”。在司法实践中,这一规定造成法官两个误导性判断:(1)法官机械地将“能够找到债务

---

〔1〕 由于前期管控得力,西湖区法院发出支付令后,债务人异议比例有效控制在1%以下。具体管控方法见第四部分。

〔2〕 中国人民银行官网,2018年第一季度支付体系运行总体情况

〔3〕 王益华、王鑫:《关于支付令使用情况的调研》,载《山东法官培训学院学报》2018年第2期。

人”作为适用支付令的前提;(2)否认支付令适用邮寄送达的效力。在人口流动性增强的社会背景下,这两个判断增加了支付令适用的难度。

3. 支付令管辖的不确定性。2015 年最高人民法院《关于适用〈中华人民共和国民事诉讼法〉的解释》第 23 条规定,债权人申请支付令适用《民事诉讼法》第 21 条规定,由债务人住所地基层人民法院管辖。由于金融类案件的债务人在地域上可能非常分散,支付令的债务人住所管辖可能加大债权人诉讼成本,从而导致其转向其他救济程序。

4. 督促程序中保全制度缺失。最高人民法院《关于适用督促程序若干问题规定》第 5 条规定,债权人申请支付令前已经向法院申请诉前保全,或者申请支付令的同时有要求诉前保全,应当裁定驳回申请。这一规定实际上导致债权人无法在申请支付令同时,通过诉前保全防止债务人恶意转移、隐匿财产,削弱了债权人申请支付令的动力。

另外,法院适用支付令还面临着如何纠正支付令错误,如何将支付申请与执行结案率考核衔接等问题。

四、沿海地区克服支付令司法适用的经验

对于以上制度障碍,杭州市西湖区法院进行了一定的探索。这些探索为下一步成都市法官推行支付令司法适用提供了可资借鉴的经验。[1]

1. 强化支付令在事前审查和滥用异议权的惩罚,以减少支付令异议率,防止虚假诉讼。债务人滥用异议权是支付令使用过程中最大障碍。西湖区法院对此采取了三个措施:(1)法院主动向债权人释明支付令程序,同时建立支付令白名单制度,对申请支付令的债权人建立滚动的准入,要求申请支付令的债权人必须是信誉良好、内控得力的大型法人实体;(2)提前要求进入白名单的债权人能够按照法院事先拟定一定标准自行对所申请的债权内容、债务人偿债概率、当事人提起异议的可能性等进行自我筛查,保证所申请案件的合法性要件,最大限度降低案件被债务人提起异议的可能性;(3)要求债务人对所提异议在网上提交简要说明及初步证据,同时通过标准模板的《督促程序风险提示书》告知债务人滥用异议权可能导致其承担申请

〔1〕 本节内容来自本课题组 2019 年 2 月 21 日在杭州市西湖区法院现场调研,调研提纲见附件 1。另可见陈辽敏、孙怡悦:《浅谈全国首例适用电子督促程序办理互联网金融案件——以某小额贷款公司与朱某申请支付令案为中心》,载许多奇主编:《互联网金融法律评论》(2017 年第 1 辑),法律出版社 2017 年版。

支付令、诉讼、律师等费用和信用风险。要求申请人、被申请人充分了解上述风险,合理适当行使权利。[1] 上述措施的行使,使2018年西湖区法院359件支付令申请出现债务人异议的比例不到1%(3件)。另有法院指出,可以尝试在支付令中加入调解机制,即经债权人同意,法院可以在支付令发出前后进行诉前调解和诉讼调解。[2]

2. 对于支付令送达的问题。《民事诉讼法》第87条第1款规定,经受送达人同意,人民法院可以采取传真、电子邮件等能够确认其收悉的方式送达诉讼文书,但判决书、裁定书、调解书除外。浙江省杭州市西湖区人民法院根据这一规定对支付令电子送达进行了探索。具体做法为:要求进入支付令白名单的企业在和债务人签订相关合同的附件中加入加粗、特别提示的法律文书送达地址确认书。在此确认书中确认司法机关可以通过收集短信或电子邮件等现代化通信方式或邮寄方式向债务人送达法律文书。在此基础上,西湖人民法院对于支付令的送达同时采取电子邮寄和普通邮政两种方式。

3. 对于支付令管辖的不确定性的问题。浙江省杭州市西湖区人民法院的做法是,对2015年最高人民法院《关于适用〈中华人民共和国民事诉讼法〉的解释》第23条规定是否属于专属地域管辖请求最高人民法院作出释明。在此之前,探索要求债权人和债务人在合同内特别约定支付令的管辖地的办法。

4. 浙江省杭州市西湖区人民法院未对支付令使用诉前保全。相关负责人表示已经向最高人民法院反映了这一问题。由于支付令不能使用诉前保全,西湖区人民法院2016年至2018年所使用支付令的近800件案件诉讼标的中位数在1万元以下,有个别案件金额达到20万元。

根据浙江省杭州市西湖区人民法院的介绍,上述做法取得了浙江省杭州市中级人民法院审判委员会的书面批复同意,同时每一步骤都向最高人民法院提交了相关报告和请示,最高人民法院相关领导也多次到西湖区人民法院进行调研。

---

〔1〕 有法官提出,可以参照《民事诉讼法》第229条对滥用异议权的债务人责令其承担双倍债务利息。见李丰安:《督促程序的破灭与再生——以支付令异议审查制度的完善为视角》,载张海燕主编:《山东大学法律评论》,山东大学出版社2012年版。

〔2〕 当前《民事诉讼法》第216条未规定法官可以再支付令发出过程中进行调解,载李丰安:《关于督促程序适用情况的调研报告——以定陶县人民法院为分析样本》。

五、成都法院推行适用支付令提供金融保障的建议

成都市法院2018年物业管理纠纷和借贷纠纷分别占据了民事诉讼案件数量的第2位与第3位。在此背景下,推行支付令的司法适用有利于成都市各级法院在“案多人少”的大背景下实现不审而解决争议,在确保司法公证的同时节约司法资源。

1. 选取适当领域试点,逐步放开支付令司法适用。鉴于支付令当前使用确实存在制度上的不确定性,如果贸然在所有领域大量推行支付令,有可能造成虚假诉讼或者债务人异议比例居高不下,导致债权人和法院对该制度失去信心。因此,夯实支付令申请的前提基础,循序推进非常重要。

2. 以大型信用良好的金融机构作为突破口,“点对点”推行支付令的司法适用。金融领域的债权人往往具有良好的社会信誉和内控措施,同时金融信用卡、小额信贷的计算公式清晰,债权债务关系明确。因此,大型金融机构滥用支付令的可能性不大,其本身也具有通过自身风控法务部门评估案件的能力。司法机构可以考虑根据对往年辖区内金融机构民事案件数量的统计,选择部分大型信誉良好的金融机构,有针对性地对其释明申请支付令的要求和条件,要求其首先完善贷后催缴和风险内控机制,然后对自身案件进行筛选,在此基础上再向法院申请支付令。这一手段可以有效降低支付令的异议发生率,提高支付令执行率。

3. 法院对支付令司法适用实行动态总量控制。法院对支付令的动态准入总体管控,有利于控制支付令所引起的执行阶段案件数骤然增加。同时,法院可对异议量增加的金融机构债权人实行暂停支付令申请,倒逼金融机构完善内控机制的建设。同时督促金融机构对已经被提起异议的支付令通过自身渠道加以解决,减轻法院负担。

4. 以点带面,推行支付令司法适用的金融行业标准。在试点的基础上,法院可以获取支付令相关信息,下一步考虑与银行业行业协会建立信息联动机制,通过《司法建议书》等方式推动金融行业内部建立申请支付令的统一标准,同时敦促银行业根据已经发生的支付令异议中的相关问题改善自身内控。

5. 强化支付令司法适用中的异议审查机制,严格落实虚假异议责任。鉴于债务人异议权绝对化弊端的客观存在,办案法官应当加大对债务人异议的审查力度,如经过审查,异议理由正当,证据确实,应裁定终结督促程

序,否则应驳回异议。对于虚假异议,一方面,要针对债务人的恶意虚假异议行为落实民事诉讼制裁措施,可根据其具体情节,对债务人予以训诫、责令具结悔过或处以罚款;另一方面,通过《督促程序风险提示书》向债务人释明滥用异议权的法律后果,同时建立法院与社会信用管理机构的配合机制,将债务人滥用异议权纳入社会信息用减等的处罚范围。

6. 构建支付令诉前送达地址确认机制。金融借款合同双方当事人可在合同的附件中加入加粗、特别提示的法律文书送达地址确认书,并将此条款作为法院送达支付令的法律依据。法院直接依送达地址确认书上所记载的邮政编码、详细地址以及受送达人的联系电话等进行邮寄送达、电话送达,提升送达效果。同时,法院可探索电子送达作为并行方式。[1]

7. 探索电子支付令技术,实现人工智能化。学习兄弟法院的经验,与全国乃至世界顶尖级别的科技研究机构和大数据公司形成合作机制,研究区块链技术对支付令电子证据支持功能,积极探索运用互联网技术实现支付令的网上申请、网上审查、网上提交证据材料、网上送达、网上询问、网上自动生成支付令。

8. 对试点经验积极总结,为最高人民法院和全国人大法工委提供修法依据。在相关法律依据完善之前,仍暂时只对债务人处于成都地区且债权人不要求使用诉讼保全的案件适用支付令制度。对此需要向债权人释明并要求其知情同意。

附件:调研提纲

关于支付令适用情况的调研提纲

· 时间:2019 年 2 月 21 日星期四下午 14:00 ~ 17:00

· 地点:杭州市西湖区人民法院会议室

· 调研人员:西南财经大学法学院高晋康教授　廖振中副教授　成都市中级人民法院　周宇先法官(西南财经大学中国金融法中心研究员)

· 调研单位:杭州市西湖区人民法院

---

〔1〕 有法院建议法院建立统一的电子送达平台,平台应该实现以下功能:一是保存送达内容;二是不得任意修改和删除;三是系统提供短信提醒功能、邮件提醒功能。《焦作中院关于加强督促程序适用的调研报告》,载中国法院网,https://www.chinacourt.org/article/detail/2017/12/id/3102030.shtml,2020 年 5 月 25 日访问。

·调研问题:

1. 数据　自2015年起,贵院民商事案件数量与支付令案件数量对比;

2. 数据　贵院支付令适用案件的主要类型,对应的民商事案件数量;

3. 数据　贵院民商事案件平均审理周期,与支付令转诉讼案件平均审理周期;

4. 数据　贵院支付令转诉讼案件调撤率,与贵院民商事案件平均调撤率的对比;

5. 数据　贵院支付令转诉讼案件上诉率,与贵院民商事案件平均上诉率的对比;

6. 数据　贵院支付令转诉讼案件改发率,与贵院民商事案件平均改发率的对比;

7. 问题　申请支付令形成的送达材料,贵院是否在诉讼中直接使用作为诉讼送达材料?

8. 问题　支付令申请书或异议书所载明的事实,贵院是否作为诉讼中的裁判依据(证据)?

9. 贵院推行支付令后的社会反响(上级法院、官方媒体、债权人、债务人)?

10. 问题　贵院是否以找到债务人作为支付令受理的前提?

11. 问题　贵院是否适用邮寄送达、约定送达或其他送达方式?

12. 数据　贵院能够送达的比例?

13. 问题　贵院是否对债务人异议进行实质审查?

14. 问题　贵院对债务人提出的部分异议(如对借贷事实及本金无异议,但对利息违约金有异议)如何处理?

15. 问题　贵院如何防止滥用异议权?

16. 数据　提异议与未提异议的比例?

17. 问题　贵院如何发现虚假诉讼?

18. 问题　贵院有什么纠错机制?

19. 数据　贵院已发现虚假诉讼比例?

20. 问题　案件来源:当事人申请或者法院释明引导?

21. 问题　贵院支付令审理中是否可同时支持申请诉前保全?

22. 问题　贵院在支付令管辖与诉讼管辖不一致如何解决?

23. 问题　贵院在发现支付令错误后的救济途径?

24. 问题　开展支付令对贵院的目标考核有何影响？

25. 问题　贵院适用支付令的内部指引或办案手册？

26. 问题　贵院在支付令案件中是否对保证人适用？

27. 问题　关于贵院电子支付令网上申请、网上审查、网上提交证据材料、网上送达、网上询问、网上自动生成支付令等一系列流程？

28. 问题　支付令在浙江省内的推广情况如何？

29. 数据　希望收集的相关资料：贵院推行支付令过程中形成的相关手册、数据统计、工作流程、研究报告、工作指引、官方文件、媒体报道素材等。

西南财经大学金融法研究中心课题组

2019 年 11 月 21 日

功能偏失现象下支付令程序错位问题研究

郭志新[*]　周寓先[**]

内容提要　为激活督促程序的适用,2012 年民事诉讼法修正案进行了指向性极强的修改。多年来,督促程序仍然“激而不活”。相较于支付令适用绝对数量少,相对比例低,督诉(诉督)衔接不畅更值得深究。

衔接不畅主要由于我们在观念上将督促程序理解定位为非诉程序。非诉定位下的支付令,制度设计上存在三大偏差和一大空白。这三大偏差是要求立案必须能找到债务人、督诉管辖脱节、督促程序排斥保全(含其他救济途径)适用。一大空白是督促程序终结后,如何向诉讼程序转化没有规定。这些造成诉讼程序无法合理利用督促程序形成材料。由此,督促程序更大可能会成为当事人和法院的额外累赘。这样,督促程序功能仅被限于快速高效解决纠纷。

督促程序本质上是一种极为简略的诉讼方式,以一方提出另一方同意(或不同意)的方式进行的特殊审理。回归诉讼属性后,督促程序至少具有三个方面的功能:一是支付令生效则直接解决纠纷;二是支付令的威慑下能促

---

* 四川省成都市中级人民法院实习助理。

** 四川省成都市高新区人民法院员额法官,现挂职成都市中级人民法院审判员。

成当事人调解纠纷;三是解决庭前程序和实体争议焦点提前固定,以做好庭前准备。为此,减少支付令立案条件、理顺管辖、接纳保全(其他救济途径)都是督促程序制度亟待调整的设计,并应及时填补督诉程序如何衔接的空白。

扩大支付令适用后,依照诉辩平等原则,应当避免给被申请人一方“法院先入为主、偏听偏信”的印象,对当事人给予更多的释明;同时不应当限制异议权,而采用增加异议权滥用责任的方式实现“两造”权利动态平衡。

破山中之贼易,破心中之贼难。

——(明)王阳明

关键词 督促程序 支付令

一、问题的提出

督促程序,从一开始植入我国现行民事诉讼程序,就被赋予快速、高效、便捷解决当事人之间纠纷的期望。[1] 但是,长期以来,这一程序在实践中发挥的作用不大。以致2012年民事诉讼法修正时,将激活督促程序适用,发挥其解决债权债务问题快捷、经济的优势作为重要目标之一。[2] 修正案之前,一般认为支付令异议权滥用、支付令失效后尚需当事人重新起诉(督促程序与诉讼环节衔接不畅,申请人还将面临申请费损失)是限制督促程序适用的重要原因。[3] 据此督促程序进行了三处立法修正:一是对支付令异议,从一旦提出则支付令失效修改为经审查异议成立失效;二是改变支付令失效尚需当事人另行起诉的麻烦,支付令失效后转为诉讼程序;三是增加“当事人没有争议,符合督促程序规定条件的,可以转入督促程序”。

然而,铆钉切合的修正案,并没有将督促程序从疲软运行中解放出来。[4] 面对这样的情形,不少意见又再一轮将督促程序的激而不活归因于

---

〔1〕 参见张卫平:《论督促程序》,载《中国法学》1991年第5期;刘少华:《试论督促程序》,载《法律科学》1991年第6期。

〔2〕 全国人大常委会法制工作委员会民法室编著:《中华人民共和国民事诉讼法解读》(2012年最新修订版),中国法制出版社2012年版,第588页。

〔3〕 参见刘京旭:《督促程序中异议权的滥用与防止》,载《法学》1992年第4期;白绿铉:《督促程序比较研究——我国督促程序立法的法理评析》,载《中国法学》1995年第4期;章武生:《督促程序的改革与完善》,载《法学研究》2002年第2期。

〔4〕 裁判文书网共上传基层法院2018年全年作出的民事判决4,602,212份,同期上传作出的支付令仅25,411份。即使假设人民法院所有案件均通过判决处理,支付令案件也仅占0.55%。从整体经验上,基层法院的判决率历来低于调撤率,支付令案件最高比例不会超过全部民事案件的0.28%。

立法不完善,主张立法再修改。[1] 2012年修正案和后续效果事实提醒我们,即使针对性的立法修正也未必如设想一样发展。任何制度都是一定理念的产物,如果主导制度设计的理念没有改变,单纯的制度变更很难带来真正的效果。那么,究竟是什么原因造成了督促程序当前的困局运行呢?本文注意到实践中督促程序与诉讼程序的转化衔接不畅。衔接不畅直接表现是督促程序功能缺失,其内在则是程序定位偏差带来的观念影响,并且围绕程序定位和功能完善探讨激活督促程序之方法。

二、转化衔接不畅与督促程序的功能缺失

督促程序运行并不理想,一般都将其同等于适用绝对数量少、相对比例低。然而,要真正解剖督促程序运行之困局,更应该关注督促程序与诉讼程序的衔接问题。督促程序如果无法与诉讼程序形成良好衔接,督促程序将形成闭合式运行,并且造成督促程序功能缺失。

(一)督诉程序衔接不畅

依照2012年民事诉讼法修正案,督促程序终结后自动转为诉讼程序;同时在诉讼程序准备期间当事人对无争议的案件,裁定转为督促程序。实践中,这两种安排都没有被广泛地适用。

1. 督促程序终结后并没有一般性地转为诉讼程序。从裁判文书网搜索适用第217条(该条规定当事人对支付令提出异议,经审查异议成立终结督促程序。除非当事人不同意转入诉讼程序)作为裁判依据,全国基层法院在2018年作出的裁定共计6086份。在检索结构中输入全文检索“转入”能检索到126份裁定。其中安徽省当涂县人民法院41份裁定,均载明案件不自动转入诉讼程序,申请人需另行提起诉讼。这样看来,单单从相对比例来看,督促程序向诉讼转化并不普遍。最高人民法院编撰的裁判文书格式样本,对于督促程序终结后的裁定,也并没有载明督促程序转化为诉讼程序。[2]

---

〔1〕 参见赵蕾:《我国督促程序的再完善——以新〈民事诉讼法〉第133条第1款与第217条为主线的分析》,载张卫平主编:《民事程序法研究》(第十一辑),厦门大学出版社2014年版,第190~201页;王福华:《督促程序的现状与未来》,载《国家检察官学院学报》2014年第2期。

〔2〕 沈德咏主编、最高人民法院修改后民事诉讼法贯彻实施工作领导小组编:《民事诉讼文书样式》,人民法院出版社2016年版,第728页。

2. 无争议的诉讼程序向督促程序转化更是少见，并且集中在屈指可数的几家法院。检索“适用民事诉讼法第一百三十三条（该条规定当事人无争议的案件，可转为督促程序）作为裁判依据，全文含督促程序”显示，2018 年仅有贵州省遵义市凤岗县人民法院作出 4 份裁定将当事人无争议的案件转为督促程序。扩大检索 2017 年作出的裁判文书仅有 20 份转为督促程序，而且集中在个别法院（分别是垣曲县人民法院、井冈山市人民法院、白河县人民法院）。当然部分学者已经指出将已经进入诉讼的案件依职权转化为督促程序，可能存在违背民事诉讼原理及规律的可能性，实践是否依照这些学理自觉排除转为督促程序尚不明确。[1]

（二）督促程序缺失的功能

督促程序司法解释，从立案受理、案件管辖、保全及同时救济等角度，将督促程序与诉讼程序截然分割开来。与此同时，立法规定的诉督衔接又没有在实践中被落实。这样督促程序就只能在唯一一种场景发挥作用：申请人提出申请，人民法院制发支付令并且送达债务人、债务人并且不提异议时，产生作用。这其中任何一个环节出现异常，督促程序宣告结束，并且成为债权人实现债权的额外成本，也会成为人民法院无用的程序。仅仅将督促程序的功能局限于此，已经有研究指出，当前，最高人民法院统筹全国法院进行包括诉调对接机制、速裁机制、“分调裁”机制等在内的多元化多层次的纠纷解决体系，将与可以适用督促程序的案件形成竞争关系，加入这一程序不予以改进完善，将很难继续拥有存在价值，甚至可以废止。[2] 当前更应当将督促程序纳入多元化纠纷解决体制进行思考，理想中督促程序则应当是为诉讼程序的一个试探，诉讼程序应当属于督促程序的后置跟进。[3]

在纠纷多元解决的立场上，督促程序至少可以具有如下三种作用：

第一，债务人收到支付令不提异议的，债权得以实现。

第二，债务人收到支付令后，由于支付令多少带有一些强制力意味，能

---

〔1〕 参见王亚新：《新民事诉讼法关于庭前准备之若干程序规定的解释适用》，载《当代法学》2013 年第 6 期；潘剑锋、韩静茹：《新问题与新意识：〈民事诉讼法〉修改对民事审判工作提出的挑战》，载《法律适用》2012 年第 11 期。

〔2〕 参见王益华、王鑫：《关于支付令适用情况的调研》，载《山东法官培训学院学报》2018 年第 2 期。

〔3〕 庞小菊：《司法体制改革背景下的诉讼分流——以非讼程序的诉讼分流功能为视角》，载《清华法学》2016 年第 5 期；江苏省泰州市中级人民法院课题组：《矛盾纠纷多元化解机制的实践困境与路径探析》，载《中国应用法学》2017 年第 3 期。

够促使当事人解决纠纷。

第三,可以为庭前审理做好程序和实体上两方面的准备:程序上,支付令不能送达当事人的、送达材料可以直接适用于诉讼程序,从而节约立案后的送达时间,甚至可以规定管辖权异议必须随同支付令异议一并提出、从而还可以节约审理中处理管辖时间;实体上,支付令申请、支付令异议书载明的事实,也是当事人的争议焦点,从而可以将案件争议焦点提前予以规定,便于案件及时审理。

围绕庭审前程序,有效的诉督衔接,可以扩展督促程序功能,整体上"若支付令生效,则程序在总体上终结;若支付令不生效,则诉讼程序继续按其原有轨迹推进。如此,通过最大限度地利用诉讼程序与督促程序在流程模块上的交集,可实现既无缺漏,也无重复的最优配置。"[1]

反观当前,我们仅将督促程序的定位于第一种功能。如此一来,督促程序如果不能解决纠纷,就完全成为与诉讼程序无关的另案资料。这一程序很多时候会成为解决纠纷额外时间成本和审判资源浪费。闭合式运行下的督促程序,缺少督诉的互换制度安排,试图激活督促程序,其前景可想而知。

三、督促程序非诉定位对功能发挥的制约

督促程序在现行立法体系中,本可以发挥三重功能,当前其功能却被局限于支付令生效解决纠纷。督促程序的功能缺失从观念根源上还在于对于这一程序的非诉定位。

(一)督促程序的闭合式运行

如果说规定诉督、督诉衔接是为扩大督促程序适用提供一定立法红利,实践显然并未因势利导,构建诉督、督诉的互联互通,相反各自运行。除立法之外,司法解释在我国法律适用体系中发挥着重要作用,[2]结合督促程序现有司法解释,我们就能发现,督促程序基本上属于闭合式运行状态。依照督促程序司法解释适用支付令需要满足以下要件:(1)请求给付金钱或者有价证券;(2)请求给付的金钱或者有价证券到期且数额确定,有明确的事实、

---

[1] 欧元捷:《论诉讼程序与督促程序的两线并行模式》,载《法学论坛》2016年第2期。

[2] 参见王成:《最高法院司法解释效力研究》,载《中外法学》2016年第1期;刘风景:《司法解释权限的界定与行使》,载《中国法学》2016年第3期;彭中礼:《最高人民法院司法解释性质文件的法律地位探究》,载《法律科学》2018年第3期。

证据；(3)债权人没有对待给付义务；(4)债务人在我国境内且未下落不明；(5)能够送达债务人；(6)人民法院有管辖权；(7)债权人未向人民法院申请诉前保全。这些规定将督促程序独立并分离于诉讼程序，督促程序的闭合式运行体现在以下几个方面：

1. 不当增加立案条件。

在督促程序立案审查环节要求债务人在我国境内且未下落不明能够送达债务人。支付令申请的受理，法院需事先查找到债务人。然而事实上没有进入程序，先行保证找寻债务人怎么做得到呢？申请人如何完成这项立案条件？其实最高人民法院《关于适用督促程序若干问题的规定》规定，支付令之日起30日内无法送达债务人的，裁定终结督促程序，已经发出的支付令自行失效。两者也存在逻辑上的不自洽。既然已经规定不能送达债务人一个月可以终结程序，那么在立案受理时，确定能够送达债务人标准就是没有必要的。而且法院在受理督促程序之时又如何判断能否送达债务人呢？

2. 错位的督促程序管辖。

民事诉讼法本身没有规定督促程序的管辖法院，司法解释规定，债权人申请支付令，由债务人住所地基层人民法院管辖且不受债权金额的限制。最高人民法院在解释督促程序管辖时认为，“法律设立督促程序的主要目的，就是保护和方便债权人快速、有效地向债务人追索金钱和有价证券。人民法院受理债权人申请支付令后，应对金钱或者有价证券给付的债权债务是否存在进行审查，进而决定是否发出支付令。为节约司法资源，减少当事人诉讼成本，最高人民法院《关于适用〈中华人民共和国民事诉讼法〉若干问题的意见》(以下简称《92年民诉法意见》)第27条对民事诉讼法规定的管辖法院作了限缩性解释，规定债权人申请支付令的管辖法院为债务人住所地的基层人民法院”。[1] 如果只考虑督促程序的适用，前述规定已经足够。但是，1992年的《民事诉讼法》，督促程序不能当然转为诉讼程序，还需当事人另行起诉。当前，督促程序一旦因法定事由被终结，除非申请人不同意当然转为诉讼程序。督促程序的管辖规定在这个背景下就会出现问题。

诉讼案件管辖的多样性和督促程序管辖的单一性存在程序流转障碍。比如督促程序不存在级别管辖，但诉讼中级别管辖就存在。督促程序终结

---

[1] 沈德咏主编、最高人民法院修改后民事诉讼法贯彻实施工作领导小组编著：《最高人民法院民事诉讼法司法解释理解与适用》，人民法院出版社2015年版，第167～168页。

后,如果属于上级法院管辖,基层法院终结督促程序后,直接裁定由上级法院审理,还是转为诉讼程序移送。同样,当事人如果约定协议管辖,督促程序终结后又如何处理。专属管辖又如何处理。督促程序的管辖法院并非往往是诉讼案件的管辖法院。反之,诉讼案件的管辖法院不是督促程序管辖法院,还能否将无争议的案件转化为督促程序。总而言之,因为督促程序管辖的单一性与诉讼管辖的多样性,使两者难以和谐。

3. 排斥保全或其他救济。

申请督促程序不得申请诉前保全,最高人民法院《关于适用督促程序若干问题的规定》明确"债权人申请支付令之前已向人民法院申请诉前保全,或者申请支付令同时又要求诉前保全"。应当裁定驳回支付令申请。这样诉前保全与督促程序事实上形成了一种排斥关系。保全,对于保全债权人利益具有重要意义。越早保全越能保障债权人的债权最终实现。[1] 无论是督促程序所产生的生效支付令,还是诉讼程序产生的生效判决,都无差异化地可能存在执行问题。将诉前保全排斥在督促程序之外,其基础理念在于督促程序是一种快速解决纠纷的手段,就不应当在保全上投入更多司法资源。基于督促程序的特殊性,最高人民法院《关于适用督促程序若干问题的规定》还明确"对设有担保的债务案件主债务人发出的支付令,对担保人没有拘束力。债权人就担保关系单独提起诉讼的,支付令自行失效"。

(二)非诉程序定位切合单一功能

对督促程序性质历来有两种有代表性对立的观点:一为"非讼论",二为"特殊诉讼程序论"。"非讼论"将督促程序划入非讼程序中,更有主张对督促程序进一步"非讼化"改造,将我国民事诉讼法特别程序之后规定的督促程序纳入非讼程序。"特殊诉讼程序论"认为督促程序不属于非讼程序,而属"特殊的、简易诉讼制度",是简化的、特别的诉讼程序。"非讼论"的主张似乎更适合民事诉讼法的编排顺序,也更符合三段论逻辑推论,其逻辑是:督促程序应当是一种"特别程序",这是大前提;小前提则是我国《民事诉讼法》第十五章规定的"特别程序"是用来审理非讼案件的非讼程序;因而得出

〔1〕 参见刘君博:《"裁执一体化"财产保全的逻辑与改革》,载《中国法学》2017 年第 5 期;何启豪、常鑫:《诉讼财产保全责任险何以助力解决"执行难"》,载《法律适用》2018 年第 23 期。

结论——督促程序是非讼程序。[1]

既然督促程序属于非诉程序，那么，在司法解释制度设计上将其特别对待并无不可，相反，复杂的设计将超越督促程序的非诉定位。例如，立案受理条件应当尽量保证简单明了能够送达当事人，否则，与诉讼程序无异；管辖也应当简单，复杂的管辖，不能起到非诉快速解决纠纷的效果；同时，如果督促程序仍然允许保全、另行起诉其他债务人，那么，其优势也就不存在了。2012年民事诉讼法修正案实施多年后，司法解释均没有跟进配套转化制度，导致实践中督促衔接比例较少，即使适用也存在混乱与不统一。一旦督促程序前功尽弃，相当于程序空转，债权人付出了督促程序的成本，却没有任何受益，这样就制约了督促程序的实践适用。[2] 问题在于，将督促程序定位为一种非诉程序，真的符合督促程序的本质特征吗？

(三)简易诉讼：督促程序的应然定位

督促程序从形式上看，"在督促债务人自觉履行债务的同时，为了简易地进行强制执行，向债权人授予债务名义为目的的程序"。[3] 督促程序：一则提醒债务人履行债务，债务自动履行，支付令的使命就可以达成；二则债务人虽不履行债务，但不反对支付令载明的义务，支付令成为执行名义，支付令的使命同样可以达成；三则债务人不履行债务同时反对支付令载明债权，这时支付令成为过滤器，将存在争议的案件引入到诉辩程序当中，支付令的使命也可以达成。

"督促程序可以说是给付诉讼的一种替代程序。"[4] 支付令是否生效完全取决于债务人的意愿。债权人对支付令的申请拥有绝对的处分权，债务人对于支付令案件的走向也对等地拥有绝对处分权。事实上督促程序是建立在债权人和债务人两个极端处分权上的简略程序。支付令所载明的债权已经被告预设了两种命运：要么成立要么不成立。成立与否并不在于诉讼程序主导，而在于债务人的处分权行使，双方当事人是否能就债权达成一致。债务人承认债权人的主张，即意味着债务人与债权人之间形成债权合

---

[1] 王福华：《督促程序的属性、类型与程序保障》，载《当代法学》2014年第3期。

[2] 张海燕：《督促程序的休眠与激活》，载《清华法学》2018年第4期。

[3] [日]中村英郎：《新民事诉讼法讲义》，陈刚、林剑锋、郭美松译，法律出版社2001年版，第304页。

[4] [日]新堂幸司：《新民事诉讼法》，林剑锋译，法律出版社2008年版，第690页。

意,对于无争议的债权,通过支付令的形式予以确认。这与通常审判程序中,双方当事人一致认可的事实,法院亦不再进行调查,直接予以认定的道理是相同的。所以说,支付令生效的正当性基础在于双方当事人之间的合意,支付令实质上就是一种特殊类型的合意判决。对于双方均无争议、债权债务关系明确而债务人因为各种原因长期没有履行债务的案件,适用督促程序进行审理,既可以简化诉讼程序,也能方便当事人诉讼和法院审理,最终加速纠纷的解决。[1]

督促程序的本质就是一种不对席、建立在当事人合意基础上的简易快速审判,审判的结果是债权人快速获得执行名义,从而对于金钱、债券等特殊债务类型案件,起到纠纷解决的效果。督促程序与诉讼程序的特殊性在于其适用案件类型和审判方式,而不存在其他区别,在这个意义上重新设计督促程序,才能为其功能完善扫清障碍。

四、督促程序诉讼定位与功能完善

督促程序非诉定位一方面影响了支付令在立案、管辖、保全(其他救济方式)的特殊设计;另一方面也影响了对于支付令督诉衔接立法的理解适用,使原本应当有的衔接制度安排尚未予以规定。前者是规定不妥,后者是规定空白,两者隔断诉督依法应当存在的联系。回归诉讼定位后,调整不当规定、填补重要空白,才能够为督促程序功能的完整发挥提供条件。

(一)诉讼定位下调整支付令不当规定

1.削减支付令不当立案条件

回归督促程序的讼争性后,无需在纠结于支付令能否送达当事人,甚至支付令要求的所谓对等支付及无异议也可以并不考虑。在诉讼过程中对等支付,本身是相对方的抗辩,相对方是否抗辩,无需由法院事先预测;当事人是否存在异议,必须要以当事人表示为准,在外人或者法院看来极其复杂的案件,可能对于双方当事人而言极为清晰,相反极为清晰的案件在当事人之间也可能极为复杂;无法送达的当事人,可以终结督促程序转为诉讼程序,从而无需担心违背督促程序的"非讼"程序定位。

---

〔1〕 许尚豪、欧元捷:《论督促程序的争讼性》,载《人民司法》2014年第5期;张卫平:《民法典与民事诉讼法的连接与统合——从民事诉讼法视角看民法典的编纂》,载《法学研究》2016年第1期。

2. 调整督促程序的错位管辖

事实上,最高人民法院在《民事诉讼法》2012 年修订督促程序规定时,很早就意识到督促程序与诉讼程序的管辖衔接问题。是年,最高人民法院成立了民事诉讼法修改研究小组,他们指出:“支付令失效的,转入诉讼程序。诉讼管辖法院如何确定?我国《民事诉讼法》没有进一步规定。我们认为,诉讼管辖法院在级别上应当是基层法院,在地域管辖上应当是受理支付令申请的法院。”〔1〕可见,在最高人民法院看来,督促程序和诉讼程序的管辖应当一致、应当和谐。

全国人大常委会起草民事诉讼法修订草案将督促程序和诉讼程序连接起来时,就察觉到其中的管辖问题,全国人大常委会法制工作委员会民法室就指出:“哪个是有管辖权的人民法院,取决于法律关系的性质和民事诉讼法关于管辖的规定。比如,如果是因合同关系请求对方给付金钱的,可以向合同履行地或者被告所在地的人民法院申请;如果是借贷关系,可以向被告所在地的人民法院申请;如果是追索航空事故赔偿费用,可以向航空器最先降落地或者被告所在地人民法院申请。总之,这类案件最多的如拖欠房租租赁的租金、有线电视款、手机费、水电费或者货款等都应当依照本法的规定向有管辖权的法院申请。”〔2〕

当前支付令管辖制度,将督促程序作为一个独立的非诉程序,疏于考虑与诉讼管辖的一致性,形成了与立法宗旨不一致、影响督促程序适用的受理制度。回归诉讼属性,管辖问题既有理念支撑又有立法宗旨作为依据,据此进行管辖修改不存在任何障碍。

3. 接纳保全及其他救济途径

督促程序之所以拒绝接受保全,其道理在于督促程序本身是快速高效解决纠纷的非诉程序,如果引入保全程序,就违背了督促程序的初衷。如果能看到督促程序本身属于诉讼程序的一种,只是更为简略,保全或者其他救济方式与督促程序就并不冲突。同时,由于督促程序中申请人有权以保全或其他救济方式加强债权的实现,对于债权人利用督促程序的积极性是一种极大的鼓励。

---

〔1〕 最高人民法院民事诉讼法修改研究小组编著:《〈中华人民共和国民事诉讼法〉修改条文理解与适用》,人民法院出版社 2012 年版,第 514 页。

〔2〕 《中华人民共和国民事诉讼法解读》(2012 年最新修订版),中国法制出版社 2012 年版,第 581 页。

(二)诉讼定位下填补诉督衔接空白

督促程序回归诉讼定位后,其功能既可直接解决纠纷,也可间接促成纠纷解决,还可以为更好更快裁决案件提供庭前准备。直接解决纠纷表现为支付令直接生效,此时依照立法规定,明确为执行依据即可,其他的情形可以考虑以下设计:

1. 债务人收到支付令的,在异议期间内与债权人达成协议的,当事人双方可到人民法院共同申请终结督促程序,出具调解书;

2. 支付令不能送达债务人,查明债务人下落不明或者已经穷尽其他送达手段的,人民法院应当终结督促程序,转为诉讼程序时一并确定举证答辩期限、开庭时间并且予以公告送达被告;

3. 债务人对案件管辖权存在异议的,应当在支付令异议中一并提出,支付令异议中,立案同时处理管辖权异议,在支付令异议中,没有提出管辖权异议的,立案后不得在提出管辖权异议;

4. 债务人提出异议申请的,支付令申请书、异议申请书载明的内容和事实应当作为诉讼裁判依据。

另外,如果支付令申请书无法完全涵盖起诉状所需内容时,转为诉讼程序,不应当要求申请人另行提交起诉状,人民法院认为欠缺内容影响立案的,可以责令申请人补充完善。

五、结语

社会交往活动中,债权期待能够高效快捷实现;面对案件迅猛增长,人民法院也在努力探索案件如何分流减压。督促程序在理论上被认为能满足前述两种需求。特别是2012年民事诉讼法修改时,督促程序在化解纠纷、保障当事人权益方面被寄予厚望。现实中督促程序应用却不尽人意。在观念上将督促程序定位为非诉程序。在司法解释制度设计上特殊对待支付令的立案、管辖、排斥保全和其他救济途径的并存,同时形成督诉衔接制度空白。由此形成督促程序的闭合式运行,导致督促程序功能缺失。回归督促程序诉讼属性,以此矫正并填补部分司法解释制度设计,使督诉两程序形成良好沟连,发挥督促程序的最大功能,才能使其走出适用困局。

但在实践中,督促程序适用还需要注意两点:(1)加强支付令说明,避免给被申请人一种法院偏听偏信申请人的印象,使当事人享有充分的平等诉讼感;(2)增加异议权滥用之代价。一些研究建议采取某种形式限制异议权,[1]这种建议恰恰与督促程序的诉争性相冲突,当代诉讼审判的固有功能仍然是在当事人主义程序的保障下,准确地适用法律于正确认定的事实,通过明确地确定当事人之间的具体权利义务去解决纠纷。[2] 申请人有申请权单方启动支付令发布程序,被申请人有异议权单方终止督促程序,恰恰构成程序权利的对等保护。如果惩罚仅仅是对受害者提供补偿,恢复到原有状态,那么受害者还需要耗用额外的资源执行这些惩罚。[3] 因此,可以在送达支付令时一并告知债务人滥用异议权,最终查明后,应当视为滥用诉讼权利,应当承担的法律责任,这样债权人实现债权被耽误的时间可以通过赔偿合理费用的方式予以一定补偿,达到当事人之间权利的动态平衡。

考察督促程序适用困境,不仅应当看到实践中支付令适用绝对数量少,相对比例低,还应当看到诉督衔接的梗堵,这种梗堵与督促程序的现有立法要求显然是不符合的。于此,高谈阔论法律再修改,恐怕并不恰当。不可否认的是,现行的督促程序司法解释制度存在一些问题和空白。造成这些问题和空白的根本原因在于我们将督促程序定位为非诉程序,在此基础上设计的制度隔断了督促程序与诉讼的天然联系。回归诉讼定位后,督促程序既可以独自化解纠纷(生效),也可以作为一种威慑促成调解,还可以提前解决送达问题,最后还能从“申请—异议”的简易对抗中前移固化争议焦点。这不正是目前改革努力寻找的纠纷“分流”“分类”“分层”理想模式吗?也许,支付令只有回归其诉程序定位,才能发挥其“非诉”解决纠纷功能,同时为诉讼解决纠纷提供便利。

---

〔1〕 参见吴泽勇:《论督促程序中债务人异议的审查——新民事诉讼法第217条之解释》,载《公民与法》2013年第5期;高星阁:《利益平衡视角下我国支付令审查程序之变革》,载《社会科学家》2016年第9期。

〔2〕 [日]田中成明:《现代社会与审判:民事诉讼的地位和作用》,郝振江译,北京大学出版社2016年版,第281页。

〔3〕 [荷]贝克尔:《人类行为的经济分析》,王业宇、陈琪译,上海格致出版社、上海人民出版社2015年版,第47、61页。

英美法系利率上限管制的历史变迁考察及对我国相关立法精细化的启示*

宋　洋**　赵海程***

内容提要　借贷利率上限管制一直是困扰我国立法与司法的双重难题。两大法系对此呈现出一种颇为奇特的法源反转现象:大陆法系授权法官主观裁量合同约定的利率适合与否,英美法系反而一直依靠成文立法限制利率上限。以宗教与道德为基础的英美法系利率上限管制曾一度在20世纪末分崩离析,但行为经济学在新世纪又为管制重新找到了"金融消费者保护"这一新的正当性基础,并导致立法随之改变。这一历史变迁与我国既有制度路径颇为相似,可为我国下一步向相关立法提供镜鉴。我国未来利率上限立法的精细化设计应以保护金融消费者为核心目标,分离利率管制上限确定权和执行权,逐步形成生产/消费二元区分管制体系,赋予法官个案利率自由裁量的空间,并通过独立罚没程序弥补民事和刑事责任之间的空白。

关键词　利率上限管制　行为经济学　金融消费者保护　立法精细化

---

*　本文英文版已发表在《中国法学》(海外版)2020年第3期,特此声明。

**　西南财经大学法学院博士研究生。

***　西南财经大学公共管理学院副教授,法学博士。

英美的信贷和利率史并不是一个发明史，而是一个调整适应史。[1]

一、引言

作为民间金融的核心问题，借贷利率上限管制一直是我国立法和司法的双重难题，曾在2012年与2015年出现两个研究高峰（见图1）。[2] 总的来说，现有文献主要遵从“本国理论实务互动”和“横向他国比较”两种进路分别展开，前者多基于法律在现实中的实施结果，检讨管制本身之合理性及其方法优劣；后者则主要观察国外之立法经验，以法律移植修正本土现有之规则。第一种进路的局限在于，我国现有管制立法仅有30年左右的时间跨度，且社会处于转轨时期，道德文化传承、金融秩序稳定、产业资本需求与社会消费升级对法律均有所诉求，研究者专业背景、个人偏好及直观感觉亦对研究结论影响较大，对错之争未能经历足够历史进程之检验；第二种进路往往容易偏重介绍拟移植对象的做法，较少顾及其时代背景及社会因素，在实然之外缺乏应然的讨论。

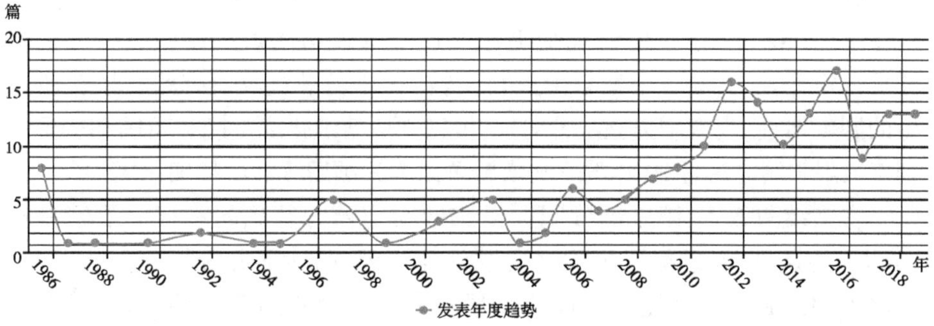

图1　民间借贷利率管制的研究趋势分析（1986～2018年）

[1] ［美］悉尼·霍默、理查德·西勒：《利率史》（第四版），肖新明、曹建海译，中信出版社2010年版，第269页。

[2] 笔者通过知网查询“民间借贷利率”，从1986年以来共有研究文献171篇，在2012年和2015年前后出现两次研究高峰。前一次研究高峰源于学界对原有民间借贷四倍红线利率上限的质疑，代表文献包括但不限于：许德风：《论利息的管制——兼论私法的社会化考量》，载《北大法律评论》编辑委员会编：《北大法律评论》（2010年第1辑），北京大学出版社2010年版；岳彩申：《民间借贷规制的重点及立法建议》，载《中国法学》2011年第5期；强力：《我国民间融资利率规制的法律问题》，载《中国政法大学学报》2012年第5期；于蒙等：《管控到疏导：我国民间借贷利率规制的路径选择与司法应对》，载《法律适用》2012年第5期。第二次研究高峰则主要是探讨最高人民法院2015年《关于审理民间借贷案件适用法律若干问题的规定》的新标准，代表文献包括但不限于程金华：《四倍利率规则的司法实践与重构——利用实证研究解决规范问题的学术尝试》，载《中外法学》2015年第3期；王林清：《民间借贷利率的法律规制：比较与借鉴》，载《比较法研究》2015年第4期。

本文试图整合以上两种思路,以纵向历史延展切入对他国经验考察,提炼他国历史背后的变化原理,对我国立法实践中提供镜鉴。之所以选择将英美法系作为比较研究对象,原因有三:第一,对于利率管制问题,两大法系呈现出一种颇为奇特的法源反转现象。大陆法系往往依靠法官主观裁量利率适合与否,反而英美法系却"通过成文规定超过一定比例的利率构成高利违法行为,系彻头彻尾的立法产物"。[1] 我国现行司法解释中的数值上限制度路径更类似于英美法系之沿革,使后者具有谱系意义上的参考价值。第二,英美法系利率上限"构建—式微—重塑"的V字形轨迹足有500多年时间,能够完整展现管制重心从宗教道德到金融消费者保护的嬗变过程,"将历史的基点退后好几个世纪,以原始的眼光重新检讨很多国家由落后到先进的程序",[2]有助于我们站在大历史的维度探讨规则之合理性。第三,最高人民法院2015年《关于审理民间借贷案件适用法律若干问题的规定》(以下简称《2015规定》)已突破了25年前以银行贷款利率四倍作为民间借贷利率锚的桎梏,重新确立了"两线三区"规则,[3]希望"以疏导代替捆绑,以管制代替放任相结合"。[4] 但该规则仍存在过于依赖司法事后调整、生产/消费标准认定无差别、缺乏个案自由裁判调整、责任扁平化等原有路径依赖所产生的制度惰性,尚有增强立法针对性,推进立法精细化之空间。英国和美国的利率上限管制立法近20年的立法实践可以为我国后续立法精细化提供参考。

本文结构如下:第二部分回顾以宗教与道德为基础的利率上限管制从16世纪源起到20世纪逐步式微之过程与原因;第三部分分析了在21世纪学术界如何通过行为经济学理论重塑利率上限管制的正当性基础;第四部分考察以现代英美法系以金融消费者保护为中心的利率上限管制立法经验;第五部分探讨了英美法系利率上限管制的历史变迁对未来我国相关立法精细化的借鉴与启示。

---

〔1〕 该论断出自1888年Colemen v. Commins案判决,原文为:"The rule that interest in excess of a certain percentage could be usurious and hence illegal was 'wholly the creature of legislation'." 转引自Westen,T. A. (1967). Usury in the Conflict of Laws: The Doctrine of the Lex Debitoris. California Law Review,pp. 130,注释37。

〔2〕 黄仁宇:《万历十五年》(增订纪念本),中华书局2006年版,第228页。

〔3〕 该规定第26条规定,借贷双方约定的利率未超过年利率24%,出借人请求借款人按照约定的利率支付利息的,人民法院应予支持。借贷双方约定的利率超过年利率36%,超过部分的利息约定无效。借款人请求出借人返还已支付的超过年利率36%部分的利息的,人民法院应予支持。参见关礼:《民间借贷利率确立"两线三区"》,载《中国金融家》2015年第10期。

〔4〕 杨心忠:《涉诉利息法律实务》,人民法院出版社2015年版,第17页。

二、21 世纪之前英美利率上限管制的源起与式微

(一)反高利贷法之源起:宗教道德的法律投射

宗教神学与道德观念构成了早期英美利率上限管制法律的两大基础,“(管制)脱胎于社会公序良俗中流传的某些具体数字,是对借贷行为道德评价的一种公众意识系统性投射”。[1] 基督教会最初对利率一概禁止的逻辑原点在于高利贷者出卖的是时间,而时间只能属于上帝,高利贷被认为是“反自然的不劳而获”。如阿奎那(1225)就指出金钱为不育之物,用钱生钱乃是违反自然法则。[2]

迟至 15 世纪,上述观念开始松动。最早的质疑来自但丁(1321):“请你回到高利贷伤害神的恩惠那一点上,把疑问的扣儿给我解开。”[3] 1545 年加尔文成为第一个在 16 世纪商业发展背景下重新界定高利贷的神学家,“我确信《圣经》中没有任何证据证明高利贷应当被全盘否定……如果所有放贷都被谴责的话,人们的良心就会被强加上更沉重的枷锁,这是上帝所不希望的”。[4] 从大历史的角度观察,欧洲之所以会在 16 世纪出现“允许但限制一定比例利率上限”的反高利贷法是宗教神学对商业借贷利息逐步让步的历史产物。

英国立法最能体现出宗教与商业需求的反复拉锯。1542 年亨利八世颁布的《反高利贷法案》是基督教社会首次承认利息,但该法同时将年息限制在 10% 以内。其子爱德华六世在位期间,因为个人对宗教的极度狂热,曾一度恢复立法对利息的绝对禁止。其后,伊丽莎白(爱德华之妹)又把上限恢复为 10%。詹姆斯一世登基后定为 8%,后又下调到 6%。直到 1713 年安妮女王通过法案再调到 5%。[5]

受英国法影响,美国从一开始就承认利息的合理性,1641 年马萨诸塞殖

---

〔1〕 See Jones N., *God and the Moneylenders: Usury and Law in Early Modern England*, Oxford, Blackwell, 1989, pp. 47 – 48.

〔2〕 这一时期对利息的否认多基于圣经中《路加福音》6:35 种基督所提到的“借给人,不指望偿还”。

〔3〕 [意]但丁:《神曲》,田德望译,人民文学出版社 1997 年版,第 11 章注释 10,第 78 页。

〔4〕 关于教会对利息承认的详细过程,参见[美]杰克 · 卡希尔:《教皇与银行家:一部借贷文化史》,邓立立译,商务印书馆 2012 年版,第 70 ~ 77 页。

〔5〕 See Act to Reduce the Rate of Interest, 1713, s Ann, c. 16 (Eng.),转引自 Jones N, *God and the Moneylenders: Usury and Law in Early Modern England*, Oxford, Blackwell, 1989, p. 66.

民地就颁布了其历史上第一部反高利贷法,合法年息为8%以内。美国建国初期的13个州立法态度一致,均在16世纪前后通过了6%～8%的合法利率上限。迟至1844年,所有的州均通过了反高利贷法。“总的来说,东海岸各州的上限(10%左右)要普遍高于西海岸个州(6%～8%)。”[1]

早期反高利贷法的另一基石是清教徒道德观念:即便商业利息是正常和合法的市场组成部分,但个人负债消费仍被普遍认为是可耻的。“我们必须勉励所有基督徒赚取一切他们所能赚取的,节省一切他们所能节省的……事实上变得富有。”[2]英美早期社会上层主流人群均赞成节约致富。亚当·斯密认为:“(贷款消费)夺去了维持勤劳阶级的基金,来维持游惰阶级……借钱挥霍的人,势难久立。”[3]华盛顿指出:“如果贷款人借钱时不考虑还款来源,那么借贷就是世间最可怕的事情之一……尤其当债务如雪球一般越滚越大时。”[4]杰斐逊则声称:“站在银行面前比站在全副武装的军队面前还令人恐惧。”[5]富兰克林直接认为撒谎是第二恶习,而第一是负债。“想想负债的时候你在做什么,你的自由被束缚。如果你不能及时偿付,你将羞于见到你的债权人,你和他说话的时候会感到害怕。你将找到可怜的鬼鬼祟祟的借口,然后逐渐失去真实性,并陷入低劣的彻头彻尾的谎言中。”[6]

---

[1] 最初13个州中康涅狄格州(1718年)、特拉华州(1759年)、马里兰州(1692年)、新罕布什尔州(1791年)、北卡罗来纳州(1741年)、宾夕法尼亚州(1700年)、罗得岛(1767年)规定年息上限为6%,新泽西州(1738年)、纽约州(1737年)为7%,佐治亚州(1759年)、南卡罗来纳州(1748年)将上限放宽到了8%。See Tyler, R. H, *A Treatise on the Law of Usury, Pawns Or Pledges, and Maritime Loans*, New York and Albany, Banks & Brothers, 1891, pp. 50－53.

[2] [德]韦伯·马克斯:《韦伯作品集(Ⅻ):新教伦理与资本主义精神》,康乐、简惠美译,广西师范大学出版社2007年版,第180页。

[3] [英]亚当·斯密:《国富论》(精校版),郭大力、王亚南译,商务印书馆2009年版,第208页。

[4] “[T]here is no practice more dangerous than borrowing money... for when money can be had in this way, repayment is seldom thought of in time... when the debt is accumulating like a snowball in rolling”转引自Peterson C. L., “Warning: Predatory Lender-A Proposal for Candid Predatory Small Loan Ordinances”, *Wash. & Lee L. Rev.*, 2012, p. 932.

[5] “And I sincerely believe, with you, that banking establishments are more dangerous than standing armies。” See Letter from Thomas Jefferson to John Taylor (1816), Jefferson, Thomas, “The works of Thomas Jefferson in twelve volumes” Federal Edition. Collected and Edited by Paul Leicester Ford. Philadelphia Jan. 3 (1904): 1793.

[6] 富兰克林关于反对消费信贷高利贷的思想阐述于《穷理查年鉴》25周年纪念版的序言。See Labaree L. W., “Benjamin Franklin's British Friendships”, Proceedings of the American Philosophical Society 108(5), 1964, pp. 423－428.

（二）近代英美利率上限管制的式微

18 世纪后期，资本大潮席卷欧美。私人实业对资本的渴求导致商业借贷如过江之鲫；工业革命及城市化则解除了中产阶级对农业社会季节性收入的依赖，消费金融悄然兴起。一方面，自由主义者开始声讨利率上限管制损害了个人自由，"相比其稳健成熟的成年商人，脆弱地依附于政府父爱主义之上的利率管制不过是一种道德意义上的替代品"。〔1〕另一方面，重商主义者开始抨击利率上限管制导致资本外流，导致"资本将流向法律朝他们微笑之地，一去不复返"。〔2〕在自由主义和重商主义双重冲击下，欧洲各国纷纷取消了法定利率数字上限。英国在 1854 年彻底废除了 1713 年的安妮法令 5% 的上限。〔3〕丹麦（1855 年）、西班牙（1856 年）、挪威（1857 年）、瑞典（1864 年）、比利时（1865 年），德国北部（1867 年）均废除本国的利率上限。〔4〕

美国也加入了这一立法浪潮。管制的架空首先体现在生产型借贷中企业法人除外原则的确立。1850 年，纽约 Dry Dock 银行以 11% 的利率从生命信托公司借款 20 万美元，该利率超过了纽约州 6% 的法定上限，上诉法院由此判定交易违法且判决债权人相当于本金加利息的惩罚金。社会舆论大哗，称之为"银行蓄意不道德摆脱债务的丑闻"。〔5〕鉴于利率上限在该案中所起到的负面作用，纽约州率先确立了企业法人除外原则，即公司间借贷不受利率上限管制，法人之间任何关于利率的约定都是合法的。美国历史上法院对该原则给出了不同理由：①企业法人具有保护自己的能力和专业知识。如 CountryMotors, Inc. v. Friednly Fin Corp（1961）判决："企业法人之

---

〔1〕 Lanier, Usury As Affecting Securities for Debt，转引自 Westen, T. A.,"Usury in the Conflict of Laws: The Doctrine of the Lex Debitoris", *California Law Review*, 1967, p. 132，注解 55。

〔2〕 "Capital Never Return, for the Law Smile on Its Use"，参见 Bolles, J. A. (1837). A Treatise on Usury and Usury Laws. J. Munroe。这一表述与 1549 年《论英格兰的公共福祉》一书中的论述异曲同工，后者写道："我们必须谨慎小心，我们必须保证我们卖给陌生人（外国人）的多于我们从陌生人那里购买的，否则的话，就会使我们变得贫穷，而使得陌生人变得富庶。"

〔3〕 英国无利率上限管制的时代长达 46 年之久，直到 1900 年金钱借贷者法案（Money-lenders Act of 1900）的通过，该法案授予法官自由裁量权，并在 1927 年修正案中重新确定了 48% 的利率上限限制。Jones N., *God and the Moneylenders: Usury and Law in Early Modern England*, Oxford, Blackwell, 1989, p. 66.

〔4〕 这一时期数字上限取消后，欧洲大陆各国主要依赖法官主观自由裁量谨慎调整。See Nussbaum, "Conflict Theories of Contracts", 51 *YALE L. J.* 893, 912, 1942, pp. 163 - 164.

〔5〕 See New York Dry Dock Bank v. Amercian Life Ins. Trust Co. 3 N. Y. 344 (1850). See Ryan, F. W., *Usury and Usury Laws*, Boston, Mifflin, 1924, pp. 58 - 60.

间具有相对等的交易实力,相比之下,自然人和合伙更容易受制于放贷方的压力。"Griffith v. Connecticut(1910 年)案中法院承认银行与信托公司之间高额利率之约定,"金融机构,由于其每天都在熟悉金融运作和了解市场上金钱的价值,不需要任何成文法的保护"。②企业法人受有限责任的保护。如 Bock v. Lauman(1855 年)案判决"企业法人不仅不弱于放贷者,且承担高额利息也不会导致自然人责任,因此,不需要利率上限的保护。"而个人利用开办小型公司来进行放贷业务被认为是滥用有限责任规避管制的行为。③商业需求,即鼓励商事主体将自身实际生产性利润和利率挂钩进行融资,以发展经济。如 Brierley v. Commercial Credit Co.(1929 年)判决:"直言之,现代商业及融资之需求导致法律对企业法人与自然人的态度截然不同。"美国先后有 19 个州陆续确立了企业法人除外原则,这意味着利率上限管制在生产型借贷中失效。

消费型借贷的管制之崩塌肇于罗素塞奇基金会的小额贷款法(Russell Sage Foundation Small Loan Law)。20 世纪前期,亚瑟·汉姆等人指出,需要逐步提高传统高利贷上限,使得主流金融机构能够在盈利的前提下出借小额贷款给工人阶层。在罗素塞奇基金会的赞助下,他们起草了一部示范法,要求消费借贷的放贷人获得政府许可证。作为交换,法律放松原有利率限制,允许持牌放贷人按 24% ~42% 年息取利。大多数州在 20 世纪陆续采用这一示范法,使之变成了《统一小额贷款法》。[1] 这就把传统道德文化体系对消费享乐主义的防线撕开了一道缺口。

1978 年最高法院关于马凯特国民银行诉第一奥马哈服务公司(Mrquette National Bank v. First of Omaha Service Corp)的判决则彻底摧垮了管制的根基。[2] 在这个里程碑式的案子中,法院需要回答:当国民银行跨越州界向消费者借款时应该适用哪个州的高利贷限制法?在对内战时期国民银行法案(1864 年)进行了一番含糊其辞的解释之后,最高法院认定上述情况下应当适用银行所在州的法律。这实际上允许银行通过在不同州设立分支机构

〔1〕 统一小额贷款法(Uniform Small Loan Law,简称"USLL",将小额信贷限制在 300 美元以下,而 1925 年美国非农业人口的年收入为 1434 美元。See Carruthers, B. G., Guinnane, T. W., & Lee. Y, "The Passage of the Uniform Small Loan Law", *In London School of Economics*, *Economic History Seminar Series*, 2005, March, p. 6.

〔2〕 See Marquette Nat'l Bank v. First of Omaha Serv. Corp., 439 U. S. 299(1978),该判决允许全国性银行在其他州进行交易时,可以按照其注册所在的州所允许的利息范围。这无疑鼓励了银行或放贷人把注册地前往较高利率上限甚至无利率上限的州。

的形式,任意选择执行对自己有利的高利贷法律,并用这一法定利率优势吸引其他州的客户。这一“借贷择优化”(most favored lending)判决就像一声枪响,开启了美国高利贷法逆向淘汰(rush to bottom)的疯狂竞赛。为了吸引金融业以提升本州经济,南达科他州和特拉华州立刻废止了古老的反高利贷法,允许设在本州的银行对其他州的客户贷款不存在利率上限。[1]

美国利率上限管制的松动在20世纪末达到顶峰。第一,各州均倾向于弱化甚至放弃管制。如1965年美国每个州法律均对借贷年利率予以限制,而2007年美国至少有7个州完全放开管制,35个州允许发薪日贷款收取超过300%的年利息。[2] 同样,英国在1854年废除了高利贷法,该国《1974年消费者信贷法》亦取消了对消费者借贷利率48%上限的管制。[3] 第二,两极分化严重。例如,纽约州始终限定年息不得高于25%,导致发薪日贷款在该州几乎绝迹。但密苏里州却许可发薪日放贷者收取75%的费用,导致最高年息可达1955.36%。[4] 第三,早期各州的高利贷法条款简单明了,均以最高限度年利率(maximum annual rate)作出直接规定,很容易就可以相互比较。而现代各州用于上限的数值过于复杂,完全不能透明直观地加以比较。皮特森(2008)以“显性失真”(salience distortion)概括这一现象,“(即使)各州高利贷限制的数值没有太大变动,其内在含义早已迥然不同。”[5]

---

〔1〕 Marquette Nat'l Bank一案的判决结果在美国国内一直饱受质疑。如全美消费者金融保护协会(CFPA)主席,哈佛法学院教授伊丽莎白·沃伦(Elizabeth Warren)就曾批评说:“不能想象,一个对整个消费金融领域造成如此之大影响的政策,仅仅是最高法院含糊其词地从1864年的法律中断章取义而来。”See Sanchez,J.,“The Death of Usury,the Democratization of Credit and the Financial Well Being of the American Consumer”,*Available at SSRN* 1792769,2011,p.5.

〔2〕 1965年美国平均的高利贷年利率限制大约为36%,只有五个州允许借贷年利率高于60%(佐治亚、威斯康星、马里兰、俄克拉马、卡罗来纳州)。而在2007年,在特定的发薪日贷款中国家对高利贷的限制的中位值增长了10倍,年利率高达令人震惊的391%。

〔3〕 See Peterson C. L.,“Usury Law,Payday Loans,and Statutory Sleight of Hand: Salience Distortion of American Credit Pricing Limits”,*Minnesota Law Review* 92(4),2008,pp.1138-1140.

〔4〕 7个州直接废除了高利上限,另外一部分州采取的办法是保持利率限制不变,但允许放贷方不受限制地收取其他费用。如得克萨斯和佛罗里达州,还有一些州(密歇根州)则采取对发薪日贷款豁免高利限制的做法。相比起来,东北部的纽约、新泽西、佛蒙特等州维持较为严格利率限制。转引自Francis K. E.,“Rollover,Rollover: A Behavioral Law and Economics Analysis of the Payday-loan Industry”. *Tex. L. Rev.* 88,200,p.6。

〔5〕 皮特森(2008)将1965年和2007年美国所有的州立高利贷法分成了几个情况,其中包括:(1)简单的名义利率限制;(2)追加利息利率限制;(3)贴现率限制;(4)制定的美元总量;(5)贷款总额的百分比限制;(6)全部收款比例的百分比限制;(7)根本没有限制。他发现在不同的表述下,相同的数值含义完全不同。参见Peterson C. L.,“Usury Law,Payday Loans,and Statutory Sleight of Hand: Salience Distortion of American Credit Pricing Limits”,*Minnesota Law Review* 92(4),2008,p.1143。

管制崩塌的一个投影是"发薪日贷款"的迅猛发展。发薪日贷款源于1993年,由放贷人提供小额短期无担保贷款,借款人在发薪日还款。贷款额度一般在100美元至1500美元之间,利率达到300%左右。有学者统计,截至2005年美国境内大约有23,000个至25,000个发薪日贷款营业点。[1] 由于发薪日贷款收费高,很多客户逾期不还,只能不断地续借,从而支付给贷款机构多达本金数倍的利息,被称为"自杀陷阱"。[2]

总的来说,从18世纪到20世纪末期,英美面临着传统宗教戒律与道德禁忌在商业普遍欲望面前土崩瓦解的局面,"以'灾难性'利率实现借贷已经和性行为一样变为'无受害人犯罪',变成成年人之间一种被允许的私人行为"。[3]

三、21世纪行为经济学对英美借贷利率上限管制正当性的重塑

早在18世纪,经济家就开始对个人在借贷中的理性提出怀疑。亚当·斯密虽然笃信市场理性,但也不无忧虑地写道:"作为人类个体本能的重要部分,过度的自负与幻想(over-weening conceit)是哲人历来所强调的一种古老怪物……过度自信与过度失望构成了古来高利贷法不可或缺的重要原因。"[4] 这与边沁强调借贷利率无条件意思自治的观点自然格格不入。[5] 而作为国家干预主义鼻祖的凯恩斯一方面认可市场对利率的调节,"资本的过剩将意

---

〔1〕 在20世纪80年代末的时候,发薪日贷款机构的网点在美国还不存在,但是到2004年,其营业网点已经达到22,000个了,比麦当劳、肯德基、汉堡王的总和还要多。在1999年,其业务规模只有80亿美元,而到2004年,它的业务规模已经达到了450亿美元,收取了大约60亿美元的服务费用。美国最大的发薪日贷款机构 Advance Americ,2005年收入在6.3亿美元左右。参见 Noyes, K. J., "Get Cash until Payday-the Payday-Loan Problem in Wisconsin", *Wis. L. Rev.*, 2006, p. 1627。

〔2〕 由于客户不能及时还款,发薪日贷款经常滚动至下一期,客户必须再支付一次原来的费用,如此下去,客户不得不在一年内多次支付费用,这就是连续贷款。研究表明美国4个州2005年发薪日贷款的客户流向。从4个州的平均数字可以看出,在2005年,有90%的贷款流向了每年有5笔交易以上的客户,有62%的贷款流向了每年有12笔交易以上的客户。这导致短期贷款往往长期化,并且需要支付高额的利率,一个普通客户要为325美元的贷款付出468美元的费用。参见 Skiba, P. & Tobacman, J., " The Profitability of Payday Loans", *Vanderbilt University Law School, Mimeo*. 2007, pp. 2 – 6。

〔3〕 [美]威廉·格雷德:《美联储》,耿丹译,中国友谊出版公司2013年版,第163页。

〔4〕 Larson. J. L., An Inquiry into the Nature and Causes of the Wealth of Nations, *Journal of the Early Republic* 35(1), 2015, p. 23.

〔5〕 亚当·斯密虽然肯定使用他人资本应当支付利息的合理性,但其认为高利贷法有助于控制金融投资的冒进;边沁则完全维护私人资本的可欲性,主张取消高利贷法以刺激人们去占有更多的财富。双方争论参见 Adam Smith, *The Wealth of Nations*, Reprint, Edwin Cannan, ed. New York: Modern Library. 1776 [1937], p. 339. Jeremy Bentham, *Defense of Usury*, Routledge /Toemmes Press, 1992 (This is a reprint of the 1787 Edition)。双方观点评述参见 Joseph Persky, "Retrospectives from usury to interest", *Journal of Economic Perspectives* 21, 2007, pp. 227 – 236。

味着对食利者实施‘安乐死’……财富持有人最终将失去对他人的控制能力，”[1]但也谨慎地指出，人类行为存在动物精神，一种主动采取行动的紧迫感，这既是人类进步的重要动力，也是一种潜在危险。[2]

开创于世纪之交的行为经济学否认人类具有恒定不变的理性，但认为描述、预测甚至模型化人类行为是可能的，从而开拓出法律与人类行为研究的新维度。[3] 罗伯特·希勒和乔治·阿克沃夫在《动物精神》一书中指出，人类所能作出的决定都是受个人情绪驱动的，决定的源头很大程度上都是人的潜意识——下决定前心理上的脆弱性是不可忽视的。这种分析对“聪明的市场参与者”构成的有效市场理论构成了严重打击。很明显，如果不能证明消费金融市场参与主体的理性程度，法律如何能够赋予所有借贷者以边沁声称的那种“达到成熟年龄、心智健全的人和人获取资金的自由”？近十年来，众多法律经济学文献深入分析人类为何在借贷利率衡量过程中陷入非理性境地，其中“借贷低估”和“信息劣势”被认为是导致借贷方丧失理性的两大缘由。[4]

（一）借贷低估（underestimation of borrowing）：人类难以克服在借款时自身对将来还款的侥幸心理

一是自利偏见（self-serving bias）。即人类对自身缺陷与脆弱的心理抗拒导致各个年龄段的消费借贷者会明显低估了生老病死对其经济上的冲击。“几乎每个人都坚信自己在疾病、离婚等不幸面前是特殊的那一个。”[5]人类这种天然自我屏蔽危机的本能对其权衡自身借贷水平有很大干扰。杜尔金(2000 年)指出，几乎绝大部分信用卡持有者都确信：“也许别人

[1] [英]凯恩斯：《就业、利息和货币通论》，徐毓枬译，商务印书馆 1977 年版，第 148、150 页。

[2] 动物精神并非完全是坏事。凯恩斯认为，任何商业决定都是情绪化的，不是定量利润乘以定量概率再求加权平均的结果……因此，如果我们的动物精神退化，主动的乐观精神被动摇，那么剩下的手段就只有通过数学方式计算得出的预计值，在这种情况下，任何公司都是活不下去的。参见[英]罗伯特·希勒：《金融与好的社会》，束宇译，中信出版社 2012 年版，第 253 页。

[3] [美]凯斯·R. 桑坦斯：《行为法律经济学》，涂永前、成凡、康娜译，北京大学出版社 2006 年版，第 2～6 页。

[4] 相关研究综述可参见 Francis. K. E，“Rollover, Rollover：A Behavioral Law and Economics Analysis of the Payday-loan Industry”，*Tex. L. Rev.* 88，p. 611。

[5] 尼尔指出：“盲目乐观在人类风险评估中是不可避免的。”See Weinstein N. D.，“Why it won't Happen to Me：Perceptions of Risk Factors and Susceptibility”，*Health Psychology* 3(5)，1984，p. 431.

不行,但我能解决(信用卡高息)问题。"[1] 二是时间贴现(hyperbolic discounting)。人类容易在乎眼前利益而忽略长期规划会导致其低估利率在长期带来的影响。眼前小小的利益可能导致消费借贷者忽视长期的潜在危害,而债务天生的孳生繁衍性正是通过时间的积累而慢慢产生的。这要求借贷方必须要有较高的自控能力,而倾向于提前借贷消费的人群恰恰是自控力较差的。[2] 三是外部困境。金融消费借贷者往往在情绪的影响下,在面临自身经济压力时会第一时间凭直觉选择接受理解难度最小的方案,而非细细权衡利弊。人的精力有限,很多情况下,消费者倾向于接受能够立刻解决他们困难的借款方案,其大部分注意力都集中在如何迅速摆脱困境。客观困境所导致的精力匮乏让他们已经难以兼顾高利率在未来可能带来的风险。尤其对本身收入不高、长期处于负债状态的群体,更难指望其在借款时还有精力去作出理智的考虑。[3] 四是支付(接受)意愿。研究表明,损失带来的不愉悦感是得到的两倍。换言之,在面对失去时,绝大多数人会更珍惜自己已有的东西,导致不理性地面对损失。[4] 消费借贷者一旦通过透支取得车辆或房屋的所有权后,仅仅出于对失去的恐惧,他们就很可能毫无理性地接受高息。根据皮特森(2004 年)年的统计,按揭汽车消费的支出甚至超过汽车价值本身的 140%。[5]

---

〔1〕 Durkin T. A. ,Credit Cards: Use and Consumer Attitudes,1970 – 2000,*Fed. Res. Bull* 86,2000, p. 623.

〔2〕 2005 年的一项调查显示,佛罗里达州的消费借贷者平均每年借贷次数超过 7.9 次,其中 26.5% 的人每年借贷次数超过 12 次。参见 Solutions,V: Florida Trends in Deferred Presentment: State of Florida Deferred Presentment Program,2005,p. 6。

〔3〕 美国经常使用发薪日贷款的人群平均年收入不足 2.4 万美元,一般全年中有 6 个月处于负债状态。转引自 Peterson C. L. ,"Usury Law,Payday Loans,and Statutory Sleight of Hand: Salience Distortion of American Credit Pricing Limits",*Minnesota Law Review* 92(4),2008,p. 1125. 另一项调查显示,威斯康星州的发薪日贷款人群平均年收入在 18,675 美元左右,其中 78% 没有自己的不动产。参见 Chin P. ,"Payday loans: The Case for Federal Legislation", *U. Ill. L. Rev*,2004,p. 728。

〔4〕 人们愿意购买某个东西的出价(支付意愿 WTP willing to pay)和愿意卖出这个东西的要价(接受意愿 WTA willing to accept)在心理学上有一个明显的缺口,后者比前者要高。一些研究显示,持有红木家具的收藏者在买家出价达到市场价格两倍时仍不愿意理性地卖出,原因就是厌恶失去的感觉。参见 Hoffman E and Spitzer M. L. ,"Willingness to pay vs. Willingness to Accept: Legal and Economic Implications",*Wash. ULQ* 71,1993,p. 59。

〔5〕 See Peterson C. L. ,*Taming the Sharks: Towards a Cure for the High-cost Credit Market*,Akron,The University of Akron Press,2004,p. 175.

（二）信息劣势：贷方会将自身的信息优势植入合约谈判与执行过程之中

一是信息瀑布效应（information overload），即消费者面临过多的信息比较和抉择时，其倾向于简化考虑最明确的几个因素。换言之，当消费者的知识与理解能力难以应对金融产品的复杂性时，信息识别和比较成本导致其容易忽略最重要的利率因素。皮特森（2004 年）指出，当放贷方将很大一部分利率转入复杂的违约金计算公式时，很少有消费者可以消化冗长的合同条款和公式，真正理解其背后隐藏的畸高利率，而“立法必须考虑消费借贷一方获取信息的成本与其处理这些信息的能力”。[1] 二是证实偏差。人类会寻找支持自己观点的证据，有意屏蔽反对自己的意见，并将模棱两可的信息向着自身立场进行解释而非理性地评估。信贷弱势一方很容易从语言、表述甚至技术上自我催眠，例如月息 15% 的提法听上去远比年息 391% 的说法更能接受，但实际上两者在数学上毫无差异。三是锚定偏差。消费者在分析风险收益时很大程度上会依赖于第一印象，这种心理锁定导致其缺乏对后来持续信息的进一步分析。熟稔锚定偏差定理的贷款者往往把对消费者有利的条款放在合同第一页，而把不利的细节列后隐藏在附件之中。四是债务循环。高利贷产品会导致消费者产生心理依赖效应，陷入恶性循环。放贷者往往故意鼓励消费者增加推迟还款次数，趁机在本金未归还的情况下不断收取利息。美国消费者保护委员会举出了一个极端案例：一名妇女因为在 6 个月内多次推迟归还本金仅为 150 美元的发薪日贷款，就被收取了高达 1000 美元的迟延利息。[2]

四、新时期以金融消费保护为核心的英美利率上限管制立法

“如果法律的根基消失，法律也将荡然无存。”[3] 通过行为经济学，英美

---

〔1〕 根据美国教育部 2003 年的统计，22% 的美国成年人缺乏基本文学和计算能力。研究显示，即便法律要求放贷一方公布所有的文件和资料，一般消费借贷者也很难读懂其中条款的意思，更不用提清楚地计算相应的数字。参见 Peterson C. L.，*Taming the Sharks：Towards a Cure for the High-cost Credit Market*，Akron，The University of Akron Press，2004，p. 175。

〔2〕 据统计，美国发薪日借款人平均每年会推迟 10 ~ 12 次还款，加拿大则为 15 次。参见 Chin P.，“Payday Loans：The Case for Federal Legislation”，*U. Ill. L. Rev.*，2000，p. 729。

〔3〕 该论述来自传统拉丁文教规：Cessante rations，Cessat ipsa lex，加尔文曾引用该论述描绘高利贷法的变迁。参见［美］杰克·卡希尔：《教皇与银行家：一部借贷文化史》，邓立立译，商务印书馆 2012 年版，第 78 页。

等国重新定位了利率上限管制的正当性,新一轮立法实践从纯粹反高利贷逐步转移到小额贷款立法(small loan legislaton),从而将利率上限管制嵌入金融消费者权益保护体系。[1]

(一)利率管制在各级金融消费者保护立法中的再确立

在联邦层面,针对美国军事基地内消费信贷泛滥成灾的情况,[2]2006 年国会将军事服务人员及家人的消费信贷年利率限定在 36% 以内,规定:"任何人不能向美国国防部军事人员及其他依靠军事人员供养的人员以超过 36% 以上的年利率进行消费放贷。"[3]美国《诚实借贷法》(Truth in Lending Bill,TILA)修正案和 2009 年发薪日贷款改革法案均试图约束发薪日贷款利率,"无论贷款方是谁,发薪日贷款的每一美元,只能收取不多于 15 美分的利息和相关费用。"[4]

在各州立法层面,美国科罗拉多州非消费型利率可以高至 45%,而消费型利率上限则低至 12%。北卡罗来纳州 2005 年宣布废止其对于短期小额借贷豁免于利率上限管制的法律。新罕布什尔州(2011 年)、俄勒冈州(2010 年)则恢复了 36% 的上限,佐治亚州(2011 年)将上限重新定为 10%,哥伦比亚特区(2011 年)则恢复了 24% 的法定上限。2008 年阿肯色州最高法院裁定小额贷款豁免于利率上限管制的立法是违宪的。[5]

地区(城市)立法层面。据希尔顿(2007 年)的统计,21 世纪初美国至少有 135 个地方(城市)政府尝试通过地方法规(local ordinance)来限制、调控或阻

---

〔1〕 美国目前针对金融消费者保护的小额贷款立法已涵盖的领域包括:(1)信用社贷款(Credit union loan);(2)中小企业贷款(Industrial band loan);(3)储贷协会(Saving and loan associations);(4)分期贷款(Installment loan laws);(5)家庭改进计划贷款(Home improvement loans);(6)支票放款(Chech loan laws);(7)典当放款(Pawnbroker loans)。Curran B. A.," Legislative Controls as a Response to Consumer-Credit Problems",*BC Indus. & Com. L. Rev.* 8,1966,pp. 410–418.

〔2〕 Peterson C. L. and Graves S.,"Predatory Lending and the Military: The Law and Geograpy of 'Payday' Loans in Military Towns",*Ohio State Law Journal* 66,2005,p. 653.

〔3〕 "A creditor... may not impose an annual percentage rate of interest greater than 36 percent with respect to the consumer credit extended to a covered member or a dependent of a covered member". See John Warner National Defense Authorization Act for Fiscal Year 2007,CODIFIED 10 U. S. C. § 987(b) (2006),转引自 Peterson C. L.,"Warning: Predatory Lender-A Proposal for Candid Predatory Small Loan Ordinances",*Wash. & Lee L. Rev.* 69,2012,p. 909。

〔4〕 参见 Payday Loan Roform Act of 2009, R. H. 1214, 111TH Cong., sec. 2(a), §129B(b)(1)(2009),转引自 Francis K. E.,"Rollover,rollover: A behavioral law and economics analysis of the payday-loan industry",*Tex. L. Rev.* 88,2009,p. 611,注释 114。

〔5〕 McGhee v. Ark. state Bd. of Collection Agencies(2008).

止消费信贷高利贷的发展。“由于州立法在限制消费信贷利率的空白，地区（城市）政府不得不正面应对发薪日贷款给他们带来的麻烦。”〔1〕仅 2007 ~ 2008 年弗吉尼亚州有 37 个城市通过决议（resolution）要求州立法对消费信贷恢复利率上限管制。一个典型的例子是 2005 年佛罗里达州的杰克逊维尔市参照联邦军事服务人员消费贷款的标准，将本市的发薪日贷款利率限制在 36% 的“消费者保护天花板”（consumer protection floor）以内。〔2〕

（二）司法层面对法定利率上限的修正

不同于德国法官通过主观自由裁量，依照显失公平原则判断约定利率是否合理的进路，美国法官一般会严格遵从立法部门确定的利率上限，很少主动进行调整。Universal Credit Co. v. Lowell 案的法官即指出：“即便（成文法）给出的惩罚过于严厉，甚至毫无必要，但那是立法问题，法院必须遵守这些规定。”〔3〕部分原因是美国历来要求显失公平必须同时具备主观（程序）与客观（实体）双重构成要件，〔4〕这就使法官在使用这一规则上较为谨慎。

近年来英美法系开始部分吸收德国以法官事后主观标准认定利率是否“显失公平”的做法，以减弱立法之刚性。首先，英国 1927 年金钱借贷者法修正案采取了主客观复合标准：（1）年息超过 48% 的借贷将被初步认定是“非良心（unconscionable）”的；（2）但允许放贷人举证证明该利息的正当性；（3）如法官认定年息过高，则可凭自由裁量将合同利率调至公正水平。〔5〕受

---

〔1〕 转引自 Peterson C. L.，“ Warning：Predatory Lender-A Proposal for Candid Predatory Small Loan Ordinances”，*Wash. & Lee L. Rev.* 69，2012，p. 932。

〔2〕 经民意调查，72% 的公众赞成将这一限制恢复到 1965 年的水平，即年利率上限为 36%。佛罗里达州高利贷的法定限制是 18%，但州立法对此豁免了发薪日贷款等消费借贷，通过颁发许可证书的形式允许放贷者按照将近 300% 的利率收取费用。杰克逊维尔市议会立法反对这一豁免立法。See Griffith K. and Drysdale L，“ Controlling the growth of payday lending through local ordinances and resolutions”，A guide for advocacy groups and government officials，Oct. 2012，Nov. pp. 225.

〔3〕 “Thte panalty[imposed by the usury statute]is severe. Pershaps uncessarily so. That，however，is for the lawmaking body. The courts must apply the law as they find it.” See Universal Credit Co. v. Lowell，166 MISC. 15，18，2 N. Y. S. 2d 743，746（Rochester City ct. 1938）.

〔4〕 目前，美国有 12 个州的最高法院采纳了“滑动标尺法”，认为在实质性显失公平和程序性显失公平之间一方可以折抵（offset）另一方。参见武腾：《显失公平规定的解释论构造——基于相关裁判经验的实证考察》，载《法学》2018 年第 1 期。

〔5〕 See Bender，Steven W. “Rate Regulation at the Crossroads of Usury and Unconscionability：The Case for Regulating Abusive Commercial and Consumer Interest Rates Under the Unconscionability Standard.” *Hous. L. Rev.* 31，1994，p. 785，注释 324。

此影响,美国一些洲(如新墨西哥州)立法也开始借鉴采用法官主观认定的办法。另外一个办法是增加借款方的举证责任。在利率上限最严格(25%)的纽约州,Frick Co. v. Tuten 案法官即指出:"鉴于纽约反高利贷法对被告的严重不利,必须由声称该借贷涉嫌高利贷的一方承担举证责任……这意味着,法院当然能增加借方的证明义务。"[1]

(三)民事罚没程序的填补适用

考虑到民事合同无效与高利贷刑事惩罚之间存在空白地带。美国联邦和许多州法律均规定,当财产被用于为法所禁止的途径时,财产所有权得归于政府。这一民事罚没(forfeiture)被法院广泛引用以填补上述立法空白。各州立法对罚没金额的规定差异较大:(1)或相当于合同约定利息超过法律限制部分的 2 倍(俄克拉何马州)或 3 倍(爱达荷州);(2)或以合同履行金额的一定倍数——2 倍(阿拉斯加州)或 3 倍(犹他州);(3)或为合同本金的一定百分比(艾奥瓦州为本金的 25%);(4)或以本金加上固定金额(2000 美元,威斯康星州)。[2]

正如 Hull v. Augustine 一案判词所说,"对债权人的过失处以罚没具有高度惩罚性。"[3] 该制度具有明显公法性质,"系明文规定且带有公共利益。"[4] 在单纯判决合同无效无法威慑贷方进入非法交易,认定犯罪又证据不足的情况下,民事罚没为填补管制空白提供了一个适度的精细化手段:一是并非对所有超出利率上限的借贷都处以罚没,只对超出上限一定比例的才启用该程序。如佛罗里达州规定罚没只适用于合同约定利率超过法定上限 125% 的借贷行为,密西西比州这一比例为 120%。二是证据标准只需要达到优势证据,而非排除合理怀疑的水平。三是为保证罚没系基于公共利益,避免也参与了违法行为的借款方由此获得意外之财(undeserved

---

[1] "Due to the harshness of the New York usury laws the defense is not favoured, and in case of doubt a rather heavy burden of proof is thrown upon the person asserting that a bargain is usurious. ... Courts can, of course, increase the borrowers's burden of proof." See Frick Co. v. Tuten, 204 S. C. 226, 231, 29 S. E. 2d 260, 262(1944).

[2] See Benfield Marion, "Money, Mortgages, and Migraine—The Usury Headache", *Case W. Res. L. Rev.* 19, 1967, pp. 837 – 838.

[3] "Our Statute of Usury is Highly Penal", See Hull v. Augustine, 23 Wis. 383, 386(1868).

[4] "... the right to the forfeiture is clear and is asserted in the public interest", See Kern River Co. v. United States, 257 U. S. 147, 155(1921).

windfall),彰显社会效果正当性,某些州直接规定罚没之财产必须用于公共用途,如艾奥瓦州规定该罚金用于补充非法借贷行为发生地公共学校的建设基金。[1]

(四)掠夺性借贷与刑罚干涉

"掠夺性"(predatory)一词至少被美国11个不同的联邦监管机构认定为"倾向于伤害或剥削他人以谋取私利或利润"。[2] 一般认为,合同约定超过45%的年息具有明显的"非法与剥削"意图,有进行刑罚的必要。有些州的规定则更加严格,纽约州规定超出25%的年息即构成刑事罪,处以5年监禁或5000美元罚金,或两者并用。佛蒙特州对于首次故意违反高利贷法处以6个月监禁或500元罚金(或两者并用),二次违法则刑罚加倍。[3]

邻近美国的加拿大在《1985年刑法》第347条也规定,任何年利率高于60%的民间借贷均涉及触犯刑事条例。但第347条在20世纪90年代被普遍认定为"应当用于起诉巨额信贷鲨鱼(loan shark),而非一种消费者保护条款",因此发薪日贷款为代表的消费借贷一直豁免游离于该条款之外。1998年加拿大最高法院在Grland v. Comsumers' Gas一案的判决中开始强烈质疑这种豁免惯例——"(374条)应当得到更加广泛的适用,尤其是针对那些街头鲨鱼"(Street-level Shark),法院请求国会立刻采取措施修正374条的适用范围。加拿大国会由此在2007年出台了C-26法案,将对消费贷款利率限制纳入第374条规定的刑事检控范围之内。[4] 另外,我国香港地区《放债人条例》将以超过年息60%的实际利率的放贷行为归于犯罪。[5]

---

[1] See Iowa Code Ann. (1950) 535.5 Penalty for usury, https://www.legis.iowa.gov/docs/ico/chapter/535.pdf, November 1, 2019.

[2] McMonagle and DianaIn, "Pursuit of Safety and Soundness: An Analysis of the OCC's Anti-Predatory Lending Standard", *Fordham Urban Law Journal* 31, 2004, pp. 1533-1554.

[3] 转引自Peterson C. L., "Warning: Predatory Lender-A Proposal for Candid Predatory Small Loan Ordinances", *Wash. & Lee L. Rev.* 69, 2012, p. 945。

[4] 加拿大C-26法案2007年3月生效,其扩展了第347条适用范围,将发薪日贷款纳入刑事掠夺性借贷的规定之内。但该法案对于低于1500美元,借款时间低于62天的发薪日贷款给与了豁免刑事处罚的待遇,参见Bellam Jesse and Talai Aiden, "Short-Term Emergency Lending: Examining Usury Law in the United States and Canada", *Western Journal of Legal Studies* 2, 2012 pp. 7-10。

[5] 香港地区法律同时规定,关于任何贷款的还款协议或关于任何贷款利息的付息协议,以及就该等协议或贷款而提供的保证,如其实际利率超逾年息60%,则不得予以强制执行。放债人条例(附英文),载华律网,http://laws.66law.cn/law-79702.aspx,2020年5月29日访问。

(五)金融消费者保护配套制度对利率上限管制的配合

金融消费者保护制度对利率上限管制提供配套措施是近年来美国各州立法的一大特征。一是以标准化信息披露切入,要求信贷机构在提供可比对的利率信息,马萨诸塞州就要求以统一方式公开消费信贷交易利率;二是以允许利率放开为条件,要求放贷人办理市场准入许可登记,从而实现区域范围、披露要求等多方面的监管目标。如密苏里州将消费信贷利率放宽到75%,但同时严格限制每一城市内消费信贷机构不超过3家。犹他州西峡城则在2011年规定每家消费信贷机构的服务对象不得多于10,000人。另外一种做法是限制其地理位置,如加利福尼亚州禁止在学校500英尺以内设立消费信贷网点,犹他州西峡城2011年规定消费信贷网点之间至少有600英尺的距离。

五、英美利率上限管制历史变迁对中国相关立法精细化的启示

英美法系利率上限管制之历史变迁完美诠释了赛尔兹尼克所言之"回应型法"的形成过程,即社会宏观层面之变化导致立法理念重塑,进而反思和检讨制度,诱导其从单一司法判决标准转变成更为精密细致的治理机制以回应社会多元化需求。[1] 我国党的十八届四中全会报告亦提到"增强立法针对性,推进立法精细化"之目标。从这一角度来看,我国立法在未来应当回应民间金融对利息多元化复杂化的社会要求,英美法系之历史镜鉴可以提供的启示包括:第一,利率上限管制所依仗的合法性之基础是什么?第二,该数值的制定权与执行权在立法机理上是否有分离之必要?第三,唯一数值标准能否转化为区分行业或借贷对象的多重规则?第四,法官可否有个案调整之空间?第五,如何拓展违法责任之边界以优化规制效果?

(一)立法对管制合法性的认识

利率上限管制的合法(理)性存在较大争议,学界一直没有达成共识。

---

[1] 赛尔兹尼克等人提出了法律从压制型到自治型,再到现代法律为回应型的三分法。参见[美]诺内特、赛尔兹尼克:《转变中的法律与社会:迈向回应型法》,张志铭译,中国政法大学出版社2004年版。

很大一部分经济学家均否认该管制的合理性,[1]法学界也有学者认为:"贷款利率应由市场来决定……这也是对企业更进一步的优胜劣汰和对资源的有效配置"。[2] 而赞同管制的学者所持理由也不尽相同,有的学者认为"防范风险"[3]为主,有的学者认为"防止高利贷的马太效应。"[4]

在实务界,最高人民法院也有两种声音,或基于"金融秩序",[5]或源于"资金在金融市场内的优化配置"。[6] 而最高人民法院、最高人民检察院、公安部、司法部2019年10月出台的《关于办理非法放贷刑事案件若干问题的意见》(以下简称《2019意见》)将利率限制的合法性基础定位于"切实维护国家金融市场秩序与社会和谐稳定"。

笔者认为,利率管制的合法性具有时代性,金融消费者之保护应当是21世纪法定利率上限重生的基石,"(管制)发展到今天只有一个前提,那就是交易双方的极度不平衡——剥夺借方自由交易的能力,将他置于借贷之鲨的贪婪之下——给予了法律介入的理由。"[7]在传统对利息收入的负道德评价日趋弱化、工商业文明需要资本扩张的背景下,我国现代利率上限管制的合法性应明确源于对弱势借方的保护进而维护金融秩序之稳定。借贷市场不同于一般市场定价体系,借款方更非立法者拟制想象中"理性的人"。[8] 法律完全不管不顾,将利率协商的自由完全交给借贷双方是行不通的——"在这一领域,看不见的手未必可靠……比最低市场利率稍高的限制在某种

---

〔1〕 近年来,多名经济学家均发表过支持放开民间借贷利率的观点。许小年:《我不认为高利贷是非法的》,载凤凰网,http://news.ifeng.com/opinion/economics/detail_2012_02/25/12779828_0.shtml,2020年5月29日访问。陈志武:《高利贷的好处,民间金融是社会稳定的基础》,载搜狐财经,http://www.sohu.com/a/166891114_221908,2020年5月29日访问;茅于轼:《可以放高利贷,金融需要自由竞争》,载网易财经,http://money.163.com/15/0925/13/B4C5DV3T00252H36.html,2020年5月29日访问。

〔2〕 朱大旗、沈小旭:《论利率市场化的法律意蕴》,载《法学家》2004年第2期。

〔3〕 强力:《我国民间融资利率规制的法律问题》,载《中国政法大学学报》2012年第5期。

〔4〕 岳彩申:《民间借贷规制的重点及立法建议》,载《中国法学》2011年第5期。

〔5〕 2015年规定出台时,最高人民法院通过答记者问的方式指出:"利率市场化绝不意味着利率无限化,更不意味着利率无序化。"参见2015年《关于审理民间借贷案件适用法律若干问题的规定》最高人民法院答记者问,载华律网,http://www.66law.cn/laws/128035.aspx,2020年5月29日访问。

〔6〕 有法官认为,"若完全实行利率自由化,会导致放贷者为获得自身最大利益不断提高民间借贷之利率,从而不利于资金在金融市场内的优化配置和民间借贷市场的长远发展。"

〔7〕 Nugent R.,"The Loan-Shark Problem",*Law and Contemporary Problems* 8(1),1941,pp.3-13.

〔8〕 赫伯特伯爵认为,理性的人是一种理想,一种标准,是我们要求优秀公民具备的品德的化身。转引自赵晓力:《民法传统经典文本中"人"的观念》,载《北大法律评论》编委会编:《北大法律评论》(1998年第1辑),法律出版社1998年版。

程度上是需要的。"[1]法律对过高利率的管制本质上是对传统合同法意思自治原则的修正,这种修正有可能是通过显失公平等民法原则(大陆法系);也可能是通过合法利率的数字控制(英美法系)。《2019 年意见》对超出金融秩序,考虑到"社会和谐问题"正是对此认识的反映。

(二)利率上限制定权与执行权之分离

从英美法系的经验来看,利率上限的制定权属于立法系统。就我国具体情况而言,在与 1991 年四倍红线下的银行利率锚脱钩之后,《2015 规定》仍然坚持采取了司法将制定权和执行权集于一身的做法,即由司法机构本身认定合法利率上限,同时依靠法官的个案裁判来落实这一数字。这一做法很可能是多年来由司法主导民间借贷利率管制的路径依赖所致。

但是,考虑到违法行为发现和审查的信息成本,执行权归于司法部门固然理所当然,但利率上限制定权却应当回归金融监管立法本身。第一,确定合法利率上限数值已经超越了司法权的法理边界。利率应当兼具私法契约合意与公法金融消费者保护的双重属性,后者正是现代"金融监管双峰"[2]之一,未来法律运行之重心当转移至监管部门。第二,囿于司法被动谦抑之特性及个案审判之视野局限,司法很难全面衡量市场主体集体行为动因与社会宏观变化,及时主动地调整上限数值。1991 年"四倍红线"存续 15 年之久未得到司法系统及时纠偏即为明证。第三,由于司法机关不具有金融监管机构的专业监控能力,未来这一上限的确定需要脱离个体感性认识范畴,进入民间金融利率大数据监控统计时代,如人民银行已经在温州等设立了民间金融检测点。"管理机构是非常专业化的,而且比法院有更多灵活的获得信息的方式"。[3] 第四,单一利率管制易于规避,无法单独承担金融消费者保护之重担。法律需要完成利率上限管制对金融消费者保护法律体系的制度嵌入,甚至需要以上限的一定松绑换取被监管者在市场准入登记、信息

---

〔1〕 "Usury limits should be set somewhat above... the lowest market rate... did not believe in the invisible hand." See Adm Smith, 1 An Inquiry into the nature and cause of the wealth of nations 124 (Edwin Cannan ed., Modern Library 1994) (1776).

〔2〕 英国经济学家 Michael Taylor1995 年提出金融监管存在并行"双峰"目标,一是防止金融市场系统性风险的审慎监管;二是保护消费者权益,防止其受到欺诈和不公平待遇。迈克尔·W. 泰勒:《"双峰"模式的回归》,康娅忱、刘晶译,载《金融服务法评论》2012 年第 3 期,第 289 页。

〔3〕 [美]理查德·波斯纳:《法律的经济分析》(第 7 版),蒋兆康译,法律出版社 2012 年版,第 543 页。

披露、地域限制、放贷合同标准化等方面配合政府监管,这一任务显然不能靠司法机构完成。

基于上述理由,应当将确定合法利率制定权归于立法或行政权力。除了英美法系国家,比利时、荷兰亦由立法部门根据市场状况每 6 个月调整一次。我国香港地区立法会也曾责成财经事务及库务局"提供过去五年间每年就贷款利率超过《放债人条例》规定合法利率上限的检控数字,并定期检讨改观之水平是否切合香港的经济、文化和社会状况,检验打击非法高利贷活动的成效。"[1]

由此,需从顶层设计的高度考虑分离利率上限管制的制定权与执行权,还前者于金融监管之本源,最高人民法院内部亦有意见指出:"(利率上限)最终必须由利率的主管机关即人民银行在全面衡量利弊的基础上,对其依法进行合理明确。"[2]考虑到我国金融多头监管的现状,可以考虑由负责金融消费者保护的部门参与制定,并由人大对利率上限数值的合理性进行定期质询、复查。在法院保留执行权的前提下,监管与司法部门可建立联席信息分享机制,以便及时了解法规的社会效果。

(三)利率上限的单一性标准之突破:生产消费二元区分

合法性的转移必然导致制度设计对生产型借贷与消费型借贷之精细化切割——前者遵从商事意思自治;后者则奉公守法保护弱势为圭臬——这意味着贷款金额、用途、种类及放贷人角色都可能对利率上限构成立法技术上的影响。已有多名学者指出立法应当区分消费型与生产型借贷的利率上限。[3] 但最高人民法院目前仍坚持无差别的管制标准,理由是目前在我国

---

〔1〕 我国香港特区财经事务及库务局根据《放债人条例》(第 163 章)第 24 条,任何人以超过年息 60% 的实际贷款利率贷出款项,即属犯罪,在 2001 年至 2005 年提出检控的个案数分别为 26、18、18、28、10。该局称:"第 24 条大体上可有效遏止在香港进行的高利贷活动。我们会根据香港特区的情况,例如高利贷问题和真正商业交易的需要,以及在适当情况下参考其他相关司法管辖区的法例,继续探讨第 24 条及第 25 条的条文。在有足够理由的情况下,我们也会考虑是否需要对这些条文作出适当修订,以确保条文继续切合香港社会的需要。"参见 2006 年香港立法会十题:《放债人条例》,载立法公报,http://www. info. gov. hk/gia/general/200611/22/P200611220116. htm,2020 年 5 月 29 日访问。

〔2〕 吴庆宝:《最高人民法院专家法官阐释民商裁判疑难问题》(金融裁判精要卷 · 增订版),中国法制出版社 2011 年版,第 17 页。

〔3〕 如强力:《我国民间融资利率规制的法律问题》,载《中国政法大学学报》2012 年第 5 期;许德风:《论利息的管制——兼论私法的社会化考量》,载《北大法律评论》编委会编:《北大法律评论》(2010 年第 1 辑),北京大学出版社 2010 年版;王战:《关于确立民间借贷利率标准的建议》,载《上海人大月刊》2017 年第 4 期。

区分二者尚不现实,“我国现有市场发展水平并不健全,消费型借贷与生产型借贷在司法实践中难以判断……(区分)会对利率管制政策的执行和事后司法审查带来困扰。”[1]

笔者认为,立法精细化肯定有其信息成本与执行成本。但长期来看,消费型借贷与生产型借贷的分离趋势日益明显,二元区分势在必行。即便以法官主观判断为主的德国,消费者信贷一旦超过30%也认为满足暴利的客观条件;而对商业借贷则宽松得多,甚至年息180%也不认为当然构成违反善良风俗或暴利。[2] 我国在未来可以参考美国“企业法人除外原则”,逐步放松生产性借贷利率管制。但需要注意的是,我国目前尚不具备全面放弃对生产型借款利率上限管制的条件,在此问题上“不能囫囵吞枣、照搬照抄”[3]英美法系相关经验。

另外,我国在特定金融消费群体领域已出现了利率无序化的苗头,并引发“裸体贷”等社会问题。[4] 2016年4月教育部联合银监会办公厅印发《关于加强校园不良网络借贷风险防范和教育引导工作的通知》指出:“……部分不良网络接待平台采取虚假宣传的方式和降低贷款门槛,隐瞒实际资费标准,诱导学生过度消费,甚至陷入‘高利贷’陷阱,侵犯学生合法权益。”我国尚无自然人破产制度,消费借贷失序可能对社会造成严重冲击,因此,有必要参考前述美国2006年987(b)法案,立法针对消费类贷款,尤其是军人、学生等特别贷款主体设置比24%更低的消费利率上限。

(四)利率规则灵活度之提升:个案的司法裁量空间

立法精细化的另一讨论点是:基于规则灵活度之需求,立法上可否赋予

---

〔1〕 最高人民法院的同志在相关文章中列举了三个理由:第一,高利贷在我国消费型借贷中表现并不突出;第二,考虑民商合一的立法体例问题;第三,司法实务对于资金用途难以认定。杜万华、谢勇:《民间借贷利率的规制》,载《人民司法》第19期。

〔2〕 许德风:《论利息的管制——兼论私法的社会化考量》,载《北大法律评论》编委会编:《北大法律评论》(2010年第1辑),北京大学出版社2010年版。

〔3〕 2017年5月3日,习近平总书记在考察中国政法大学时强调:“对世界上的优秀法治文明成果,要积极吸收借鉴,也要加以甄别,有选择地吸收和转化,不能囫囵吞枣、照搬照抄。”陈彦晶:《以我为主,为我所用》,载人民网,http://opinion.people.com.cn/n1/2018/0723/c1003-30163768.html,2020年5月29日访问。

〔4〕 “裸体贷”是指借款人裸体手拿身份证拍照,以此为凭贷款,多针对在校大学女生。这种贷款的利率可能高达每周30%,且多通过网络进行,具有一定的隐蔽性。参见中央电视台CCTV 2016年3月26日焦点访谈节目:《校园贷莫要变成校园害》,载央视网,http://tv.cntv.cn/video/C10326/7ed0fed3a7bf4f9db90d03252c7a208f,2020年5月29日访问。

法官自由裁量调整利率的权力？查 2015 年《规定》第 26 条之文义，无论是主观认定利率过高与否还是主动调整利率的问题上，我国法官均只能袖手旁观。究其原因，最高人民法院认为“客观主义统一划线”可以明确管制信号，更加适合向公众表明政府金融控制意图，且利于回避我国法官金融专业信息的弱势。

这一立场固然情有可原，但一味依赖“明线规则”（bright-line），放弃“灵活标准”（flexible standards）〔1〕至少有三大隐患：第一，借贷毕竟是私人个体之间的交易，每一契约均有独一无二之处，如一味回避案件具体情况，切断利率与缔约情势之间的关联，有碍于个案精细正义之实现。笔者注意到，最高人民法院内部也有一种声音指出，“在统一划定利率的同时，人民法院还可使用乘人之危、显失公平的相关规定来确定利息保护范围。”〔2〕第二，主客观进路融合乃全球利率调整之趋势，对此不可不察。如前所述英美法系在立法上限之外引入法官自由裁量权之外，大陆法系的法国也有类似做法。该国将利率上限规定在 33%，但近年来亦允许法官根据参考类似银行同种类交易的利率加以调整。〔3〕 我国香港地区《放债人条例》将年利率在 48% ~ 60% 之间的合同推定为“苛索”，但亦允许法庭根据具体情况主观判断该“苛索”是否成立，如成立则可以适当干预降低利率水平。〔4〕 换言之，两大法系在此问题上有融合之趋势，共识在于立法数字应为司法裁量之基础，而非绝对之结论。第三，金融消费保护需要司法裁量之配合，若不留出适当空间，不利于法官司法能力提升，恐造成司法与金融现实脱节，有因噎废食之虞。

一个似乎可行的建议是在由立法部门确定客观标准的背景下，仿违约金调整之先例，部分赋予法官对个案判决中对利率上限调整的自由裁量权。〔5〕 但要求法官必须在判决中释明调整的理由，以接受公众监督。法官释明权之行事，可参照买卖合同违约金调整的释明之规定，〔6〕另一方面，为

〔1〕 关于明线规则和灵活标准的区别参见伊曼、伊曼·安纳布塔维等：《事后监管：法律如何应对金融市场失灵》，许多奇、桂俪宁译，载《交大法学》2016 年第 1 期。

〔2〕 杜万华、谢勇：《民间借贷利率的规制》，载《人民司法》2013 年第 19 期。

〔3〕 See Westen T. A, “Usury in the Conflict of Laws: The Doctrine of the Lex Debitoris”, *California Law Review* 55, 1967, pp. 232 – 235.

〔4〕 强力：《我国民间融资利率规制的法律问题》，载《中国政法大学学报》2012 年第 5 期。

〔5〕 2015《规定》本身就参考了《中华人民共和国合同法若干问题解释（二）》第 29 条关于违约金不得超过损失 30% 的相关规定。

〔6〕 最高人民法院 2012 年关于《关于审理买卖合同纠纷案件适用法律问题的解释》（法释〔2012〕8 号）第 27 条。

保证自由裁量权不至滥用,个案调整之幅度不能超过法定上限的一定比例(如20%),最高人民法院可视具体情况逐步放宽这一幅度。

(五)责任空白的填补:引入对"苛索借贷"的独立罚没程序

目前,我国司法和行政两方面对于超过利率法定限制的处罚有民事责任和刑事责任。一方面,最高人民法院将责任扁平化于民事责任范围,"对利率限制在私法上的通常做法就是将高于上限的利率约定认定为无效,超过上限的给付利息应当作为不当得利返还债务人"。但这一做法难以体现对违法行为的惩罚性也导致规制力度缺乏弹性,即便法官试图通过《合同法》第59条实现"没收因此取得的财产",也会受制于对"当事人恶意串通"的主观认定。另一方面,《2019意见》引入了刑事惩罚措施,对于以营利为目的,经常性地向社会不特定对象发放贷款的行为界定为"非法放贷",以非法经营罪定罪处罚。同时以超过36%的实际年利率作为认定其情节严重的情形之一。

但问题在于,民事责任与刑事责任之间,我国对于单纯的超高利率放贷行为的惩罚处于空白状态。虽然1998年《非法金融机构和非法金融业务活动取缔办法》第22条规定,人民银行可对非法金融业务处以"非法所得1倍以上5倍以下的罚款",但是,单纯的超高利率放贷行为是否属于非法金融业务,人民银行作为执法机关,不仅缺乏认识,也缺乏执法的激励和手段。

对此,笔者建议,我国可参考他国立法之经验,区分生产和消费型借贷,将单纯的超高利率放贷行为界定为"苛索借贷",由此引入独立罚没制度,填补民事责任与刑事责任之间的空白,从而形成阶梯化惩罚性威慑。具体参见表1。

表1 不同年化利率的处理措施及责任性质

序号	具体情况	阶梯化处理措施	责任性质
1	年化利率≤24%	《2015年规定》合同合法,支持	民事责任
2	24%<年化利率≤36%	《2015年规定》自然债务	民事责任
3	36%<年化利率且存在非法放贷行为	《2019年意见》非法经营罪	刑事责任
4	36%<年化利率的消费型借贷,但无法认定为非法放贷的"苛索借贷"48%<年化利率的生产型借贷,但无法认定为非法放贷的"苛索借贷"	新设罚没制度	违法行为

这一做法的好处在于,对于"年化利率超过36%的消费型放贷"和"年化利率超过48%的生产型放贷行为",该行为又不能被界定为"非法放贷行为"处以刑罚的,可将其界定为"苛索借贷"的违法行为。除认定合同利息超过24%部份无效外,对放贷人处以独立的财产罚没惩罚,以填补立法之空白,维护社会公平。[1] 至于罚没金额,为保持法律之连续性,可参照《非法金融机构和非法金融业务活动取缔办法》第22条"非法所得1倍以上5倍以下的罚款,没有非法所得的,处10万元以上50万元以下的罚款"的规定。

〔1〕《刑事诉讼法修正案》已增设了"犯罪嫌疑人、被告人逃匿、死亡案件违法所得的没收程序",简称"独立没收程序",但实践中主要针对因"贪官外逃、自杀"等造成的诉讼障碍。已有学者建议因此应将民事没收程序替换成民事程序与刑事程序的混合程序或者中间程序,增强对当事人的程序保护。See Colin King,"Using Civil Processes in Pursuit of Criminal Law Objectives:A Case Study of No—Conviction—Based Asset Forfeiture",*E. &P.* 16,2012。转引自熊秋红:《从特别没收程序的性质看制度完善》,载《法学》2013年第31期,注解13,26。

温州地方金融监管综合改革创新、问题与对策*

刘志伟**

内容提要　温州作为地方金融综合改革的试验田，其在地方金融监管规范制定、组织体制、信息系统、利率检测、执法类别等领域进行了"先行先试"的创新实践，并为其他地区乃至整个国家地方金融监管改革推进积累了经验。温州地方金融监管改革试验发现存在地方金融监管权授予法律依据缺失、执法人员执法资格缺乏、监管机构内在职能冲突等问题。地方金融监管改革的进一步完善，须对地方金融监管的体制机制进行调整，理顺赋予监管与发展的关系；赋予地方金融监管部门监管执法权、账户查询权等监管权力；运用现代金融科技手段完善地方金融非现场监管系统。

关键词　地方金融　监管试验　温州样本　权力授予　体制改革

谈及地方金融监管改革必然离不开对地方金融监管

---

* 原文发表于赵信会等主编：《齐鲁金融法律评论》（2019 年卷），中国人民公安大学出版社 2019 年版。

** 法学博士，西南政法大学金融创新与法制研究中心研究人员、经济法学院讲师。

改革的“先行者”——温州的地方金融监管改革试验进行细致剖析，其地方监管改革实践必然为其他地区或全国地方金融监管改革的全面推进提供经验上的积累。当然，作为地方金融监管改革“先行者”或“试验田”，其在积累地方金融监管改革经验的同时，必然也会面临诸多政策或法律上的障碍，并且还有诸多现实问题需要解决，但这正是选择温州作为地方金融监管改革分析“样本”的价值。鉴于此，必须要对温州的地方金融监管改革实践进行全面而细致的剖析，积极探寻温州地方金融监管改革的成功之处、存在的问题，并提出可操作性的改革建议。

一、温州地方金融监管改革的“先行先试”

温州地方金融监管改革的“先行先试”是党中央国务院与浙江省、温州市政府多方互动的结果，当然，这也与温州经济金融，尤其是民间金融的蓬勃发展与温州金融改革的历史紧密相关。从 1980 年 10 月温州苍南金乡农村信用社利率市场化的改革试验，到 1987 年 9 月温州被确定为全国唯一的利率改革试点城市，再到 2002 年 12 月“深化温州金融体制改革工作会议”的召开和全国唯一“金融综合改革试验区”的设立，最后到 2012 年 3 月国务院常务会议决定设立温州市金融综合改革试验区，同时确定了温州金融综合改革的 12 项主要任务（以下简称《温州金改 12 条》），无不表明温州在中国金融领域的改革中始终处于实践探索的最前沿。值得注意的是，《温州金改 12 条》第 11、12 条有关“完善地方金融管理体制”和“清晰界定地方金融管理的职责边界，强化和落实地方政府处置金融风险和维护地方金融稳定的责任”的规定，为新时代温州地方金融监管改革提供了政策上的支撑，并改革中具体体现为温州在地方金融监管法律制度、地方金融监管组织体制、地方金融非现场信息系统、地方金融监管执法等层面的“先行先试”，这为其他地区甚至是全国地方金融监管体制机制的创建与完善提供了经验上的借鉴。

（一）地方金融监管法律规范制定试验

温州地方金融监管法律制度的创建与完善经历了从无到有、从有到优的过程，随着 2012 年 3 月国务院常务会议关于设立“温州市金融综合改革试验区”决定的作出和温州金融综合改革 12 项主要任务的确定，温州地方金融监管法律制度的建设从此走向了新的发展阶段。[1] 温州地方金融监管法律制度建设最直接、最基本的依据即是中国人民银行、国家发展改革委、财政部等9部委2017年7月27日发布的《关于印发浙江省温州市金融综合改革试验区总体方案的通知》(银发〔2012〕188号)规范性法律文件,其中《浙江省温州市金融综合改革试验区总体方案》已经获得国务院同意。

根据《温州金改12条》和中国人民银行等9部委印发的《浙江省温州市金融综合改革试验区总体方案》,浙江省政府于2012年11月16日,批准通过了《浙江省温州市金融综合改革试验区实施方案》。温州市政府则以《温州金改12条》、《浙江省温州市金融综合改革试验区总体方案》和《浙江省温州市金融综合改革试验区实施方案》为基础,于2013年2月8日颁行了《关于加强地方金融监管工作的实施意见》,并分别专门对民间资本管理公司、民间借贷服务中心、融资性担保公司、投资(咨询、管理)企业、非融资性担保公司、寄售行进行监管而制定了"1+6"的地方金融监管文件体系,以进一步丰富地方金融监管手段,加强对地方金融组织的现场监管和非现场监管。此外,温州市政府还于2013年8月16日审议并原则通过了《温州市农村资金互助会监管暂行办法(试行)》,以为农村资金互助会的监管提供更科学规范的依据。

最为重要的是,浙江省第十二届人民代表大会常务委员会第六次会议于2013年11月22日审议通过了全国首部地方性金融法规《温州市民间融资管理条例》,2014年2月26日温州市政府第35次常务会议审议通过了《温州市民间融资管理条例实施细则》,并且《温州市民间融资管理条例》和《温州市民间融资管理条例实施细则》共同于2014年3月1日正式实施。此后的2015年3月27日,浙江省温州金融综合改革领导小组发布了浙江省政府起草、中国人民银行批准的《关于进一步深化温州金融综合改革试验区建设的意见》(以下简称《温州金改新12条》),提出"推进地方金融监管创新,深化实施民间融资管理条例,推动依法行政,探索监管负面清单制管理,探索地方金融监管新模式,探索建立经济金融数据共享平台,完善'温州指数'编报机制,建立民间融资价格预报系统";温州市"金改办"则于2016年8月2日印发《关于加快推进民间投融资领域涉稳信息网格化管理的通知》

---

〔1〕 参见李有星、陈飞:《论温州金改的制度创新及其完善——以我国首部地方性金融法规为视角》,载《社会科学研究》2015年第6期。

（温金改办〔2016〕8 号），以将民间金融风险防范纳入基层社会治理“一张网”网格化管理；温州市地方金融管理局于 2016 年 12 月 30 日印发《温州市民间资本管理公司监管“负面清单”（试行）》（温金融局〔2017〕25 号），以探索地方金融组织的负面清单管理模式。至此，以《温州金改 12 条》《浙江省温州市金融综合改革试验区总体方案》《浙江省温州市金融综合改革试验区实施方案》为纲领，以《温州市民间融资管理条例》《温州市民间融资管理条例实施细则》为核心，以《关于加强地方金融监管工作的实施意见》等各类地方金融监管规范为基础的温州地方金融监管法律制度体系基本形成，当然温州地方金融监管法律制度体系仍然处于不断完善之中。

此外，为了能够为温州金融综合改革提供良好的司法保障，温州市中级人民法院于 2012 年 5 月 21 日向社会公布《为温州市金融综合改革试验区建设提供司法保障的若干意见》，温州市司法局于 2012 年 6 月 5 日出台《关于律师为温州金融改革提供法律服务的实施意见》。

（二）地方金融监管组织体制改革试验

为了强化对地方性金融组织或业态的监督管理，温州市人民政府办公室于 2011 年 11 月 2 日发布的《关于印发〈温州市人民政府金融工作办公室主要职责内设机构和人员编制〉的通知》（温政办〔2011〕157 号）指出，温州市人民政府成立温州市金融工作办公室，同时设立温州市地方金融监管服务中心，归地方金融工作办公室管理，此后温州市地方金融监管服务中心于 2012 年 3 月 30 日更名为温州市地方金融管理局，但仍归地方金融工作办公室管理。值得注意的是，归温州市地方金融工作办公室管理的地方金融监管中心的设立是地方金融工作部门加挂地方金融监督管理局牌子最早的雏形与实践，这也就决定了温州是“地方金融工作部门加挂地方金融监督管理局牌子”的“先行者”。[1] 更为重要的是，相较于其他省市“地方金融工作部门加挂地方金融监督管理局牌子”的实践，温州市金融办加挂金融管理局的牌子的实践是比较彻底的改革模式，其不仅仅是形式意义上的——在适当对“发展”与“监管”职能进行分离的基础上，明确了金融工作办公室仅仅是金融管理局的归口管理部门，并且两者的机构、职能、编制进行了分别设置，俨然已经不是一般意义上的“一套人马、两块牌子”。此外，温州市政府于

〔1〕 参见黄震：《地方金融监管的法理问题》，载《中国金融》2018 年第 3 期。

2014年6月5日将成立于2012年8月的温州市风险企业帮扶和不良贷款处置两个领导小组办公室新组建为温州市企业金融风险处置办公室,实行实体化运作,全面深入推进风险企业帮扶和银行不良贷款化解工作;2014年9月19日,建立温州市地方金融工作协调小组,下设办公室设在温州市金融工作办公室。2012年4月13日温州市建立了浙江首个金融审判庭,金融专家陪审员参与审判,以提高审判质量、效率和专业性;2012年7月16日,温州金融仲裁院正式成立。至此,加挂金融管理局牌子的金融工作办公室、实体化的企业金融风险处置办公室、非法集资处置工作协调小组办公室,以及温州金融仲裁院和法院的金融审判庭等与地方金融监管相关的政府部门,如经信委、商务局等共同构成了温州地方金融监管的组织体系。

(三)地方金融监管信息系统建设试验

为了有效化解企业债务危机所滋生的地区性金融风险,温州市委、市政府积极推进地方金融领域的监管改革,并认真贯彻落实《温州金改12条》之"建立金融业综合统计制度,加强监测预警"的基本要求。从本质上讲,金融综合统计和风险检测预警制度即是地方金融监管信息系统和地方金融监管风险预警系统最初形态,其旨在解决地方金融监管中的信息和风险问题。为了落实"建立金融业综合统计制度,加强监测预警"的制度要求,弥补传统人工性地方金融监管在数据信息采集、处理中实时性、自动性不足的缺陷,温州在全国率先建立了"地方金融非现场监管系统"来解决地方金融监管的信息和风险预警问题,以配合现场金融监管和风险处置工作的有效开展——2013年9月26日,温州地方金融非现场监管系统正式上线运行,该系统以数据采集为重点,实时对9类、2000多家民间金融组织进行监管,并且温州市民间金融组织非现场监管系统(二期)也已经于2017年1月20日正式上线试运行。事实上,在温州地方金融监管改革的实践中,"地方金融非现场监管系统"的开发设计,"不仅有效地提升了数据采集效率,实现了信息数据各部门之间共享,同时还提高了风险识别效率,切实辅助温州金融办工作人员增强了对地方金融风险的识别,为进一步深入服务地方金融打下了坚实的基础"。[1]

---

〔1〕 参见刘世平、马新:《大数据在地方金融监管中的应用》,载《清华金融评论》2018年第3期。

（四）地方金融监管执法类别改革试验

在温州金融综合改革服务实体经济中，地方金融管理部门积极推动部门法制建设，明确市县两级执法类别为"民间融资监督管理"，并严格按照《温州市民间融资管理条例》履行民间融资监管职责，建设金融执法队伍。温州市县两级政府的地方金融管理部门已经申领行政执法证（代码"71"），并且全市金融办系统已有66人取得"民间融资监督管理"行政执法资格，成为全国首个地方金融监管执法类别。随着行政执法资格的获取，温州地方金融管理部门及其执法人员积极开展地方金融监管执法工作，并在全国率先开出了三张民间融资执法行政罚单，处罚的理由分别是"民间融资未报备""虚报借贷利率""违法放贷"，此外对于违法违规较轻的其他企业，地方金融管理部门也积极采取了约谈、限期改正等行政措施。

（五）创新建立民间融资利率监测体系

为了更加及时准确地反映温州民间融资价格动态变动情况，引导民间融资定价和走向，强化民间融资风险预警，温州积极建立民间融资利率监测体系——"温州指数"。[1] "温州指数"由"温州地区民间融资综合利率指数"和"温州·中国民间融资综合利率指数"两部分组成，其中前者首先于2012年12月7日正式对外发布，"指数"发布初期实行按周发布，自2013年1月5日起，"指数"正式由每周改为每日发布；后者于2013年6月28日在全国18个城市进行试发布，并正式启用"温州指数"信息管理系统的试运行，至此"温州指数"从温州走向全国民间金融重点区域，并且逐渐成为我国民间融资价格的风向标。事实上，温州民间融资利率监测体系的建立不仅可以准确反映民间融资市场资金的价格，引导民间资本的定价，促进利率的市场化，并且还可以及时反映民间融资的运行状况、民间资金松紧状况和民间融资的风险情况，为国家货币政策的制定和执行提供参考依据。

二、温州地方金融监管实践的制度障碍

综上所述，温州在地方金融监管领域的"先行先试"已经在地方性金融

[1] 参见应辽产：《"温州指数"首发：民间借贷首现官方晴雨表》，载《华夏时报》2012年12月10日，第5版。

法规制定、地方金融非现场监管系统开发、地方金融监管执法机制建设以及地方金融监管组织体系建设等方面积累了丰富的经验和取得了诸多开创性的成就。然而,温州地方金融监管改革也存在了诸多障碍,具体如下:

(一)地方金融监管权力缺乏法律支撑

在地方金融监管领域,党中央、国务院以及包括"一行二会"在内的与地方金融监管相关的部委已经通过政策、部门规章或规范性文件等方式将地方金融监管权授权或委托地方金融管理部门享有并行使。同时,温州市县两级的地方金融管理部门,除了以全国性的地方金融监管权授权或委托的规范性文件外,还有专门性的国务院《温州金改 12 条》、中国人民银行等 9 部委《浙江省温州市金融综合改革试验区总体方案》、浙江省政府《浙江省温州市金融综合改革试验区实施方案》等政策文件的支持,最为重要的是浙江省人大已颁行《温州市民间融资管理条例》来为温州地方金融管理职能的行使提供地方性法规层面的支持。然而,如若严格从《立法法》等层面进行分析,地方金融监管权的让渡实然有违权力授予或转授的限制性法律规定。究其根本在于,我国《立法法》第 8 条规定"金融基本制度"必须以"法律"的形式制定颁行,具体来讲:与地方性金融组织或业态之监管权配置有关的制度应属于"金融基本制度",先抛开"金融"自身的属性不管,关键是地方性金融组织或业态之监管权的配置涉及中央与地方政府权力的划分,此其一;二是按照《立法法》第 9 条的规定,如果与地方性金融组织或业态之监管权配置有关的金融制度属于"金融基本制度",并且在法律尚未对地方性金融组织或业态之监管权配置事项进行规定的情况下,全国人民代表大会及其常务委员会可授权国务院通过制定行政法规的方式对与地方性金融组织或业态之监管权配置相关的事项先行予以规定,而地方性法规、部门规章不能对地方金融监管权进行规定;[1] 三是依据我国《立法法》第 12 条有关权力授予与转授的限制性规定,国务院针对地方性金融组织或业态之监管权配置事项制定行政法规并对地方政府进行赋权之权力源于全国人民代表大会及其常务委员会授权,如果国务院通过批准国务院部委或直属事业单位部门规章的方式将地方性金融组织或业态之监管权授予地方政府,此举必然违反

---

〔1〕 参见刘志伟:《地方金融监管权的法治化配置》,载《中南大学学报》(社会科学版)2009 年第 1 期。

禁止被授权机关再次转授给其他机关的限制性规定。

（二）地方金融监管人员缺乏执法资格

如果抛开温州地方金融监管权授予有违权力授予或转授限制性法律规定的问题，即按照改革开放以来经济领域改革的“试验”惯例承认国务院“温州市金融综合改革试验区”和浙江省人大《温州市民间融资管理条例》授权的合法性，温州在地方金融监管执法中仍然存在两大障碍：

1. 温州地方金融监管部门缺乏对地方金融组织或相关自然人的银行账户查询权。为了保证银行客户的隐私，我国《商业银行法》第 29、30 条分别规定对个人、单位存款之查询、扣押、冻结进行规定——除法律另有规定外，商业银行有权拒绝任何单位或者个人对个人储蓄存款进行查询；除法律、行政法规另有规定外，商业银行有权拒绝任何单位或者个人查询对单位存款进行查询。同时，《金融机构协助查询、冻结、扣划工作管理规定》（银发〔2002〕第 1 号）第 4 条还规定“本规定所称有权机关是指依照法律、行政法规的明确规定，有权查询、冻结、扣划单位或个人在金融机构存款的司法机关、行政机关、军事机关及行使行政职能的事业单位（详见附表）”，附表中主要规定了人民法院、税务机关、海关、人民检察院、公安机关、国家安全机关、军队保卫部门、监狱、走私犯罪侦查机关、监察机关、工商行政管理机关、证券监管管理机关，当然 2006 年新修改的《银行业监督管理法》、2009 年新修改的《保险法》都增加了国务院银行监督管理部门、国务院保险监督管理部门对银行、保险行业单位和个人银行账户的查询权限。事实上，赋予有权机关对有关单位和个人的银行账户进行查询对于有效实施监督管理权、查处违法违规行为具有重要的意义。然而，地方金融监督管理部门银行账户查询权的缺失，已经影响金融监管权行使的有效性，因为“银行账户资金往来作为民间融资市场主体业务的载体和违法行为最基本最关键的证据，对相关违法主体的银行账户进行查询是地方金融管理部门掌握证据、查处案件的重要手段和基本前提”。〔1〕

2. 温州市地方金融管理局及其工作人员缺乏执法权限。《温州市民间融资管理条例》第 4 条规定：“温州市人民政府和辖区内县级人民政府依法

---

〔1〕 参见余谦、胡仁智：《地方金融监管中涉及账户查询应予以支持突破》，载《上海证券报》2015 年 8 月 13 日，第 8 版。

履行本行政区域内地方金融监督管理职责”、第5条规定:“温州市人民政府和辖区内县级人民政府地方金融管理部门负责指导、监督、管理本行政区域内的民间融资,其他有关部门依照各自职责负责相关工作”,而《温州市民间融资管理条例实施细则》第3条则规定:“温州市人民政府和辖区内县级人民政府金融工作办公室负责本行政区域内的民间融资活动的指导、监督和管理等工作。”值得注意的是,温州市地方金融管理局是承担行政职能的事业单位,归温州市政府金融工作办公室管理,并且将金融办的内设机构与金融管理局的内设处室分别设置,其中,前者分为综合处、发展处(增挂招商引资办公室)、地方金融处、银保处、市场处、驻办纪检组、机关党总支(人事教育)7个处,后者分为监管一处、监管二处、监管三处(法制处)、综合统计处、企业服务处5个处,因而温州市地方金融管理局是温州地方金融监管执法的主体。进一步讲,从职能定位来看,作为归温州市金融工作办公室管理的温州市金融管理局主要承担了温州市地方金融监督管理的职能,而从地方金融监管权的授予来看,地方金融工作办公室才是温州地方金融监管的工作部门,这就导致有执法权限的金融工作办公室不具有地方金融监管职能,而有地方金融监管职能的温州市地方金融管理局缺乏执法权限。质言之,温州市金融工作办公室机构和编制设置与《温州市民间融资管理条例》《温州市民间融资管理条例实施细则》所设定地方金融监管执法主体之间存在错位,温州市金融管理局及其工作人员不能承担起《温州市民间融资管理条例》《温州市民间融资管理条例实施细则》所规定的地方金融监管职能,继而导致温州地方金融监管执法力量不足的问题。

除此之外,温州市地方金融监督管理部门开展地方金融监管执法过程中,还面临着如下问题:其一,在P2P网络借贷监管中,地方金融监管部门的机构监管与银行监督管理机构在温州分支机构行为监管之间的不协调;其二,在其他地区成立的地方性金融组织在温州设立分支机构难以有效监管、无权对理财产品推介宣传进行有效监管;其三,温州依据“审监分离”原则对部分地方性金融组织的主管与监管分别交由不同的部门,存在信息不对称、管理协调性缺失的问题,如温州地方金融管理局负责地方性金融组织的监督管理,但部分地方性金融组织设立、登记、变更、注销等则交由温州市商务局、经信委等政府职能部门进行主管,导致了温州市各个与地方金融管理相关职能部门之间配合协调不畅通的问题。

(三)加挂金管局牌子的金融办职能冲突

地方金融工作部门加挂地方金融监督管理局牌子现象并不是新鲜事物,其最早的雏形是2011年11月成立的温州市在全国范围内率先成立地方金融监管服务中心,[1]并归口温州市政府金融工作办公室管理,[2]而后依据《温州金改12条》之"(十一)完善地方金融管理体制,防止出现监管真空,防范系统性风险和区域性风险"之规定,将"温州市地方金融监管服务中心"更名为"温州市地方金融管理局",但更名后的"温州地方金融管理局"依旧为承担行政职能的事业单位,并归温州市政府金融工作办公室管理。进一步讲,温州"金融办加挂金融监督管理局牌子"的地方金融监管改革模式是现阶段地方金融监管改革试验中最为彻底的改革模式,其不仅在"形"的层面,即名称上将地方金融工作部门和地方金融监管机构进行了区分,而且在"实"的层面做到了地方金融工作部门与地方金融监管机构之职能配置、人员编制和机构设置上的合理界分。值得注意的是,温州市地方金融工作办公室须加挂地方金融在全国率先管理局的牌子政策的制定与实施一定程度上是对理论上集"教练/运动员"与"裁判员"于一身而生悖论之准确理解与有效适用而采取的行动策略,但"地方金融工作部门须加挂地方金融监督管理局牌子"本身还具有制度安排上的过渡性或不彻底性,此举不能从根本上解决温州市金融工作办公室致力于积极争取地方金融改革试点、推进地方金融创新以及推动温州经济发展与温州市金融管理局更加注重防范地区金融风险、维护辖区金融稳定之间的冲突,何况温州地方金融管理局还是温州市金融工作办公室的管理部门,这又进一步加大了温州市金融工作办公室在促进地方金融发展和维护地方金融稳定做出良好选择的难度。

---

〔1〕 参见《中共温州市委温州市人民政府关于进一步加快温州地方金融业创新发展的意见》(温委〔2011〕10号),"……三、保障措施(一)加强组织领导。建立温州市地方金融监管服务中心,加强对温州地方金融业发展的组织协调,推进地方金融业改革创新,培育和发展地方金融机构,做大做强地方金融业。各县(市、区)均要建立和完善独立的地方金融协调机构和金融监管分中心机构"。

〔2〕 参见《温州市人民政府办公室关于印发温州市人民政府金融工作办公室主要职责内设机构和人员编制规定的通知》(温政办〔2011〕157号),明确按照《中共浙江省委办公厅浙江省人民政府办公厅关于印发〈温州市人民政府机构改革方案〉的通知》(浙委办〔2011〕36号)精神,设立温州市人民政府金融工作办公室,设立温州市地方金融监管服务中心(机构规格相似正县级),为承担行政职能的事业单位,归口市政府金融工作办公室管理。

三、进一步深化温州地方金融监管改革的建议

为了推进温州金融综合改革试验区地方金融监管改革的深化,并为中国地方金融监管改革的全面推进提供实践中的经验,中央须积极为地方政府金融监管改革提供包容与支持。然而,随着中国金融领域法律体系逐步从不完善走向完善,这为地方政府主动性的金融监管改革创新带来了巨大的障碍。是故,温州地方金融监管改革的深化,尤其要破除法律上的障碍,同时积极利用现代技术手段来创新地方金融监管的方式,具体如下:

(一)地方金融监管体制机制的再调整

1. 温州市金融工作办公室与温州市金融管理局关系的调整,并在温州试点设立地方金融稳定发展委员会。继续推进"加挂金融管理局牌子的金融工作办公室"的组织体制改革,实现温州市金融工作办公室与温州市金融管理局在职能配置、机构设置上的有效分离。在机构设置上,分离后的温州市金融工作办公室依旧作为温州市政府的工作机构,而温州市金融管理局则从温州市金融工作办公室管理的事业单位调整为政府直属事业单位;在职能配置上,温州市金融工作办公室主要为地方性金融组织或业态的发展提供规划、协调、引导以及产业政策制定等服务,以推进地方金融市场的合理有序发展,而温州市金融管理局则专职行使对地方性金融组织或业态进行监督管理的职能;在管理体制上,对温州市金融工作办公室实行"块块管理"的模式,而对温州市金融管理局则应实行市以下垂直管理的体制,长远来看应实行中央督察式省以下垂直管理体制。[1] 值得注意的是,对温州市金融管理局实行垂直管理的体制,本质上就是为了实现"发展"与"监管"职能的分离,保证地方金融监管的独立性。除此之外,在国务院金融稳定发展委员会已经设立的背景下,应该在温州金融综合改革试验区试点设立地方金融稳定发展委员会,由其来统筹温州地方金融的改革与发展,性质为议事协调机构,办公室设在温州市金融工作办公室,充分履行维护地方金融稳定和防范化解区域性金融风险协调等职能。

2. 对地方金融领域"审监分离"管理思路的调整。温州地方金融监管改革思路之一即是按照"审监分离"的原则进行改革,其中,温州市金融办、经

---

〔1〕 参见刘志伟:《地方金融监管权的理性归位》,载《法律科学》2016 年第 5 期。

信委、商务局分别是小额贷款公司、融资性担保公司、典当行的主管部门,负责准入、年审、日常管理等发展工作;而温州市市地方金融管理局(与市金融办合署办公)专职地方性金融组织在或业态监管职能,负责对小额贷款公司等各类地方金融相关市场主体进行专项检查等监管工作。[1] 值得注意的是,在地方金融领域实行"审管分离"导致地方性金融组织或业态机构监管与行为监管的分离,不利于地方性金融组织信息的有效传递,应当借鉴传统银行、证券、保险行业监管的经验,做到地方性金融组织机构监管与行为监管的有机融合,交由专门的地方金融监管机构——温州市地方金融管理局——专职行使。事实上,为了保证地方性金融组织的审监合一,商务部已将制定融资租赁公司、商业保理公司、典当行业务经营和监管规则职责划给中国银行保险监督管理委员会,而对其进行监管的权力则依据中共中央、国务院《关于服务实体经济防控金融风险深化金融改革的若干意见》(中发〔2017〕23号)、《国务院关于界定中央和地方金融监管职责和风险处置责任的意见》(国发〔2014〕30号)的规定下放给地方政府金融监督管理部门,即由地方金融监督管理部门对小额贷款公司、融资担保公司、区域性股权市场、典当行、融资租赁公司、商业保理公司、地方资产管理公司等金融机构实施全面的监督管理。

(二)提升地方金融管理局的执法能力

1. 明确温州地方金融管理局的执法主体资格。温州市金融工作办公室监管执法主体资格的确立源于《温州市民间融资管理条例》《温州市民间融资管理条例实施细则》的设定,而温州市金融管理局作为温州市金融工作办公室管理的事业单位,在缺乏法律依据的情况下并不直接享有对地方金融进行监管的执法权限,此举实然有违《行政处罚法》《行政强制法》等法律法规的限制性法律规定。因此,应当及时对《温州市民间融资管理条例》《温州市民间融资管理条例实施细则》进行修改,将对地方性金融组织进行监管的执法权限交由经过组织体制改革后作为独立监管部门的温州市金融管理局享有并行使,在此基础上也应积极加强具有地方金融监管执法主体资格的执法队伍建设。

2. 增加温州地方金融管理局对地方金融组织或相关自然人银行账户进

[1] 参见郭六生:《统一监管视角下地方金融监管权配置的路径选择》,载《金融与经济》2017年第11期。

行查询的权力。地方金融组织作为专门经营货币资金的机构,并且由于民间投融资行为因监管规范不完备而具有无序、投机、隐蔽的特征,所以对地方金融组织或相关自然人银行账户进行查询的权力享有与否,直接关系着地方金融监管部门能否掌握地方金融组织的业务规模、资金流向、资金用途,地方金融组织对外投资、担保情况,以及是否存在非法吸收公众资金、非法挪用资金等违法违规行为。鉴于此,有权对地方金融组织或相关自然人银行账户进行查询是地方金融管理部门掌握证据、查处案件的重要手段,也是防范和处置金融风险的重要工具。[1] 因此,未来温州地方金融管理局作为独立的地方金融监管部门应当享有对与地方金融监管相关组织或个人的银行账户进行查询的权力。

(三)地方金融非现场监管系统的完善

为了落实《浙江省温州市金融综合改革试验区总体方案》"建立金融业综合统计制度,加强监测预警"的要求,弥补传统人工性地方金融监管在数据信息采集、处理中实时性、自动性不足的缺陷,温州在全国率先建立了"地方金融非现场监管系统",以解决地方金融监管的信息和风险预警问题,并配合现场金融监管和风险处置工作的开展。事实上,温州"地方金融非现场监管系统"的开发设计,"不仅有效地提升了数据采集效率,实现了信息数据各部门之间共享,同时还提高了风险识别效率,切实辅助温州金融办工作人员增强了对地方金融风险的识别,为进一步深入服务地方金融打下了坚实的基础"。[2] 值得注意的是,随着大数据、人工智能、云计算、区块链等新兴金融科技进一步发展以及监管科技的运用,温州应当及时优化升级"地方金融非现场监管系统",实现信息数据采集的人工输入向自动抓取和智能化分析转化,做到地方金融风险预警、资金交易监管及信息数据监管等工作机制的系统优化完善。同时,应进一步加大分散于政府、企业、自律组织等多方主体之信息数据的整合力度,构建交互型的地方金融监管大数据信息和风险预警平台,将具有真实性、完整性和时效性的大数据信息作为地方金融非现场监管系统有效运行的基础和前提。

---

〔1〕 参见余谦、胡仁智:《地方金融监管中涉及账户查询应予以支持突破》,载《上海证券报》2015 年 8 月 13 日,第 8 版。

〔2〕 参见刘世平、马新:《大数据在地方金融监管中的应用》,载《清华金融评论》2018 年第 3 期。

关于发挥破产审判功能治理“僵尸企业”的实证研究

——以温州实证为例[*]

江衍妙[**]　高新兵[***]

内容提要　近年来,随着我国各地资金链和担保链的“两链风险”连续发生,民间金融债务案件高发、“僵尸企业”骤增。本文就以最早爆发问题的温州实践为例,回顾温州法院创新破产审判工作机制,阐述了发挥破产法治保护的功能优势及其主要障碍,特别剖析了机制完善、功能发挥、环境优化等方面在资产处置上的最大效果,实现了保障债权人公平受偿和“僵尸企业”有序退出,顺利解决了破产法律适用过程中存在争议的诸多难题,温州法院利用破产法治功能治理“僵尸企业”的实证经验,值得在金融纠纷多元解决机制运用中借鉴与推广。

关键词　“僵尸企业”　破产审判　金融治理　温州实证

---

* 本文为温州市551人才工程培养的阶段性成果,该文转化为社情民意信息被中央统战部采用,并转化为全国政协委员的个人提案。本文部分内容已入选温州市决策咨询委员会、中共温州市委政策研究室编著:《温州企业资金链、担保链风险化解的实践与探索》,中国经济出版社2016年版,特此说明。

** 民建中央财政金融委员会委员、民建浙江省财政金融委员会副主任、四川省高等学校人文社科重点研究基地中国经济法治研究中心兼职研究员、申万宏源证券温州营业部副总经理;研究方向:金融法、区域金融。

*** 浙江省温州市中级人民法院金融庭庭长。

近年来,随着我国各地资金链和担保链的“两链风险”连续发生,民间金融债务案件高发、“僵尸企业”骤增。“僵尸企业”僵而不死,依赖着政府补贴、银行续贷等非市场因素生存,库存高企、闲置占有土地厂房,影响整体资产负债表结构优化。“僵尸企业”拖了经济调结构的后腿,成为转型升级的“拦路石”。清理“僵尸企业”,是积极稳妥化解产能过剩的关键点,以温州市5年来的审判经验为例,正是坚持按照“市场导向、司法主导、简易审理、执破结合”的要求,不断探索创新化、阳光化、分段化、信息化的企业破产审理“四化机制”,有力推进“僵尸企业”破产进程,充分运用破产审判功能来推进“去产能”的供给侧结构性改革,促进当地经济转型升级。

一、发挥破产审判功能治理“僵尸企业”的功能优势

(一)善于发挥破产清算功能,建立有序退出市场机制

对于产能落后、市场饱和、因长期亏损而倒闭的企业,要充分发挥破产清算功能,完善市场优胜劣汰、有序退出机制,既有利于淘汰过剩产能,提高同业产能优化,完善现代公司治理体系,鼓励债务人放下包袱,提高创新积极性和促成产业转型升级,又有利于提高群发债务的清理效率,节约司法资源,保障债权人公平受偿。

(二)善于发挥司法重组功能,发挥资产配置最大化

对于尚有市场发展潜能的企业,因扩张过度造成资金链断裂的企业,要善于发挥司法重组功能,尽可能保存优质产业。通过分类处置资产,保留生产必要资产,压缩扩张投资,实现企业“瘦身”;争取债权人谅解,减小债务负担,实现债权清偿最大化;引进战略投资人,实现企业重生。

(三)善于发挥破产核销功能,有效缓解债务压力

当前高位运行的债务规模,如果单靠变卖实体经济来还债,将不堪重负。目前债务高发,是国家宏观政策调控的效果,从某种意义上说,具有政策性债务因素。该部分债务泡沫应适度运用银行拨备来分担,以有效化解区域经济债务负担过高过于集中的压力,亦体现放贷人融资共担的公平性。而破产核销是当前金融不良资产核销最具成效的途径之一,所以,要善于借

用破产程序,进一步简化核销手续,实现不良贷款存量快速化解,减轻区域经济压力。

(四)善于发挥破产保护功能,缓解“僵尸企业”的担保链扩张压力

对于担保链风险特别突出的债务企业,要积极发挥破产保护功能,将核心债务企业引入破产程序,由担保人对破产未得清偿部分继续承担责任,以减缓担保链风险快速传导,为企业自救赢得时间。但需要注意的是,如发现担保人利用破产程序恶意转移财产,逃避责任承担的,仍需准许允许债权人起诉担保人,及时采取保全措施。[1]

二、发挥破产审判功能治理“僵尸企业”的主要障碍

(一)正确的破产理念尚未形成

当前社会公众对于破产制度的基本理念没有形成,由于对破产的社会调整功能缺乏正确的认识,加上受错误政绩观的影响,一些地方政府认为企业破产与当地的政绩挂钩,破产不仅影响地方经济效率,还有损政府声誉,而不愿当地企业申请破产,更不愿承担职工失业救济、就业安置等方面的社会责任。债权人在债务人濒临破产时,通常首选抢先申请执行等其他方式,来实现自身利益最大化,而不愿申请破产。债务人因财务账册不规范,甚至涉嫌偷税漏税,而千方百计逃避债务偿还,逃避申请破产。

(二)破产财产混同现象严重

公私混合、家厂不分是我国绝大多数企业的特色。特别是民营企业财务制度不规范,民营企业股东个人财产与企业财产混同,资金流向不明的情况极为突出,在企业财务制度尚不规范的前提下,当个人举债与企业举债混合在一起时,破产案件审理中如何界定破产财产和破产债务,有效惩罚“假破产、真逃债”等违法行为,是当前面临的一个亟需破解的难题。

---

〔1〕 参见温州市金融工作办公室:《金融改革创新调研报告》(2016~2017年版),内部刊物,第21~22页。

(三)政府配套公共服务不足

在破产审判推进过程中,不少后续工作需要政府配套公共服务跟进,当前政府公共服务上存在诸多不足,在一定程度上制约了破产审判质效。比如,企业破产领导协调机制需要进一步制度化,"准破产企业"旧厂区产权区分、破产程序中企业相关税费的减免、无产可破"植物人"企业的破产费用以及破产企业档案的管理等缺少相应的规定,等等,严重影响到破产审判进程以及破产审判后续社会维稳工作,导致破产案件审理期限普遍较长。

(四)成熟管理人队伍尚未建立

由于破产管理人的素质和能力参差不齐,不少管理人甚至从未接触过破产案件,实务经验相当缺乏,管理人管理工作任重道远。比如,经过温州金融风波 5 年的破产案件锤炼,目前温州虽有 19 家社会中介机构管理人和 3 名个人管理人,但成熟的不过三分之一。

三、发挥破产审判功能治理"僵尸企业"的具体建议

(一)加快完善破产审判机制

1. 加大破产宣传与法院破产推进力度,引导树立正确破产理念。借助当地主流新闻宣传平台,通过安排院庭长、破产管理人代表、债权人会议主席、破产企业法定代表人参加访谈等方式,加大对破产审判的宣传和舆论引导,提升党政部门、公司企业、社会公众对破产制度价值和功能认识,破解破产审判案源不足的难题。建议各地出台《关于执行程序和破产程序衔接的会议纪要》,全面梳理汇总经营困难企业信息,建立执行部门和破产审判部门的会商审查机制,强化执行转破产程序的有效衔接。比如 2013 年温州全市法院共受理 239 件破产案件(包括上年留存的案件 41 件),是 2007 年至 2012 年 6 年内受理的 51 件破产案件数的 3.9 倍,约占全省法院同期受理数的 57.51%。

2. 坚持"能活的依法帮扶,当死的有序退出"的差异化处置原则,引导企业走市场化破产道路。对于不符合产业结构调整要求、已具备法定破产条件的企业,根据当事人申请或执行转破产程序规定,依法及时启动破产清算程序;对于拖欠职工工资、社会保障等问题较多、历史包袱沉重,挽救无望的

企业,可引导当事人启动清算或破产程序,依法优先保护职工债权;对于有发展前景或有挽救希望的企业,鼓励运用破产重整、和解制度,尽可能保留企业,并为其发展打好基础,避免产生不稳定因素。例如,温州当地法院就针对温州企业股东个人财产与企业财产混同现象严重的实际情况,积极创新企业和股东债权、债务合并清理的模式。

3. 借力破产审判,实现担保责任有限分离。积极引导重大债务风险企业破产重组,缓解担保链风险快速传导。针对破产造成大量涉担保案件中止长期未结难题,尝试作出限定条件的担保清偿"预判决",即判令破产企业担保人,在破产程序终结后对破产分配不得清偿部分继续承担清偿责任。即使破产企业担保人的担保责任在破产程序中得到有限缓解,又解决了对担保人诉讼的需求,及时采取适当的财产保全措施,防止担保人利用破产程序逃废债。

4. 推行专业化、简易化审理,提高审判质效。推动地方法院全面设立破产审理的专门合议庭,出台《关于试行简化破产案件审理程序的会议纪要》形式,推行破产案件审限的常规化考核管理,明确一般的破产案件应在六个月内审结,无任何财产且符合条件的破产案件应在裁定受理后三个月内审结,采取压缩破产受理通知、债权申报、债权人会议召集、终结破产程序审查和申请注销登记期限,限制破产宣告期限、和解次数,简化公告、送达方式和分配方案二次表决形式等,尽可能缩短破产案件审理周期,进一步建立健全"市场导向、司法主导、简易审理、执破结合"的企业破产审判新机制,优化社会资源配置效率,倒逼企业转型升级。例如,2015 年温州市法院共审结 233 件破产案件、审结 161 件,同比上升 89.43% 和 45.05%,分别占浙江省法院 37.64% 和 51.60%;普通破产案件平均审理天数仅为 150.87 天。通过破产审判盘活土地 225.22 亩、厂房 11.04 万平方米,清理企业债权债务 64.46 亿元,化解不良资产 38.33 亿元。[1]

(二)加快优化破产审判环境

1. 协调化解破产重整难题。主动向当地政府呈送专题报告,推动党政成立以市长为组长的企业破产风险处置领导小组,不定期组织金融办、银监

[1] 参见潘光林、方飞潮、叶希希:《"僵尸企业"司法处置路径探索——立足于以温州法院的实践》,载《法制与经济》2016 年 7 月刊。

局、经信委、公安、工商、财政、税务、国土等相关职能部门召开联席会议,帮助法院协调解决股权变更、税费调整等破产重整难题。联合经信委等相关部门,搭建企业破产重整信息发布平台,及时向社会公布破产重整企业相关信息和法院破产案件审理情况,有效保障困难企业优质资产资源重组和经济转型升级。

2. 健全社会综合管理机制。强化司法补漏职能,对于企业和股东财产混同,损害债权人利益的案件,在一定条件下实行企业资产、债务和股东个人资产、债务合并处理的思路,公平保障所有债权人的利益,减少破产程序的推进阻力。强化失信惩戒机制,充分利用司法资源,通过提供失信股东名单等方式,配合工商、税务、银行等相关部门健全失信惩戒机制。

3. 设立破产清算专项基金。积极争取党政部门设立破产清算维稳基金和破产管理人报酬基金。例如,温州市联合当地财政局制定《关于破产援助资金的管理和使用办法》,积极争取温州市政府常务会议讨论通过设立破产援助资金,推动各县市区党政设立破产审判专项基金,用于破产程序启动费用的垫付、破产管理人报酬的支付等,解决一些企业因无力负担职工安置等费用而难以申请破产的问题,以及大量“准破产企业”无法支付破产管理费用,破产管理人不愿接手的问题。

4. 加强破产管理人的管理。区分案件难易程度,采取不同的选任方式,对法律关系简单的一般破产案件实行随机指定,对规模较大企业的破产案件则适当采取指定方式。建立管理人考核考评和选择替换机制,通过业绩考核形成激励和淘汰机制,促进管理人队伍的专业化、精英化建设。建立管理人行业管理组织和管理人联席会议机制,加强对管理人的行业自律和自我管控。采取建立管理人考核考评、选择替换、联席会议机制以及推动建立破产管理人行业协会等方式,充分发挥管理人破产事务处理主体的作用。[1]

四、结语:思考与展望

国家坚持调控不放松的决心,就是要求企业发扬置之死地而后生的勇气,倒逼产业转型升级。从当前的金融审判态势来看,我国诸多地区的区域债务规模高位运行,如采用传统清产还债程序处置,需要变卖大量实体经济

〔1〕 参见王天喜、郭一鸣:《清理“僵尸企业”背景下的破产机制调研报告——立足于广州两级法院的破产审判实践》,载《法治论坛》2017 年第 3 期。

资产才能填补资金链断口，所以要充分发挥破产法制的保护作用，在完善机制、发挥功能、优化环境上下功夫，发挥资产处置的最大效果，保障债权人公平受偿，完善企业有序退出，这是我们法院力推破产工作的初衷，是破产法治功能在金融治理中最有效的体现方式，温州法院利用破产法治功能治理“僵尸企业”的实证经验，值得在金融纠纷多元解决机制运用中借鉴与推广。

中国又一轮金融改革试点 上海临港新片区先行*

陈　胜[**]　樊丹琪[***]

2020 年 2 月 22 日上海浦东新区发布了《关于贯彻落实〈关于进一步加快推进上海国际金融中心建设和金融支持长三角一体化发展的意见〉,加快推进上海国际金融中心核心承载区建设的若干举措》(以下简称《若干举措》),以进一步贯彻落实中国人民银行、银保监会、证监会、外汇局、上海市政府《关于进一步加快推进上海国际金融中心建设和金融支持长三角一体化发展的意见》(银发〔2020〕46 号)(以下简称《发展意见》)。临港新片区是浦东新区金融业发展的先锋地带,《若干举措》紧随《发展意见》步伐,将金融先行先试的范围扩大至整个浦东新区。《发展意见》从积极推进临港新片区金融先行先试,在更高水平加快上海金融业对外开放和金融支持长三角一体化发展等方面提出 30 条具体措施,对引领全国金融业高质量发展,加快现代化经济体系建设具有重大意义。

《若干举措》具体包括率先承接金融业对外开放项目

---

* 本文已发表于"大成上海"公众号及"威科先行法律信息库"公众号,特此声明。

** 北京大成(上海)律师事务所高级合伙人,伦敦玛丽女王大学硕士,中央财经大学博士,复旦大学博士后。

*** 北京大成(上海)律师事务所律师助理。

在浦东落地、率先推动人民币金融资产配置中心建设、进一步发挥长三角资本市场服务基地平台作用及打造国际一流的金融业营商环境四个方面的内容。浦东新区将在上海市推进国际金融中心建设领导小组的统筹带领下，紧紧依靠在沪金融管理部门和金融市场、金融机构，充分发挥金融市场体系健全、金融机构高度集聚的优势，加快推进浦东作为上海国际金融中心建设核心承载区的各项工作。截至2019年11月底，浦东全年共引进持牌类金融机构33家，持牌类金融机构总数达到1075家，其中银行类282家、保险类300家、证券类493家。

2019年12月30日中国银保监会《关于推动银行业和保险业高质量发展的指导意见》(银保监发〔2019〕52号)发布，强调深化金融供给侧结构性改革，不断提升金融服务实体经济质效。中国人民银行等部门印发的《上海国际金融中心建设行动计划(2018～2020年)》的通知(银发〔2019〕17号)也提出要焦聚国家发展战略，提升金融服务实体经济能力。作为产业发展的重要支柱，大力发展金融业，会增强金融业的创新活力，同时探索金融改革开放的新措施。

《发展意见》提出了积极推进临港新片区金融先行先试的系列措施，支持临港新片区发展具有国际竞争力的重点产业，具体有以下几条：

1. 试点符合条件的商业银行理财子公司，按照商业自愿原则在上海设立专业子公司，投资临港新片区和长三角的重点建设项目股权和未上市企业股权。鼓励保险机构依法合规投资科创类投资基金或直接投资于临港新片区内科创企业。

2. 支持符合条件的商业银行按照商业自愿原则在上海设立金融资产投资公司，试点符合条件的金融资产投资公司在上海设立专业投资子公司，参与开展与临港新片区建设以及长三角经济结构调整、产业优化升级和协调发展相关的企业重组、股权投资、直接投资等业务。

3. 鼓励金融机构按照市场化原则为临港新片区内高新技术产业、航运业等重点领域发展提供长期信贷资金，支持区内重大科技创新及研发项目。鼓励金融机构在“展业三原则”基础上，为区内企业开展新型国际贸易提供高效便利金融服务，支持新型国际贸易发展。

4. 支持金融机构和大型科技企业在区内依法设立金融科技公司，积极稳妥探索人工智能、大数据、云计算、区块链等新技术在金融领域应用，重视金融科技人才培养。

一、关于商业银行理财子公司及其专业子公司的创新

(一)关于理财子公司及其专业子公司

2018年12月2日,中国银保监会发布《商业银行理财子公司管理办法》(中国银保监会令〔2018〕第7号),规定银行理财子公司发行公募理财产品的,应当主要投资于标准化债权类资产以及上市交易的股票,不得投资于未上市企业股权,法律、行政法规和国务院银行业监督管理机构另有规定的除外。理财子公司以理财业务为主,离不开审慎、稳健的经营准则,理财子公司设立专门子公司有利于大量资金进账的理财子公司实施分账监管,进行风险隔离。不同类型的投资者可以将资金投入到不同类型的专门子公司,以满足不同的理财需求。但《理财子公司管理办法》并未对理财专门子公司的设立条件及业务范围作出规定。

(二)《商业银行理财子公司管理办法》的具体突破

(1)明确银行理财产品将不再设置理财产品销售起点金额

银行理财子公司发行的固定收益类理财产品,将与货币基金、债券基金等公募基金产品形成更激烈的竞争,提高产品的吸引力和资金募集能力;银行理财产品将更加普惠化,覆盖更多的普通投资者,拓宽了投资者的理财产品购买渠道。

(2)子公司理财产品可以通过银行业金融机构代销,也可以通过银保监会认可的其他机构代销

未来拥有相应牌照的第三方非银行科技公司也能够代销银行子公司的理财产品,这有望为科技公司带来新的业务增长点。

(3)子公司被允许发行分级理财产品分级理财产品

分级理财产品体现了更科学的产品分级设计及风险防范机制,能够更精确地定位投资者需求,扩大投资者的选择范围。

(4)子公司发行的公募理财产品可以直接投资股票。

此前,银行私募理财产品已被允许直接投资股票,公募理财产品虽然也可入市,但需要通过“公募基金”这一载体。允许子公司发行的公募理财产品直接投资股票,意味着理财产品投资范围得以扩大,产品创新的空间更大,投资者结构和投资风格也有望改变。对股市来说,可以引入更多的长期

稳定资金。

《发展意见》支持专门子公司将资金投向重大项目和未上市股权，对专门子公司的资金投向给出了明确的指向。在浦东新区的层面上，《若干举措》也同步支持境外金融机构投资入股商业银行理财子公司；境外资产管理机构和境内的商业银行、保险资产管理公司共同发起设立由外方控股的合资理财公司。

2019 年 6 月，上海首家银行理财子公司—交银理财子公司落户浦东，并在陆家嘴论坛期间正式开业。期盼合资理财子公司也尽快落户浦东。浦东新区金融工作局鼓励更多的银行理财和金融科技子公司、证券另类子公司等在内的持牌类金融机构子公司落地。

临港新片区作为浦东新区金融业发展规划的核心地带，也有众多金融机构在此落户，包括：上海人工智能产业投资基金，首期规模 100 亿元；建设银行总行下属子公司建银国际（控股）有限公司牵头组建的建银长三角（上海）战略新兴科创基金，首期规模 100 亿元；建设银行、中国银行、浦发银行、上海农商银行、农业银行、交通银行等 6 家银行的新片区分行。此外，一批金融科技公司、理财公司、融资租赁公司已明确落户意向。

（三）理财子公司—理财转型中的新事物

2019 年被称为理财子公司“元年”。它是“资管新规”下银行理财转型中产生的新事物，颇受行业关注。到目前为止，中邮、交银、工银、农银、建信、中银、招银、兴银、光大 9 家理财有限责任公司已开业，另有多家银行理财子公司待批复或开业。设立理财子公有利于强化银行理财业务风险隔离，推动银行理财回归资管业务本源，有序打破刚性兑付；还有利于优化组织管理体系，建立符合资产管理业务特点的风控制度和激励机制。不仅理财子公司的设立本身可以为临港新片区的金融业发展带来优势，2018 年《商业银行理财子公司管理办法》发布，理财子公司成为金融业发展的排头兵。

2018 年发布的“资管新规”要求，主营业务不包括资产管理业务的金融机构应当设立子公司开展资产管理业务；《商业银行理财子公司管理办法》进一步规定，商业银行应当通过具有独立法人地位的子公司开展理财业务，暂不具备条件的，商业银行总行应当设立理财业务专营部门，对理财业务实行集中统一经营管理。成立理财子公司成为商业银行未来开展理财业务的总体趋势。

二、关于保险机构投资科创投资基金或科创企业

为进一步发展保险机构对科创企业经营的促进作用,中国银保监会等部门发布的《关于促进社会服务领域商业保险发展的意见》(银保监发〔2020〕4号)明确支持商业保险机构创新开发符合初创企业、科创企业及相关新业态从业人员保障需求的保险产品和业务,推动经济结构转型升级,促进充分就业;推动保险资金加大社会服务领域投资力度,发挥保险资金期限长、稳定性高等优势,投资符合条件的创业投资基金,为社会服务领域提供更多长期股本融资,降低融资成本,更好服务创新创业及民营、中小微企业发展。

早在2010年,原中国保监会就颁布了《保险资金投资股权暂行办法》,规范保险资金对股权进行直接和间接投资的行为,2018年原中国保监会颁发了《保险资金运用管理办法》,规定保险资金投资的股权应当为境内依法设立和注册登记,且未在证券交易所公开上市的股份有限公司和有限责任公司的股权;明确了保险资金可以投资创业投资基金等私募基金。《发展意见》在现有的保险资金股权投资监管规定的基础上鼓励投资科创企业及科创投资基金,有利于持续发挥保险资金对临港新片区科创事业的支持作用。

三、关于金融资产投资公司及其专业投资子公司

2016年10月《国务院关于积极稳妥降低企业杠杆率的意见》(国发〔2016〕54号)及其附件《关于市场化银行债权转股权的指导意见》明确提出要“推动金融资产投资公司发挥市场化债转股主力军作用”,将金融资产投资公司的地位提升至新的高点。虽然金融资产投资公司和全国性、地方性金融资产管理公司成立的背景一致,都是为了解决金融机构不良率过高和企业杠杆率较高的问题,但设立金融资产投资公司明显更具有针对性。

《发展意见》发布之后成立的金融资产投资有限公司有建信、农银、工银、中银和交银金融资产投资公司。在五家国有行相继设立金融资产投资公司后,2018年2月国务院常务会议进一步明确,保险机构也可以新设债转股实施机构,“资管新规”第3条也正式将金融资产投资公司纳入资产管理

产品的发行主体中，金融资产投资公司开始蓬勃发展。

为鼓励金融资产投资公司发展，发改委联合央行、财政部、银保监会于2019 年 7 月 28 日发布了《2019 年降低企业杠杆率工作要点》，在以下几个方面促进金融资产投资公司的发展：

(1)扩大金融资产投资公司编制，充实金融资产投资人才队伍，建立符合股权投资特点的绩效评价和薪酬管理体系。(2)将市场化债转股资管产品列入保险资金等长期限资金允许投资的白名单。探索提出允许在满足一定条件下公募资管产品依法合规参与优质企业债转股。(3)推动符合条件的股份制商业银行单独或联合设立金融资产投资公司。(4)鼓励外资依法合规入股金融资产投资公司等债转股实施机构。妥善解决金融资产投资公司等机构持有债转股股权风险权重较高、资本占用较多问题。(5)加快推进市场化债转股资产交易。推动具备条件的各类交易场所依法合规开展转股资产交易，尽快选择若干家交易场所开展相对集中交易试点。(6)鼓励对优质企业开展市场化债转股；支持对民营企业实施市场化债转股。(7)大力开展债转优先股试点。(8)进一步提高市场化债转股资产定价市场化水平。

金融资产投资公司的产生与发展，与金融资产管理公司将会形成新的“合作 + 竞争”机制。银行在面对不良资产时，增加了股权处置的新渠道，可以介入企业的治理与经营；如果债转股失败，可以将债权卖给金融资产管理公司，或继续通过金融资产投资公司进行债权重组、转让，形成良性竞争。金融资产管理公司与金融资产投资公司的对比参见表 1。

表 1　金融资产管理公司与金融资产投资公司的对比

名称	金融资产管理公司	金融资产投资公司
设立方式	由国务院决定设立，财政部控股	由商业银行作为主要发起人设立
设立时间及机构	1999 年成立华融、长城、东方和信达资产管理公司分别接收工行、农行、中行和建行的不良资产，此外还接收国开行的不良资产。 近年来，设立了众多地方金融资产管理公司，解决不良贷款，防范化解区域风险。	2017 年 ~2018 年国有五大行已成立金融资产投资公司，平安银行、兴业银行及广州农商行正在拟设立过程中。

续表

名称	金融资产管理公司	金融资产投资公司
业务范围	(一)以债转股为目的收购银行对企业的债权,将债权转为股权并对股权进行管理; (二)对于未能转股的债权进行重组、转让和处置; (三)以债转股为目的投资企业股权,由企业将股权投资资金全部用于偿还现有债权; (四)依法依规面向合格投资者募集资金,发行私募资产管理产品支持实施债转股; (五)发行金融债券; (六)通过债券回购、同业拆借、同业借款等方式融入资金; (七)对自营资金和募集资金进行必要的投资管理,自营资金可以开展存放同业、拆放同业、购买国债或其他固定收益类证券等业务,募集资金使用应当符合资金募集约定用途; (八)与债转股业务相关的财务顾问和咨询业务; (九)经国务院银行业监督管理机构批准的其他业务。	(一)有符合《中华人民共和国公司法》和国务院银行业监督管理机构规定的章程; (二)有符合本办法要求的股东和注册资本; (三)有符合任职资格条件的董事、高级管理人员和熟悉业务的合格从业人员; (四)建立有效的公司治理、内部控制和风险管理制度,有与业务经营相适应的信息科技系统; (五)有与业务经营相适应的营业场所、安全防范措施和其他设施; (六)国务院银行业监督管理机构规章规定的其他审慎性条件。

金融资产投资公司鼓励引进外资,并不意味着排斥地方性银行的参与,地方性银行自营资金和理财资金,既可直接参与,亦可通过金融资产投资公司发行的私募资管产品来参与,公募资管产品的约束也会慢慢放开。且在不良资产领域地方性银行可以有更强的议价能力。

但目前许多地方性银行暂无实力设立金融资产投资公司,主要理由在于设立金融资产投资公司需要消耗数额巨大的核心一级资本,许多地方性银行难以达到这个标准,目前地方性银行中广州农商行宣布设立了控股35%的金融资产投资公司。

在浦东新区的层面上,《若干举措》则进一步明确支持符合条件的股份制银行、城商行等设立金融资产投资公司,支持金融资产投资公司设立专业投资子公司。

发展"债转股"业务的根本目的是解决企业资产质量,降低高杠杆,股权投资本身也可以达到这个目的。早在2016年各部门发布的中国银监会、科技部、中国人民银行《关于支持银行业金融机构加大创新力度开展科创企业投贷联动试点的指导意见》(银监发〔2016〕14号,以下简称《指导意见》)就支持银行业金融机构以"信贷投放"与本集团设立的具有投资功能的子公司"股权投资"相结合的方式,通过相关制度安排,由投资收益抵补信贷风险,实现科创企业信贷风险和收益的匹配,为科创企业提供持续资金支持的融资模式。《指导意见》明确将北京、武汉、上海、天津、西安五市国家自主创新示范区纳入首批投贷联动试点地区,选择国家开发银行、中国银行、恒丰银行、北京银行、天津银行、上海银行、汉口银行、西安银行、上海华瑞银行、浦发硅谷银行等10家银行纳入开展投贷联动的试点银行。在浦东新区的层面上,《若干举措》也支持投资机构、银行、证券等成员单位通过投贷联动、债转股、双创债券承销等服务,推动长三角科创金融、普惠金融创新发展。

鼓励金融资产投资公司设立专业投资子公司则可以将大量进账资金分账监管,隔离风险,目前仍没有关于专业投资子公司设立及业务开展的法规出台,期待有关部门尽早出台相应政策及法规,对相应领域的风险进行防范。

四、支持金融机构和大型科技企业设立金融科技公司

中国人民银行关于印发《金融科技(FinTech)发展规划(2019～2021年)》的通知(银发〔2019〕209号)给出了金融科技应用的明确发展方向。

人工智能方面,要探索相对成熟的人工智能技术在资产管理、授信融资、客户服务、精准营销、身份识别、风险防控等领域的应用路径和方法,建立全流程智能金融服务模式,推动建立人工智能金融应用法律法规、伦理规范和政策体系。

大数据方面,要加快完善数据治理机制,推广数据管理能力的国家标准,促进跨部门信息规范共享,形成统一数据字典,再造数据使用流程,建立健全企业级大数据平台。在切实保障个人隐私、商业秘密与敏感数据前提下,加快推进服务系统互联互通,建立跨地区、跨部门、跨层级的数据融合应用机制。

云计算方面,要搭建安全可控的金融行业云服务平台,构建集中式与分布式协调发展的信息基础设施架构,加快云计算应用规范落地实施,探索利用分布式计算、分布式存储等技术实现根据业务需求自动配置资源、快速部

署应用。

区块链方面,工信部发布的《2018 中国区块链产业白皮书》显示,截至2018 年 3 月底,我国为金融行业区块链应用服务的公司数量达到 86 家,涉及供应链金融、贸易金融、征信、交易清算、积分共享、保险、证券等多个金融领域。需要继续发挥区块链在金融领域的积极作用,同时也要应对区块链技术产生的新型犯罪以及对反洗钱和反恐怖主义融资带来的挑战,维护相关金融领域的安全性。

金融科技手段的合理运用可以拓宽金融服务渠道,实现电子渠道和实体网点、自助设备之间的信息共享和服务整合,实现资源最大化利用;可以增强金融惠民服务能力,面向“三农”和偏远地区尤其是深度贫困地区提供安全、便捷、高效的特色化金融科技服务;可以优化企业信贷融资服务。加大金融科技产品服务创新力度引导企业征信机构利用替代数据评估企业信用状况,降低运营管理成本。目前也有不少银行设立了金融科技子公司,如兴业数金、建信金科、北银金科、中银金科、交银金科、工银科技等。在浦东新区的层面上,《若干举措》支持金融机构和大型科技企业在浦东设立金融科技公司。以陆家嘴金融城、张江科学城“双城辉映”,卡园、软件园和信息园“三园融合”为载体,打造上海金融科技中心核心承载区。

五、结语

近年来,金融监管机构和地方政府出台了一系列鼓励金融业创新的政策和法规。2019 年 9 月 20 日,临港新片区与各大金融机构集中签约并发布《中国(上海)自由贸易试验区临港新片区支持金融业创新发展的若干措施》,提出了多项金融业创新措施。此次《发展意见》要求尽快落地各项金融改革试点措施表明临港新片区将进一步聚焦金融创新,选择国家战略需要的重点金融领域开展各项业务创新,推动金融服务便利化,提升企业获得感,推动金融更好地服务于实体经济发展。金融业创新的发展也离不开金融业对外开放,两者是相辅相成的。中美双方于美国东部时间 1 月 15 日签署的《第一阶段经贸协议》则包含中美双方对于金融服务开放的承诺,对我国金融业开放,乃至金融业创新都会产生重大、积极的影响,相关机构也有可能率先落地浦东和临港。

达州金融风险防范化解司法机制研究

易晓东*

内容提要 金融风险是指在经济运行中，经济主体由于决策等各种不稳定因素影响，使预期收益和实际收益发生偏差而造成经济损失。金融风险主要包括金融市场风险、金融借贷风险、金融产品风险、金融机构风险等。积极防范化解金融风险，是实现高质量发展的必然要求。司法作为处理金融矛盾纠纷的最后途径，金融司法工作对防范化解金融风险具有重要意义。健全完善司法防范化解金融风险机制，以司法手段防控金融风险、促进金融创新是人民法院的重要职责，也是司法审判服务经济社会发展大局的具体体现。

关键词 金融风险 风险化解 金融司法工作 司法防范化解机制

当前，我国社会主义市场经济的发展进入了新常态，金融领域也受其影响，经济总量持续增长，金融结构发生变革，新类型金融产品和融资模式相继涌现，金融行业面临着债务回收难、系统性风险抬头等问题。党的十九大报告提出“要坚决打好防范化解重大风险、精准脱贫、污

---

* 四川省达州市中级人民法院党组书记、院长。

染防治的攻坚战”。在三大攻坚战中,风险防控排在首位,而金融风险防控则是重中之重。为有效落实最高人民法院《关于进一步加强金融审判工作的若干意见》,充分发挥金融审判职能作用,笔者采取抽取全院、全市司法统计数据进行类比,梳理金融借款合同纠纷案件审理中存在的同类同质化问题,分析发现审理中存在的问题,召开服务保障金融业发展暨涉金融专项审判执行工作座谈会,发放问卷进行调查等方式,对近三年全市涉金融借款纠纷案件进行了专题调研,通过对金融相关案件纠纷的分析,梳理金融法律问题现状等,提出完善金融风险防范司法机制的意见建议。

一、司法防范化解金融风险概述

(一)新常态下的金融风险

金融风险其含义是指在经济运行中,经济主体由于决策等各种不稳定因素影响,使得预期收益和实际收益发生偏差,而造成经济损失。金融风险主要包括金融市场风险、金融借贷风险、金融产品风险、金融机构风险等。没有风险就没有金融活动,在现代市场经济中,金融领域是竞争最激烈也是风险最高的行业领域。[1] 金融风险伴随金融活动而生,因此,金融风险不能阻止或避免,只能防范和控制。

1. 金融风险的类型

金融风险较常见的分类是根据金融风险的构成层次,分为宏观金融风险和微观金融风险。[2] 宏观金融风险具有系统性,例如,汇率波动、财政赤字等;微观金融风险,主要指金融活动中的主体承担的风险,如机构存在管理漏洞、资金周转等问题,主要包括信用风险、汇率风险、利率风险、流动风险和金融机构经营风险等。[3] 目前,金融信用风险和金融流动风险是在所有风险类别中,我国经济社会面临的最突出风险。

2. 金融风险的特点

金融风险具有不确定性、可测性、可传染性、高杠杆性、可控性和相关性等特点。[4] 影响金融风险的因素在事前难以完全把握,同时,由于金融所涉

---

〔1〕 参见李晗:《金融风险防范的法律制度构建》,载《改革与战略》2010 年第 2 期,第 29 页。

〔2〕 参见何忠明、蓝翁伟:《金融风险的度量、评价与防范》,载《金融经济》(理论版)2014 年第 5 期。

〔3〕 参见武希茜:《财政联结视角下我国金融风险的防范措施分析》,载《时代金融》(中旬)2016 年第 4 期。

〔4〕 参见霍文文:《金融市场学教程》,复旦大学出版社 2007 年版,第 3 页。

及的商品——货币的特殊性，使金融机构与社会、经济具有紧密联系，局部的、一方的金融风险都有可能对其他方面产生影响，甚至形成行业的、区域的金融风险。由于金融行业的高杠杆率，才日积月累成为藏在金融背后的高风险，一旦控制不好，势必引发系统性金融风险，波及市场经济各个行业。

3. 金融风险防控定义

金融风险防范是指金融主体运用一定的方法合理地预防、控制风险发生或规避风险以达到预期目标的行为。积极防范化解金融风险是金融工作的生命线，[1]习近平总书记在第五次全国金融会议上强调："金融是国家重要核心竞争力，金融改革发展是国家改革发展的重要内容，金融安全是国家安全的重要组成部分。"积极防范化解金融风险，守住不发生系统性金融风险底线是实现高质量发展的必然要求。

（二）司法防范化解金融风险职能定位

建立健全防控金融风险法律机制是一个系统性工作，需要金融行政、法律、经济手段密切配合、联合发力。司法作为处理金融矛盾纠纷的最后途径，主要通过具体案件的审判执行，在对某一行业领域金融风险进行早期识别、制裁金融违法犯罪行为、依法规范金融市场秩序、保障金融债权、助推金融自主创新。金融司法工作对于保证金融市场主体的自由参与，增强金融市场主体的活力，防范化解金融风险具有重要意义。

1. 发挥金融司法工作人民属性

服务保障金融发展是金融司法的重要职能，打好金融风险防范攻坚战，既关乎党和国家大局，又关乎百姓千家万户。金融司法旨在通过依法审理各类金融案件，引导和规范金融交易，防范金融风险，保护金融债权。通过保障金融在现代经济中的资源配置地位和功能，保障金融发挥资金融通功能，切实维护市场投资者和消费者利益，为人民群众将未来收入用于满足当前生活提供司法支持，满足人民群众在不同时期对美好生活的具体需求。

2. 发挥金融司法工作法治属性

防范和化解金融风险、保障金融安全就是要加强金融监管，将金融活动纳入规范化、法治化轨道。[2] 通过对能够降低交易成本，实现普惠金融，合法

[1] 参见陈莲：《加快金融改革步伐严控风险防范底线——兼谈2012"风险防控重点"》，载《南方论刊》2012年第4期。

[2] 参见张丽鹏：《浅论我国金融风险的防范和化解》，载《管理学家》2011年第7期。

合规的金融交易模式依法予以保护。对以金融创新为名掩盖金融风险、规避金融监管的金融违规行为,以实际构成的法律关系确定其效力和权利义务。[1]对以金融创新名义非法吸收公众存款或者集资诈骗构成犯罪的,依法追究刑事责任,用法治手段打击遏制金融犯罪、推动金融服务实体经济。

3. 发挥金融司法工作社会属性

通过在审判工作中建立起早期识别、依法处置的金融风险防范机制,坚持金融以服务实体经济作为金融审判的价值导向,可以积极引导金融回归实体经济本源。通过司法裁判合理引导资金"脱虚向实",可以使更多金融资源配置到经济社会发展需要的重点领域和薄弱环节。通过合理引导金融创新,服务保障供给侧结构性改革,防范化解金融风险,就是防范化解重大社会稳定风险。

二、全市涉诉金融纠纷案件情况

(一)涉诉金融纠纷案件基本情况

2015 年以来全市法院共受理金融借款纠纷案件 4889 件,诉讼标的 92,646.39 万元,其中 2015 年 585 件,诉讼标的 18,210 万元;2016 年 1180 件,诉讼标的 23,460 万元;2017 年 2168 件,诉讼标的 28,340 万元;2018 年 1~6月 956 件,诉讼标的 24,616.39 万元,如图 1 所示。

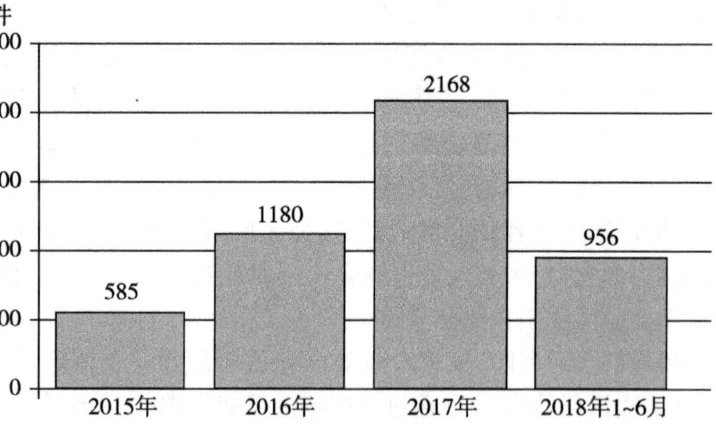

图 1　2015 年~2018 年 6 月案件数量变化情况

[1] 参见吴一波、王冠:《ICO 融资模式下非法集资问题研究》,载《行政与法》2018 年第 6 期。

从上述数据可以看出，涉金融借款合同纠纷案件数量逐年增多，其中2017年案件数量剧增，涉案标的额大幅度增加，占同期法院案件数量的比例逐年扩大。

（二）涉小额信贷、担保公司民间借贷案件基本情况

2015年以来全市法院共受理涉小额贷款、担保公司民间借贷纠纷案件14,372件，诉讼标的79,575.5万元，其中2015年2316件，占同年案件的3.74%，诉讼标的15,326.7万元；2016年4062件，占同年案件的4.61%，诉讼标的22,451.4万元；2017年4615件，占同期案件的13.3%，诉讼标的30,195.3万元；2018年1～6月3379件，占同期案件的12.7%，诉讼标的11,602.1万元。从上述数据可以看出，涉小额贷款、担保公司民间借贷案件数量逐年增多，其中2017年案件数量剧增，涉案标的额幅度增加。

（三）案件主要类型及呈现的主要特点

1.案件主要类型。民事案件主要类型为金融借款合同纠纷、信用卡纠纷。涉小额信贷、担保公司的案件主要类型为民间借贷纠纷、保证合同纠纷、追偿权纠纷。刑事案件主要类型为骗取贷款罪、非法吸收公众存款罪、集资诈骗罪、贷款诈骗罪、信用卡诈骗罪。

2.涉诉案件标的额大。2015年涉诉案件诉讼标的只有78,430万元，2016年130,397万元，2017年剧增到199,174.9万元，2018年1～6月就已经接近73,612万元。单个案件中，诉讼标的3000万元以上的案件32件，1亿元以上的9件，如图2所示。

3.涉诉人员众多。在金融纠纷案件中，一个借款合同，牵涉众多当事人，包括借款人、担保人，一旦借款人资金链断裂或恶意逃债，发生纠纷，由于借款人、担保人提供的身份信息以及地址信息不准确，法院的诉讼文书无法直接送达当事人，导致大量案件采取公告送达方式，案件审理周期长。

4.案件审理难度大。该类案件大多存在抵押担保及保证人担保等情况，由于抵押财产存在价值评估不实、权属争议以及保证合同非本人签字等问题，在案件审理中，借款人又常常不出庭应诉，导致案件事实难以查清，又无法组织各方进行调解，增加了案件审理难度。

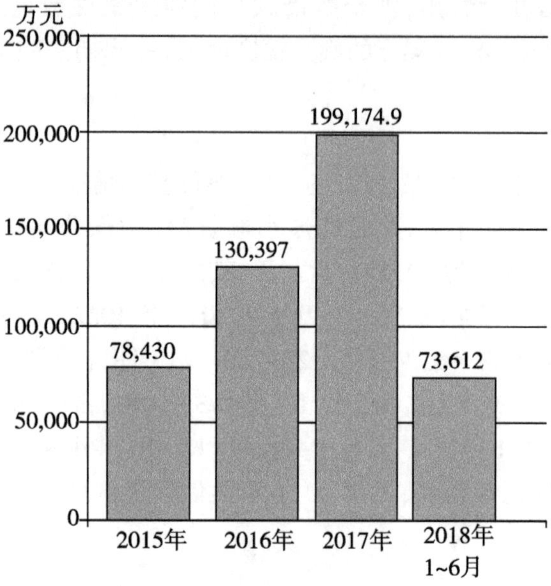

图 2　涉案标的额变化情况

5. 案件进入执行程序后资金回笼难。该类案件审结后,绝大多数需要进入执行程序,但因有些企业主已经转移资产,卷款“跑路”,债权实现困难,即使提供了财产抵押,但因之前评估不实,抵押物不足以清偿债务,抵押物拍卖、变卖难,难以变现,导致资金无法回笼,增大了金融风险。

三、金融纠纷审理中存在的问题及成因

(一)金融纠纷审理中存在的问题

1. 贷款人规避还款,公告比例高。银行放贷时只审核贷款人身份证上载明的地址,未对实际居住地审核。随着经济的发展,人员流动频繁,地址信息难以确定,一旦发生纠纷,金融机构无法找到借款人,进入司法程序之后,法院在审理中送达诉讼文书困难。以 DC 法院为例,在审理涉银行的金融案件中发现,该类案件的平均审理期限高达 90.4 天,究其原因,是因为被告不愿意配合法院工作,加之人口流动加强,产生送达难问题,法院只能通过公告送达应诉材料和开庭传票,使案件审判周期只能随之拖沓延长,从而为银行高效及时地收回贷款带来了障碍。

2. 金融机构审核宽松,风险防控意识差。部分银行片面追求放贷规模,对贷款人地址、身份和还款能力等信息审核宽松,经常会出现贷款人缺少担保、重复贷款和交叉担保的情况。例如,规避了审贷分离、分级审批等信贷管理制度,实际用款人与名义贷款人不一致,名义用款人缺乏还款能力时,导致金融机构无法实现债权。设有抵押的金融纠纷,抵押物登记遗漏,发生纠纷之后,金融机构无法实现抵押权。实践中还存在抵押物灭失,担保物权无法实现的情况,例如以住房抵押,由于抵押物被拆迁,借款人未及时告知银行等金融机构无法就原抵押物拆迁之后补偿的房屋办理抵押登记,导致债权无法实现。

3. 相关部门协作不畅,难以形成合力。金融机构、政府职能部门和法院在金融案件审理和执行中出现的新情况、新问题进行信息沟通的机制不健全,难以在金融风险防控、纠纷解决方式等方面形成工作合力。对于普遍出现的贷款纠纷问题,没有及时对问题进行统一研究、协调和风险警示。

(二)金融纠纷疑难问题成因分析

1. 金融机构贷前审查疏漏。对借款人的身份及地址信息核实不细致准确,对借款人的实际生产经营情况未进行全面了解,只审查形式要件,未对其借款用途的真实性进行认真、全面审查核对就发放贷款,导致违约行为频发。

2. 金融机构贷后监督管理缺位。主要体现在对贷款资金流向未实时追踪以及对设有抵押的借款中对抵押物的实时现状缺乏跟踪。在个别案件中,存在金融机构未按照合同约定用途及方式发放贷款,将按照合同约定应当发放给公司的贷款发放到个人账户。

3. 违规操作导致刑事犯罪行为发生。如某金融机构放贷人员对提供的质押财产审查不严,借款人以次充好提供质押物,骗取贷款 1500 万元,事件败露后,又指使他人伪造授信批复,伙同借款人到另外的公司拆借资金,相关人员因骗取贷款罪、诈骗罪、非国家工作人员受贿罪分别被判刑 11 年、10 年 6 个月、3 年不等的有期徒刑。

四、司法防范化解金融风险意见建议

(一)司法防范化解金融风险措施建议

1. 依法惩治金融犯罪活动,制裁金融违法行为

对于在申请银行贷款过程中,虚构事实或者隐瞒经营真实情况等,构成骗取贷款、贷款诈骗犯罪的,依法从严惩处。对于金融机构工作人员内外串通进行高利转贷、利益输送或者对贷款人资质、财产状况等审查不力、把关不严,违法发放贷款构成犯罪的,依法追究刑事责任。持续保持对非法集资类犯罪打击的高压态势,对于以金融创新名义非法吸收公众存款或者集资诈骗构成犯罪的,依法追究刑事责任。[1] 针对非法集资类犯罪案件受害人数多、涉案金额大、波及面广、行业和区域相对集中的特点,审慎妥善处理涉案财物,切实保障被害人合法权益,有效维护社会稳定。

2. 依法规范金融秩序,引导金融回归实体经济本源

密切关注实体经济对金融市场的影响逐渐向诉讼领域传导,积极应对因融资渠道日趋多元引发的企业融资相关金融纠纷案件不断涌现的新情况。[2] 依法审理金融借款及民间借贷案件,支持初创企业、中小微企业发掘融资资源,丰富和拓宽融资担保方式。通过审结对具有重要市场导向作用和价值引领功能的金融纠纷案件,为金融市场主体提供交易规则指引,积极发挥金融审判服务实体经济的职能作用。

3. 合理引导金融创新,回归金融服务实体经济出发点

金融创新是一把"双刃剑",对于合理的金融创新,司法裁判应在合理限度内支持和维护,着力解决金融创新产品引发的纠纷,通过肯定性评价予以保护和鼓励,凸显司法裁判在确认金融创新成果上的作用。对于名为创新实则以逃避监管为目的的市场行为,行规避法律法规强制性规定和逃避监管之实,扰乱金融市场秩序的违法违规行为,则应予以否定性评价,严格适用法律,依法予以规制打击,维护金融市场秩序。

4. 充分发挥破产审判功能,当好实体经济资源配置的"过滤器"

在实现金融债权过程中,对债务企业已经符合破产条件的应当依法受

---

〔1〕 参见最高人民法院《关于进一步加强金融审判工作的若干意见》。

〔2〕 参见最高人民法院《关于进一步加强金融审判工作的若干意见》。

理。加快健全完善破产审判机制和各项配套保障机制,依法为实施市场化破产程序创造条件,确保“僵尸企业”及时有效退出市场,服务保障去产能和供给侧结构性改革工作。积极推动企业重整和解,依法保障职工参与权和债权人主体地位,依法打击欺诈破产逃费债务,强化清算义务人责任,及时通过破产清算淘汰落后产能,盘活存量资产,在实现金融债权的同时推动债务企业按照优胜劣汰退出市场。

5. 依法保障金融债权,促进互联网金融健康有序发展

针对新兴金融业态所具有的虚拟化、涉众性、跨时空、大数据等特点,加强对互联网金融的前瞻性研究,加强对电子证据的依法认定和适用,保障金融机构合法权益。严格合同条款效力审查,准确认定网贷平台、众筹平台与网络借贷合同当事人之间的法律关系。对于出借人借助网贷平台、众筹平台名义以各种费用形式规避民间借贷利率司法保护上限的部分,依法不予支持,对于借互联网名义行集资之实损害金融消费者合法权益的,依法予以规制,防止产生群体性纠纷。

6. 加强金融案件执行工作,最大限度兑现裁决

有计划地开展涉金融案件专项执行活动,依托执行指挥信息化查控平台,对金融案件被执行人财产的优先查询、优先冻结和优先执行。对有财产线索的案件,要及时调查,对查实的涉案财产及时采取措施,依法强制执行。对拒不执行生效裁判的被执行人,及时全面录入失信被执行人名单,加大曝光和联动制裁力度。对构成犯罪的,及时移交公安机关处理。通过依法采取限制高消费、限制出境、打击拒执犯罪等措施,促使被执行人履行法定义务。[1] 定期开展金融案件专项执行活动,集中时间、集中力量、统一调度、强化力度,确保金融案件顺利执行。

(二)健全完善司法防范化解金融风险机制建议

1. 建立健全金融风险早期识别机制

金融案件是金融环境的风向标,在案件审理可以建立规范的风险识别机制,进行金融风险早期分类识别。通过对一定期间收案数量统计分析,从某类案件数量快速增长情况中可以识别出该行业或领域的风险苗头;通过对涉案标的金额巨大、涉案人数众多案件的重点关注,可以尽早识别可能影

[1] 参见沈文欣:《民事执行威慑机制研究》,广西大学 2013 年硕士学位论文。

响社会稳定的风险因素;通过对民商事纠纷案件审理中违法犯罪线索的发现识别,及时移送有关侦查机关,及时制裁打击金融违法犯罪行为。

2. 完善重大敏感金融案件排查报告机制

健全重大敏感金融案件定期排查机制,对存在信访隐患、不稳定因素的金融纠纷案件,做好提前预判和预案工作。建立案件分类登记、信息专报机制,将责任落实到具体审判人员,全程跟踪、定期汇报,形成金融审判动态分析报告。对于重大敏感案件、系列诉讼案件、企业破产案件等存在金融风险隐患,可能影响地区金融生态环境、社会和谐稳定因素的案件,及时启动大要案工作机制,制定必要的风险处置预案。同时,建立健全重大案件报告机制,对于特别重大的案件,要及时向党委政府和上级法院报告,积极配合相关部门有效做好金融风险防范化解工作。

3. 构建完善金融案件专业审判机制

全力打造专业化金融审判队伍,积极设立商事审判庭或金融审判合议庭,保障金融案件专业化、集约化审理。探索构建高效的专业审判模式,针对金融案件专业性强的特点,加强与专业研究机构、高校的合作与资源共享,积极借助外部智力资源,成立金融审判专家咨询库,充分发挥金融专家的智囊作用,建立专家咨询、专家研讨机制,努力提高金融案件审判的专业化水平。大力创新审判模式,在金融纠纷案件中推行简便有效的送达方式,针对金融纠纷案件的特点,按照“该繁则繁,当简则简”的要求,准确适用小额速裁、简易程序、普通程序、特别程序、督促程序等不同程序,提升审判效率。

4. 进一步畅通金融审判联络沟通机制

一是建立和完善联席会议制度。变临时的单一联系为固定的通力协作常态化机制,主动向金融监管部门、金融机构等金融市场主体对接,每年至少召开一次联席会议,及时通报经济运行情况及其风险情况和热点、难点问题,就金融案件审判中存在的问题,达成共识,形成会议纪要,注重发挥会议纪要对金融交易行为的规范作用,提示金融风险,形成法院与金融企业良性互动。二是完善“诉非衔接”机制。加快推进金融监管部门、行业协会、专业调解组织的合作机制建设,进一步完善诉调对接机制,充分运用行业协会专业化优势,采用委托、委派调解,邀请行业协会推荐人员、专业人员参与调解等方式,发挥政府监管、行业自律、社会调解和司法救济等各方优势,实现多方合力化解金融矛盾纠纷。

5. 强化司法延伸服务保障功能机制

加强各种信息的收集、分析、研判，通过对审理案件过程中发现的问题，有针对性地提出对策建议，有效帮助金融机构完善产品设计。注重发挥司法建议作用，特别是针对典型个案，要以司法建议形式对审判中发现的问题及时向金融监管部门通报情况，加强与金融监管部门的沟通与协作，积极向金融监管部门、金融机构建言献策，督促金融机构合规经营，构筑起风险“隔离墙”。以“百名法官进百企”“三走访、三服务”等活动为载体，通过组织法官深入金融机构召开座谈会等形式，了解金融机构的司法需求，主动提供法律服务，有效帮助金融机构解决法律难题，共同推进金融法治秩序的构建和金融法治环境的完善。

6. 强化金融审判分析研判机制

充分利用大数据、云计算技术，挖掘运用金融审判司法大数据。不断加强对金融案件的审判管理和分析研判，对案件信息反映的具有普遍性、趋势性问题，及时提出分析报告，为党委、政府金融工作决策以及区域性、行业性、系统性金融风险防范预警提供金融审判信息支持。对新型金融纠纷则折射出金融创新中的前沿问题，加强分析研判，提升金融审判司法研究水平，积极发挥司法裁判的导向指引作用，只要不涉及法律禁止性规定，尽量给予合理解释和有效评价，对金融审判中出现的新情况、新问题，及时进行深入调研和总结，以金融审判白皮书、调研报告等为载体，为金融审判提供智力支持。

7. 构建完善金融司法审判宣传教育机制

充分发挥金融审判工作的社会导向作用，积极借助各种新闻媒介，定期发布具有典型意义的金融审判案例，及时通过召开新闻发布会、组织专题或系列报道等多种形式进行广泛宣传，引导人民群众正确认识资金借贷，提升普通民众金融风险防范意识。主动与银行保险监督机构配合，支持达州征信体系的建设与完善，合力营造诚信的金融环境。支持建立个人和企业的金融信用档案体系，对失信借款人适用黑名单制度，被执行人恶意逃避执行的，可以通过媒体及时向社会公布，降低其社会信用度，敦促其自动履行义务，以此推动形成守信光荣，失信可耻的金融信用风尚，促进诚信达州建设。

五、结语

金融是国民经济的命脉，是国家重要的核心竞争力。依法审理执行各类金融案件,以司法手段防控金融风险、促进金融创新是人民法院的重要职责,也是司法审判服务经济社会发展大局的具体体现。在经济进入新常态、社会转型变革进入攻坚阶段的特殊时期,全市法院将进一步围绕秦巴地区区域金融中心建设,准确把握审判职能定位,依法履职,勇于担当,为推进我市现代化经济体系建设和全市经济高质量发展提供更加有力的司法保障。

新常态下金融风险防控法律机制问题研究

——以 D 市 D 县法院实证分析为样本

何成军*

近年来,我国经济发展进入了新常态时期,经济增长动力从要素驱动、投资驱动转向创新驱动。但受国际国内经济下行等因素影响,国内实体企业经营压力增大而导致风险传导至金融各领域,同时由于我国金融监管体制的不完善,金融业面临巨大的竞争及挑战。党的十九大报告提出“要坚决打好防范化解重大风险、精准脱贫、污染防治的攻坚战”。2019 年 2 月 22 日,习近平总书记在中央政治局集体学习中提出,要走中国特色金融发展之路,注重防范和化解金融风险尤其是系统性金融风险。[1] 金融是国民经济的血脉,以司法手段防控金融风险,不仅是人民法院民事商事审判的重要内容,更是司法服务经济社会发展大局的具体体现。[2] 目前出现的大量涉诉金额高、涉案利益主体多的金融纠纷案件,以及异于传统类型的金融犯罪案件,对司法审判的专业性和复杂性提出了更高的要求。本文以 D 县法院金融纠纷详实数

* 四川省大竹县人民法院党组书记、院长。

〔1〕 参见耿刘利、黎娜、王琦、龚洁松:《习近平关于金融工作重要论述的价值意蕴》,载《西南石油大学学报》(社会科学版)2019 年第 4 期。

〔2〕 参见杜万华:《当前民事商事审判工作的九个重点问题》,载《法律适用》2016 年第 7 期。

据为样本,深入剖析在司法实践中发现的金融风险点,以期为金融风险化解提供实践样本,为进一步促进经济金融健康发展提供有益参考。

一、理论探究:新常态下的金融风险

自改革开放以来,我国普惠性金融不断推广,金融产品和服务创新力得以增强,行业市场竞争力明显提升。与此同时,我国金融行业发展仍然存在市场结构不够合理、经营理念相对落后、发展不平衡不充分矛盾突出等问题,金融发展与经济高质量发展不相适应。

(一)金融风险的高危害性

金融风险是指在经济运行中,经济主体由于决策等各种不稳定因素影响,使得预期收益和实际收益发生偏差,而造成大量的经济损失,具有不确定性、可测性、可传染性、高杠杆性、可控性和相关性等特点。由于前些年一味追求经济高增长,使得金融行业违规违纪现象丛生,不确定性风险隐患增多。也正是由于金融行业的高杠杆率,才日积月累成为藏在金融背后的高风险,一旦控制不好,势必引发系统性金融风险,波及市场经济各个行业。

(二)法律制度影响经济发展

金融风险与金融危机紧密相连,风险发生势必容易导致金融行业的混乱,严重的甚至可能影响整个国民经济的稳定性,引发金融危机,因此必须重视金融风险的控制与防范。金融市场的发展受到法律的制约和促进,金融市场的正常运行需要法律制度的保障。同时有研究指出,法律执行力度的差异会影响人们参与金融市场的信心。[1]

(三)金融风险防控的重要性

积极防范化解金融风险是金融工作的生命线。当前我国金融行业不同类型金融业务相互交叉与渗透,金融业混合、综合经营发展趋势日趋明显,金融风险跨行业、跨领域和跨机构传导效应日益扩大。特别是第三方支付平台、大数据金融业务、P2P 网络信贷等“互联网 + 金融”业态的出现,在降

〔1〕 参见沈伟:《法与金融理论视阈下的上海金融法院逻辑起点和创新难点》,载《东方法学》2018 年第 5 期。

低了交易成本和交易门槛的同时，利用金融网络实施盗窃、诈骗、洗钱等犯罪日益剧增。金融借款合同纠纷、保险合同纠纷、信用卡纠纷、民间借贷纠纷不断增加，借贷逾期违约高发。此类案件不仅增加了审理和执行的难度，也给社会带来不安定因素，因此，金融风险的防范与化解需要各金融机构部门和各领域之间相互协调共同发力。

二、案件分析：近三年金融案件动态

2017年8月，最高人民法院公布《关于进一步加强金融审判工作的若干意见》，为金融审判工作，保障经济和金融良性循环健康发展提出了30项意见。对合法合规的金融交易模式，依法予以保护，对金融违规行为，以实际构成的法律关系确定其效力和各方的权利义务，加大打击高利贷力度，对以金融创新为名非法吸收公众存款或集资诈骗的，构成犯罪的，追究其刑事责任。人民法院作为国家司法机关，在审理涉金融纠纷案件中，加强专项审判、执行力度，不断延伸审判职能，对防控金融风险，健全防控法律机制发挥着举足轻重的作用。

（一）金融案件总体动态

自2017年1月至2019年9月，D县法院共审结金融商事案件2477件，占全部审结案件的22.19%。2017年、2018年、2019年（1～9月）审结的金融案件分别占全年案件的22.90%、19.63%、24.77%。其中2017年审结777件，2018年审结855件，年增长率为10.03%。

从案件分布来看，金融借款合同纠纷726件，占29.30%；融资租赁合同纠纷1件；保险合同纠纷46件，占1.85%；信用卡纠纷32件，占1.29%；民间借贷纠纷1672件，占67.50%。民间借贷案件仍然占据金融案件的较大比重。

从案件标的额看，2017年审结的金融案件标的总额为7.39亿元，2018年审结的金融案件标的总额为8.55亿元，2019年1～9月审结的金融案件标的总额为9.26亿元。三年来审结的金融案件标的总额为25.2亿元，其中金融借款合同纠纷案件标的总额为17.58亿元，占69.76%，个别案件标的额多达上千万；民间借贷纠纷案件标的总额为7.57亿元，占30.03%。

(二)金融案件分类动态

1. 金融借款合同纠纷案件特点。2018 年 D 县法院共受理金融借款合同纠纷 307 件,审结 274 件,审结标的额 7 亿元。所涉金融机构较为集中,主要有四川某农村商业银行股份有限公司、达州银行股份有限公司某支行等多家银行,且具有标的大的特点。案件涉及借款人、保证人、抵押人等,当事人人数多,分布地域广,均有因生产经营不善、投资失败、债务缠身等多种原因导致无法履行偿还借款义务的情形。在审理过程中,D 县法院发现部分金融机构存在一定的不足和问题。

一是金融机构贷前审核不严,对贷款去向缺乏完善的监管机制,从而导致放贷风险增大。部分金融机构在贷前对借款人是否具有足够的偿还能力、贷款、抵押、保证合同要素是否齐全、用于借款的抵押物是否存在争议等问题审查不严。同时,向借款人发放贷款后,也未能委派专人对借款实际使用人及资金用途予以监管,导致放贷风险增大。

二是"送达难"问题突出,案件审理周期长。金融机构放贷时只审核了贷款人身份证件上载明的地址,未对其实际居住地进行审核,身份证上的地址与实际居住地不一致,当借款纠纷诉讼至法院时,法院只能按照其身份证上载明的地址进行送达。该院受理的金融借款合同纠纷案件多为小额农村信用贷款,一旦出现借款人恶意规避债务,举家外出,拒不出庭应诉的情况,就会导致全案公告送达,案件审判周期偏长。

2. 民间借贷纠纷案件特点。2018 年该院共审结民间借贷纠纷 562 件,审结标的额 1.54 亿元。案件标的额分布广泛,借款金额有高达几百万元的,也有仅几千元的,对比本地上一年度人均收入和消费支出等数据,案涉平均金额较大。部分案件借贷手续不规范、借款利率弹性大、期限较为灵活,加重了借款人的利息负担。其中因被告人下落不明、逃避出庭应诉、外地务工不配合等情况而使用公告方式送达的案件占据了民间借贷案件总数的 30% 左右。而审理过程中,因送达不到位、质证、辩论不充分等原因产生的事实认定困难时常出现,在一定程度上产生了较大的诉讼风险。

一是少数案件涉及职业放贷,该类案件出现"专业"的职业放贷人。这些人专门从事民间放贷,以获取高额利息。他们一般具有一定的相关法律知识,能提供内容比较完备的借条或者借款合同,规避了诉讼时效的规定,并委托代理人出庭诉讼,对案件的某些具体问题采取回避的态度。利息约定较高,加重了借款人的利息负担。

二是极个别案件存在民刑交叉。如有的民间借贷案件中的被告因涉嫌非法吸收公众存款、集资诈骗已被公安机关立案侦查,但被害人故意隐瞒相关事实到法院起诉。

三是部分民间借贷案件表面是借贷关系,实质是其他法律关系。比如买卖合同的货款转化为借贷、实为赌债的借款,部分被告在应诉过程中反映,所打借条实为赌债,甚至有的当事人还到公安机关报过案,但因证据不足,最终难以认定。

三、问题检视:金融风险的形态表现

金融发展与经济发展存在相互促进、相互制约的关系。现实中,一个地区经济发展中问题的积聚发作,总是不同程度地以金融风险的形态表现。从近三年以来金融案件的动态看,以下问题值得关注。

(一)民间借贷风险转化态势明显,凸显民间借贷潜在危害

民间借贷的"高利诱惑"往往能积聚大量社会资金,也汇集了较高的信用风险,其具有的分散性和隐蔽性,对其监管难以深入进行,没有法律保护和监管约束,容易演变成"非法集资"。由于借贷双方均为短期行为、缺乏长期的计划,资金链可能随时断裂,不利于企业自身与地方经济长期稳定发展。从民间借贷的单笔金额来看,几十上百万元的单笔借贷较少,相对于企业筹建或扩大再生产几百上千万元的资金需求,规模明显偏小,资金合力难以形成。民间借贷方便、快捷,是解决资金短缺的有效手段,但在解决资金需求者当务之急的同时,如果资金借入者生产经营出现问题,难以按时清偿债务,又以民间借贷方式借入资金、偿还旧债,便会大大增加借入者的资金成本,影响其信誉,引起借贷双方的债务纠纷,极易引发金融风险。

(二)银行不良贷款不断攀升,揭示正规金融市场化缺失

银行业不良贷款额和不良贷款率持续上升,凸显当前银行业信贷质量低和风险防控能力差的问题。对于银行业而言,由于资本市场单一,利率的双轨制等金融体制的问题,造成银行信贷资源仍带有稀缺性,致使银行业在融资市场一直占据优势地位,主动配置市场需求能力缺失。信贷结构上,大量信贷资金被少数的国有经济和规模民营企业占据,中小企业融资难问题

突出,困难企业难以得到金融扶持,大量的所谓“优质客户”成为金融机构争抢的对象,“贷大、贷长、贷集中”现象突出。部分规模企业由于资金来的太容易,造成盲目扩张,大量资金流向本应重点调控的房地产、矿产产业等,甚至民间高利贷市场等高风险的投机性投资。[1]

(三)金融管理体制监管不足,违规金融多发

目前的征信管理机制覆盖面较小,难以发挥出较大的作用,难以保障金融机构资产完整性。金融监管法律法规的不健全,不适应当前金融结构国际化发展的趋势,且在实际操作中,由于金融行业相互竞争,弱化了金融监管作用,为了追求自身利益,一些银行等信贷部门降低放贷门槛或者违规经营,导致贷款逾期后追债困难,形成不少不良债权。同时,针对网上借款和贷款的监管规制不足,使以 P2P 金融创新为名的非法集资现象屡禁不止。此外,网络支付的资金走向现在也没有确定的法规对其进行明确和监管,造成其操作性非常随意,风险明显增大。[2]

四、路径求解:构建完备的金融风险防控法律机制

(一)从立法角度看

金融风险防控首先必须立足于完善法规,提高金融立法的科学性、独立性和公正性。科学立法是全面推进金融法治的前提条件,只有坚持统筹兼顾的原则,做好金融立法工作,创制出完善的法律规则体系,才可能保证金融风险防控“有法可依”。完善金融立法,应有效规范和调整各种利益关系,逐步打破“部门立法”,防止法律制定过程中过多考虑部门利益,防止因部门利益之争影响立法和改革进程。各部门细则应提则应提前协商,避免出现法律适用混乱。要根据金融业发展的进程,与时俱进的做到科学立法,对于各行业出现的新情况、新问题,应主动积极规划,做到与时俱进。在实际管理工作中,要破除过去单纯运用行政手段管理金融业务的旧思维。要提升法律意识,要运用法律工具解决金融发展中的各种问题,逐步走上法治化道路。

---

〔1〕 参见高兴兵:《国际金融危机背景下金融纠纷态势研究——以温州法院金融案件动态为样本》,载《法律适用》2019 年第 19 期。

〔2〕 参见刘志永:《论“互联网 + 金融”风险的法律防控》,载《新疆广播电视大学学报》2019 年第 1 期。

(二)从金融监管角度看

一是增强金融监管的联合协调性。构建金融监管体系,应当注重以行业自律为主,政府监管为辅。由于我国金融业的监管涉及很多部门,如中央银行、财政部、税务部门、审计部门、银监会、证监会、保监会等,各级监管部门必须增强主动监管意识,承担监管责任,努力走在市场前面、走在风险前面,完善监管制度,提升反应灵敏度,将监管与自律有机结合起来,最大程度降低金融风险。

二是杜绝不当的金融创新,提高金融监管的水平。金融机构作为金融业的经营主体,必须强化风险防范责任,必须始终坚持服务实体经济的根本原则,金融产品与金融服务的创新都必须服从于这个原则,要坚持适度创新,改革自身管理制度,转变经营理念,将更多资源用于支持科技创新、中小微企业发展和满足普通百姓的金融需求上。加强政府对金融体系的严格监管,对金融创新发展中的一些违法、违规行为应严厉打击,有效维护金融秩序稳定性,同时兼顾金融创新的开放性,合理把控监管的"尺度",促使创新与监管协调发展。[1]

三是金融行业内部要严格依法遵守行纪行规。严肃整治非持牌金融机构,弥补法律对金融中介机构规定的不足,注重对金融中介机构的监管,引导金融企业进一步规范投融资行为。在处理信用卡申请时,要保证严格符合条件、程序,预防不法分子盗取信息利用信用卡实施犯罪,完善金融机构信用风险防控机制。

(三)从司法角度看

建立健全防控金融风险法律机制需要金融行政、法律、经济手段密切配合,联合发力。司法作为处理金融矛盾纠纷的最后途径,对于保证金融市场主体的自由参与,增强金融市场主体的活力,化解金融风险,具有重要意义。

一是推动金融审判队伍的专业化。随着我国经济快速发展和国民财富的增长,融资、投资理财、股权交易等金融活动也越来越频繁,由此带来的金融纠纷也越来越多。在经济发达地区,大量金融纠纷涌入法院,法院办案压力突显,且金融业涉及的领域广、人员多,专业性、实践性都非常强,金融纠

[1] 参见赵向华:《基于金融创新条件下的金融风险管理探析》,载《中国经贸导刊》2019年9月刊。

纷案件具有标的大、法律关系复杂、新类型多、审理难度大等特点,这就必须努力推进金融审判队伍的专业化,以进一步提升金融审判的质量和效率。要按照遵循司法规律、体现职业特点、提高队伍素质的要求,以建立结构合理、权责明晰、管理规范、保障有力的合议庭办案机制为目标,加强审判队伍的正规化、专业化、职业化建设。提倡法官深入金融机构调研,让法官"走出去",发挥法官以老带新作用,鼓励青年法官快速成长为金融专业审判法官。建立金融专业人民陪审员制度,增加金融业从业人员或金融专业学者为人民陪审员,把金融专业人员"请进来"。

二是建立专项审判机制提高办案质效。对金融案件进行分类管理,做到简案快审、新案精审、难案专审,节约审判成本,提高办案质效。妥善审理民间借贷、金融借款合同、小额贷款合同等纠纷案件,一旦发现有可能涉及金融犯罪或引发金融风险可能的情形,要及时向上级有关部门报告。系列案件、集团案件、群体性案件,要采用集中受理、集中协调、集中研判的方式,依法保护好债权人的合法权益。在刑事审判中,依法审理集资诈骗、非法吸收公众存款等经济犯罪案件,保障金融秩序和人民群众的财产安全。

三是建立涉金融执行专项行动机制。严厉制裁金融违法犯罪行为,进一步加大涉金融案件的执行力度。通过拓宽适用限制被执行人高消费、媒体曝光等执行措施的覆盖面,集中时间、人力开展专项执行,保障金融债权尽早实现;通过在电视台、微博、微信、网络运营商、广场宣传栏等开展执行专项宣传,向社会公布判决执行中发现的恶意逃避债务和诚实守信的典型案例,通过多种形式,加强沟通交流,营造良好的金融发展环境。在企业破产案件的审理过程中,协助有抵押的金融机构优先行使受偿权。

四是建立完善多部门协调联动机制。在服务大局、能动司法的工作中,注重延伸审判职能,突出法院的职能优势,务求将司法建议工作与实际经济生活相结合,更好地服务区域经济社会发展。深入金融机构、房产等企业梳理不良资产、房地产交易、企业破产等案件可能引发的金融风险,提供法律咨询、建议。邀请金融机构召开涉金融案件座谈会,通过讲解典型案例,提高金融机构的风险意识,对金融机构排查出的问题逐一进行研究,梳理风险点。引导金融机构进一步规范《送达地址确认书》的适用,大力拓展诉讼保全、财产查询线索,保障金融纠纷解决的司法推进。

五是完善类案文书平台统一裁判尺度。要加强新类型金融案件的研究和应对,准确适用合同法、公司法、合伙企业法、信托法等法律规范,确定各方当事人之间的权利义务。发布指导性案例，通过类案指导，统一裁判尺度。

五、结语

当前，我国金融发展已经进入一个新的历史阶段，完善金融风险防控法律机制任务艰巨，金融司法改革任重道远。人民法院要进一步增强大局观念和风险意识，充分履行好司法审判、执行责任，防控金融风险，维护金融秩序健康稳定，推动金融市场协调发展，助力金融改革创新和国家金融安全。

藏区农村信用社涉农小额信贷风控机制分析与设计

——以138件涉农小额信贷纠纷为研究样本

李严斌* 刘姝婷**

内容提要 藏区农村信用社作为涉农小额信贷的主力军，是解决当前藏区精准扶贫贷款难题的有效举措，是贫困农村经济发展中重要的资金供给渠道。藏区农村信用社在金融扶贫、乡村振兴中对农业产业结构调整、贫困农户增收和发展区域经济都占据着举足轻重的地位。但金融机构经营的是风险，在市场上起着杠杆的作用，风险管控是金融机构最重要的工作。因此，风控是关键，如果风险控制不好就会引发比较严重的社会问题。为此，本文以如何加强农村信用社涉农小额信贷风险管理为初衷，以切实解决"三农"融资难、融资贵、农村金融供给不足等问题为导向，将藏区基层法院的138件涉农小额信贷纠纷作为研究样本，对藏区农村信用社涉农小额信贷业务的特殊性进行了分析阐述，并在实证分析涉农小额信贷风险管理存在问题的基础上，进一步对创新农村信用社涉农小额信贷风控机制设计展开研究论证，最后初步提出了构建降低藏区农村信用社涉农小额信贷风险模式。

关键词 藏区农村信用社 涉农小额信贷 风控机制

* 四川省阿坝州小金县人民法院。

** 四川省阿坝州马尔康市人民法院。

引 言

金融机构在经营过程中防范风险和追求利润同等重要。[1] 相比于内地金融业务本身和法律风险控制得更加稳定,藏区抵御金融风险有着基础薄、法律基础弱的特点。尤其是藏区农村信用社因为面临客户对象的原因,抵御风险的能力更值得引起我们重视。故而,风险控制是藏区农村信用社必须要予以重视的关键环节。因此,我们尝试就目前藏区基层法院受理并已审结的138件农村信用社小额信贷纠纷进行分析研究。从整体上看,农村信用社涉农小额信贷在风险防控方面出现了很多问题,即使通过司法诉讼的途径也不能降低多笔涉农小额信贷成为不良资产的风险。在乡村振兴战略稳步推进的过程中,如果不研究和设计涉农小额信贷的风险防控机制,那么必将形成"群众少抵押贷不到、银行怕风险不敢贷"的金融扶贫梗阻。

一、实证分析藏区涉农小额信贷风险管理中存在的问题

通过对138件涉农小额信贷纠纷案件,从贷前审查、贷后监督与防控技术三个维度,研究、分析了涉农小额信贷风险防控机制中存在的问题,并通过数据分析从内部和外部两个方面对涉农小额信贷存在的风险隐患进行了梳理归类。

(一)农村信用社内部存在的风险隐患

通过实证研究发现:在138件小额信贷纠纷中,因贷前审查不到位导致纠纷发生的占比为38%。虽然,目前农村信用社内部相关信贷风险管控的规章制度较多,也比较完善。但却不能针对农户、专业合作社的实际情况进行有效制约。这里面的原因是多元的,但是,这里尤其值得重视人的问题:其一,是理事监事制度没有落到实处,理应发挥监管职能的监督机制作用不明显,导致内部控制较为松散,这不仅增加了贷款资金风险,而且还不能快速适应农村小额信贷蓬勃发展的趋势。其二,是缺乏人才保障。人才是企

[1] 参见徐清飞:《地方隐性债务风险的法律防控》,载《法商研究》2019年第6期;李鹏:《中国式影子银行宏观审慎监管:现实挑战与框架改进》,载《经济学家》2019年第11期;王娜:《习近平金融工作重要论述与马克思主义金融理论的发展创新》,载《财经科学》2019年第10期。

业的核心资源,而农村金融工作的复杂性,决定着对人才需求的多样性,不仅要懂金融,同时还得懂农业,而农业作为一个比较特殊的产业,只有深入田间地头,才可能做到对风险隐患心中有数。

在138件小额信贷纠纷中,因贷后监管不到位导致纠纷发生的占比为33%。贷后监管难度大是一个不争的事实,这源于藏区农村地广人稀,信息闭塞等地理特殊环境和条件。因此,农村信用社不能全面监控贷后资金使用情况,贷款期届满后主要依靠人力的方式进行催缴。一旦遇到恶意拖欠贷款的行为,只能通过法律的途径进行诉讼催缴。不仅法律诉讼的周期较长,而且诉讼结果的执行难度较大,严重影响了资金的回流速度。笔者所在藏区基层法院涉农贷款额度越来越大,涉农贷款纠纷不断呈现上升趋势便是例证。加之小额信贷大多用于扩大再生产等扶持性项目,该类项目存在周期较长,投入较多,产出较少等因素,势必造成涉农小额贷款风险的增加,最终导致农村信用社的坏账、呆账、死账不断增加。

在138件小额信贷纠纷中,因防控技术落后导致纠纷发生的占比为29%。随着现代信息技术的快速发展,金融大数据时代已经到来,信贷风险数据化管控已经成为今后金融风险防控的主要手段,虽然在经济发达地区的金融机构依靠大数据分析进而有效管控信贷风险已经普遍运用,但是由于藏区农村信用社的信息防控防范机制发展速度更为缓慢,加之在技术投入方面、工作人员的信息技术操作水平等原因,目前还不能有效运用大数据分析加强对小额信贷风险的全面管理,仍是传统的粗放式信贷管理。

(二)农村信用社面临的外部风险

一般情况下,藏区农村信用社的贷款业务主要服务于"三农"。由于藏区农民群众、涉农中小型企业普遍存在还贷能力较差、市场风险意识不足、抵押资产价值低而少等特点。因此,农村信用社面临的涉农信贷存在较大风险,加之当前藏区农业生产与自然环境因素戚戚相关,如若遇到自然灾害或是国家农业政策、农产品价格市场涨跌等因素的影响,就都有可能导致小额信贷面临回收困难的风险发生。随着当前土地流转和农业规模化经营模式的出现,大额农业贷款数量日渐增加,而大额贷款的主体往往是农业合作社,以集体土地抵押的方式也带来一些新的法律问题,同样会导致信用社面临回收贷款困难。

由于藏区农村信用社服务对象较为固定,这就制约资金来源渠道较为狭窄,无形中就会造成信贷对象与吸纳存款的对象较为集中,熟人借贷、熟人揽储的普遍现象,并滋养和催化了“熟人社会”“人情社会”背景下信贷评级和信用评估工作的敷衍了事,导致不良贷款屡屡发生。同时涉农小额信贷还具有信贷人员居住分散、流动性强等特点。藏区农村村民地广人稀的特点,也会造成较大信用贷款的管理难度。加之小额信贷每笔贷款的资金数量较少,信用贷款利率较低,诱使农村群众盲目贷款外出投资,一旦投资失败,便再无力偿还。

由于上述内外原因叠加,造成了138件小额信贷纠纷中作为原告的农村信用社自动撤诉48件,占比35%;经法院调解履行54件,占比39%,进行执行程序后执结21件,占比15%,终本15件,占比11%。由此可见,在藏区农村信用社138件小额信贷中,成为不良贷款(包括自动撤诉和执行终本案件)的有63件,占比高达47%。得出这样的结果,是不是就意味着涉农小额信贷已经没有存在和发展的必要了呢?然而,常识告诉我们现代经济不可能离开金融,核心是要控制相应的金融风险,金融风险的本质在于货币和信用的市场化运用,市场的缺陷必然反映到金融活动中。[1] 尤其是随着脱贫攻坚和乡村振兴战略的实施,更脱离不了现代金融体系,农村信用社的涉农信贷业务不仅有存在的必要,而且还应该大力发展,只是需要遵循其中的供求矛盾规律,并在规律基础上找到金融风险控制之道。

二、藏区涉农金融借款供求矛盾的宏观审视

供求矛盾一:乡村振兴背景下日益扩大的资金需求与农村信用社有限的信贷资金形成供给矛盾。从资金供给方面看,历来以信用社为代表的涉农金融不良金融债权居多,这与农村信用的经营主范围和场所有很大关系。[2] 虽然在此背景下,国家基于金融扶贫的战略考量,积极通过央行再贷款的方式大力弥补信用社贷款资金的不足,但再贷款资金规模远不能满足涉农信贷的投放需求。因此,在社会诚信体系尚未完善的情况下,一些农村

---

〔1〕 参见郭金龙、周小燕:《马克思主义关于金融风险的思想及其最新发展》,载《金融评论》2018年第1期;郑健雄:《马克思主义的危机理论与中国系统性金融风险防范——基于价值否定的辩证范式》,载《学术研究》2018年第8期;苏辛、谢尚宇、周勇:《金融风险度量的建模理论与方法的一些进展及其应用》,载《运筹与管理》2018年第1期。

〔2〕 参见赵涵亦:《四川省农村信用社不良资产处置分析》,载《时代金融》2018年第3期;李品涛:《农村信用社信用风险化解思路及对策》,载《时代金融》2019年第1期;林水文:《不发达地区农村信用社的不良贷款风险控制措施论述》,载《中国市场》2018年第2期。

信用社出于趋利本性和自身发展的考量,更有意愿转型升级为农商银行,将大部分信贷资金转向包括但不仅限于农村居民的小额信贷。通过国家层面的精准扶贫战略实施,农村信用社涉农小额信贷得以长足发展,金融扶贫的成功运行不仅成为解除需求型金融抑制的最佳途径,而且还获得了因小额信贷资金支持脱贫致富农户的一致赞誉。在这种示范效应下,随着藏区乡村振兴战略的不断深入推进和藏区农民、涉农企业的一是观念转变,农村信用社涉农信贷资金的需求量肯定会有越来越大,这就与农村信用社有限的信贷资金形成供给矛盾。

供求矛盾二:农村信用社目前单一的金融服务产品与农户、涉农企业多元化、多层次的贷款需求出现矛盾。目前,藏区农村信用社尚未开展向农户或涉农企业提供中长期贷款业务,也为建立起满足农户多元化、多层次贷款需求的有效机制。出现这一矛盾的原因主要是因为农村信用社自身资金实力有限,其涉农信贷资金主要源自央行的支农再贷款,但支农再贷款的期限一般为 6 个月、9 个月,最长为 1 年,按照相关规定还不得进行展期,这就严重制约了农村信用社涉农信贷产品的开发。不仅如此,涉农信贷利率问题也成为借贷双方都比较关注的问题。如果涉农贷款利率过低,那么农村信用社势必会寻租风险小、高回报项目,如此一来,中低收入农户、涉农中小微企业又将面临再次被边缘化的尴尬。但如果提高涉农贷款的利率,则会增加资金需求农户和涉农中小微企业的运作成本,无形中将会阻碍涉农小额信贷的可持续发展。因此,国家应出台比较宽松的扶持政策,根据农户、涉农中小微企业自身的实际经营成本和还贷能力实行涉农信贷浮动利率。由于农产品市场需求已经出现多元化,农业生产也不仅限于粮食生产,而是拓展到了经济作物种植、特色养殖、生态旅游等各个方面,因此涉农贷款的需求也将出现多元化、多层次等特点。但目前农村信用社却不能满足涉农贷款实际需求的变化,其中不乏存在农村信用社或者信贷人员从自身利益出发,为降低信贷风险,存在人为压低贷款额的现象。

供求矛盾三:农村信用社涉农信贷的扶贫性质与农村信用社需商业化运作之间的矛盾。从社会学的角度来看,涉农小额信贷的成功运行,不仅为农村中低收入的农民提供了脱贫致富的资金条件,也为农村信用社自身发展创造了新的利润增长点,可谓是双方"共赢"。但从商业利益的角度来说,涉农信贷存在大量的利益外溢,其所产生的社会收益是当事人农村信用社无法体现在其收益表上的,加之在现有体制下农村信用社又无法得到合理补偿，甚至还有可能会承担本应通过保险由社会共同承担的风险。这就让农村信用社陷入"名利双赔"的困境。于是在涉农保险和涉农贷款担保机制尚未建立、完善的大背景下，出现严重的"扶富不扶贫"的奇怪现象。据笔者所在地农村信用社的统计数据，其实80%左右的涉农信贷资金是投向了高收入农户或大型涉农企业，在对中低收入农户、涉农中小微企业投放信贷资金时仍然较为谨慎，基本没有实现涉农信贷资金投放初衷。

前述三对矛盾显示，涉农信用社小额贷款是存在需求和供给不对接的，这些不对接在法律上会呈现为各种金融风险。因此，如何平衡三对矛盾，破解藏区涉农信用社小额贷款风险控制难题必须遵循的规律和问题导向。

三、小额信贷风险控制先进模式借鉴

为了较好地解决涉农小额贷款风险防控，有效控制信贷风险，全面提升藏区农村信用社小额信贷在乡村振兴战略中的推动作用。应当站在国际国内小额信贷理论研究和发展趋势的立场上，学习借鉴先进风险控制模式，寻求创新藏区小额信贷风险防控模式的途径。

（一）国际小额信贷理论研究发展趋势

当前，学者对国际范围内小额信贷的研究主要集中在以下三个方面：一是研究小额信贷是否可持续发展；二是研究小额信贷的运行制度；三是开发小额信贷服务产品。纵观小额信贷前生今世的发展进程，不难发现主要分为三个阶段：第一阶段是早期追求信贷项目的高还贷率阶段；第二阶段是追求弥补成本，实现机构运作的可持续发展阶段；第三阶段是实现赢利，追求商业渠道资金，达到金融意义上的可持续阶段。[1]

就国际范围内小额信贷发展趋势而言，主要有以下几种观点：小额贷款（microcredit）将向微型金融（microfinance）转变，即从单一的信贷服务转变为提供更多的金融服务；扶贫性质向商业性质转变，即国际小额信贷机构正从扶贫性质的机构向商业性企业转变；国际上关于小额信贷（行业）监管原则形成区分审慎性监管和非审慎性监管的一致意见，即逐步放松有关小额信贷的利率管制。[2] 亚洲印度的小额信贷模式为：商业银行通过与自助小

〔1〕 殷红霞：《农村小额信贷的政策效应及风险防范》，载《理论导刊》2004年第9期。

〔2〕 杨威：《浅析我国小额信贷存在的问题及对策》，载《广西金融研究》2007年第9期。

组(以社区为基础)合作,向贫困群体提供小额信贷金融服务。拉丁美洲模式为在多数金融机构集中开展小额信贷的同时,越来越注意提供多样化的小额信贷金融服务。机构运作的高成本,以及能否脱离对捐助的依赖,而转为与金融体系连接已经成为东欧和中亚地区小额信贷机构是否可持续发展的主要威胁。近年来,在非洲(撒哈拉以南地区)正规银行已开始进入小额信贷市场。

(二)国内小额信贷理论研究发展趋势

我国的小额信贷也可以分为三个发展阶段:第一阶段是从1993年开始的试点阶段;第二阶段是1996年后的项目扩展阶段;第三个阶段是金融机构在实施精准扶贫、乡村振兴战略后全面介入阶段。自人民银行2001年12月出台《农村信用社农户小额信用贷款管理指导意见》,要求全面推行农户小额信贷,实施金融扶贫开始,专家学者对小额信贷的研究进入鼎盛期,研究方向主要集中在以下几个方面:一是小额信贷是否可以商业化运作。主流观点认为,小额信贷可以商业化运作,强调小额信贷的商业化而不是渲染小额信贷的慈善性。因为可持续性的商业化运作,不仅可以吸引大量闲散资金增加小额信贷资金来源,而且还可以通过小额贷款获得新的经济增长点。二是正规金融机构是否能够成为小额信贷主体。主流观点认为,农村信用社在今后相当长的时期内仍将发挥主力军作用,但应在农村金融市场适时、适度引入诸如第三方担保及其他机构,促使商业性小额信贷健康有序发展。三是利率问题。如前所述,小额信贷可持续发展与利率高低直接相关。主流观点认为,涉农小额信贷应放开利率管制,实行灵活的分类利率政策。如政府机构小额信贷一般应执行国家规定的扶贫贴息利率;金融机构小额信贷一般应执行浮动利率。实践证明,合理的利率是小额信贷是否可持续发展的重要条件之一。小额信贷利率水平应界于商业性贷款利率与高利贷利率之间,至于利率水平多高才是合适的,是未来小额信贷研究的一个重要方向。[1]

(三)对于小额信贷风险控制的启示

通过对国内外理论的分析,对于小额信贷风险控制至少有以下三点

---

〔1〕 姜艳灵:《我国小额信贷运行机制研究》,湖南大学2007年硕士学位论文。

启示：

第一，尊重市场规律。金融风险形成于市场当中，也只能在市场中予以化解。这时要充分发挥利率的调节作用，利率是金融市场中起着信息引导和行为激励等基础作用。[1] 对利率的规制就是通过矫正利率的市场信息引导和行为激励等功能，从而抑制金融风险的发生。

第二，发挥小额信贷的特殊服务功能。单纯从盈利而言，小额贷款并无多大优势，这一点也为“扶富不扶贫”现象所论证。但是，小额贷款在农村信用社的业务中具有特殊地位，这点也是信用社作为企业的社会责任感所在。因此，风控设计必须充分考虑社用社此项功能的发挥。

第三，注重可持续发展。小额信贷既要实现社会责任，也要实现亏损相当原则，这样才能实现可持续发展和良性互动。风控设计必须掌握红线和灵活性原则。

四、藏区涉农小额信贷风控机制设计的基本框架

在对涉农小额信贷进行风控机制设计时需要厘清不同的风险发生隐患，结合藏区实际来构建符合当地实际的风控模式。结合此前涉农小额信贷纠纷存在的问题和小额信贷理论发展趋势，本文从四个方面对藏区小额信贷风控机制展开分析。

（一）以法律责任为核心的合同风控机制

防患于未然是避免涉农小额信贷风险发生的原点，通过理论研究制定科学的运作规则十分重要，不仅能够规避金融服务系统性风险，也能有效规制双方的行为失范。这里的风控机制可以从制度激励与制度约束两个方面来进行分析，制度激励主要体现于借贷双方内生需求的满足，如借方可以方便地借款，贷方可以获得利差；制度约束则主要体现在，贷方不能逾越规则，为了人情、业绩而不负责任地发放小额贷款；借方如不能按照借贷合同约定按时还款，则应承担一定的法律或经济后果。

---

[1] 参见张正勇、戴泽伟：《利息功能的理论辨析——兼论民间融资的合理性与高利贷之成因》，载《现代财经》2012年第7期；吴炳辉、何健敏：《中国利率市场化下的金融风险理论》，载《财经科学》2014年第3期。

(二)以信用审查为主要内容的贷款风控机制

贷后资金监管风控机制主要存在于小额信贷消费领域,这也是小额信贷风险发生的重灾区和真空区。涉农小额信贷需求方必须满足小额信贷规则所给出的信用等级,然后才能根据自己的授信额度按照借款规则获得借贷资金。其防控的关键点主要集中在最终的还本付息环节。换言之,就是资金使用过程中完全不受控制。因此,此类小额信贷的风控机制必须集中于贷前审查和到期催收环节。

(三)以现代科技手段为载体的风控机制

随着互联网金融时代的到来,小额信贷也必然会步入互联网金融产品上的开发中,这也是与第三方支付平台相关金融产品开展竞争的必然选择。衍生产品防线控制的关键点应着力于农村信用社的内部防控,即风控机制应存在于:信用社必须运用科学技术手段对信贷风险对冲效果进行科学评估,并寻求风险转嫁的有效、合法途径。

(四)创新做实担保的风控机制设计

基于创新交易的需求,借贷方提供担保的限制等原因,差额补足作为一种商业交易或在金融产品的结构化交易实践中被大量运用。然而很多专家学者对差额补足看法不一,有类保证说,有债务加入说,但笔者认为,差额补足的性质就是担保。当主权利难以定性为债权时,除了保证、抵押、质押等传统的法定担保措施外,差额补足这种没有法律规定却又可以通过合同约定实现当事人特殊需求,从而比法定担保措施更加灵活,更为适应各式各样的创新交易。

五、藏区涉农小额信贷风险防控机制可能的集中创新模式

模式一:创新涉农小额贷款担保模式。

为了充分发挥农村合作社在产业扶贫、乡村振兴中的中坚力量。笔者认为,可以通过进一步完善金融扶贫贷款担保政策体系,整合财政涉农资金,将涉农资金打捆设立涉农贷款担保基金和风险补偿基金,通过有资质的专业评估机构对农业合作社的项目进行评估,由专业律师制定《反担保合

同》,建立"政府+银行+担保"三位一体的风险分担模式,增强扶贫贷款担保服务能力和抗风险能力,即一旦贷款方因意外原因造成贷款逾期,启用担保基金和风险补偿基金代偿一定比例的贷款本息,银行和政府各承担剩余部分的一定比例,最大限度降低各方风险。通过这种风险分担机制,不仅可以控制金融机构的信贷风险,而且还可以确保农民群众和涉农中小企业能够方便快捷的融资。在这种模式中,还可以从创新反担保措施入手,衍生"农村承包土地经营权抵押+农民住房财产抵押""农村承包土地经营权抵押+第三方担保"等业务模式。例如,一个农民发展牦牛养殖业,牦牛长大后具有一定的经济价值,他可以把这些活体的生物性资产作为抵押,让他可以不断地买卖,大牛可以出栏,小牛可以进栏,农户可以通过多种形式的抵押担保,让农户融到其所需要的资金,解决资金的瓶颈问题。

模式二:创新信用风险内控机制模式。

有效提升风险内部控制机制是做好信用社小额信贷风险防控的努力方向。在藏区农村这样的熟人社会,个人的资信信息应尽充分外化,不过这类信息只是散落在民间,因收集成本过高未被农村信用社所掌握。因此,农村信用社不妨延伸服务触角,以自然村为基础,成立村寨贷款中心,吸纳威信较高、有话语权的乡贤加入,将散落在民间的农民或农户的资信资料建档立卡,作为授信额度的基础评估资料,并通过召开乡镇政府、村社两委联席会议的方式,督促农户按期还款,通报金融扶贫相关政策。这种模式不仅可以将第一时间掌握贷款人的资信,将资信不佳者拒之门外,同时还便于贷后监管,最大限度实现资金安全回笼。

模式三:小额信贷权变调适规则模式。

权变理论的基础在于对组织活动进行管理时需要根据内外部环境的变化适时进行策略调整,最终实现既定管理目标。这就需要农村信用社充分发挥金融政策和相关机构的监管作用。例如,对恶意欠贷、冒名借贷行为加大打击力度,协同司法部门强力执行金融法规。同时有效把握经济政策导向,运用地方性政策,及时调整农村信贷结构,切实防止系统性风险和区域性风险发生。权变调适规则还可以运用于贷款人的征信评价,由于央行的征信记录中有数据存储,所以在技术层面并不存在困难,其难点在于规制借款人的还款行为,就法律层面而言,需要界定借款人主观故意或客观困难两个方面的违约状况。因此,可以设计一定的还本付息缓冲期,以此来满足借款人因客观原因不能还款的需求,但应缴纳一定数额的滞纳金。

模式四:整合资源预防潜在风险模式。

农业原本就是一个收益较低、风险较大的弱势产业,自然灾害不可控制、预防,但市场风险确实可以预测的,因此,农村信用社应整合政府经信、农业等各方资源,建立涉农信息中心,定期发布各类涉农信息,给农民、涉农企业提供必要的信息咨询、释明服务,增强农民、涉农企业对市场的分析、预测、评估能力,不断强化农民、涉农企业的市场意识,有效防控农民、涉农企业由于信息闭塞而发生的潜在风险。这种模式还可以改变以往农村信用社金融扶贫"单打独斗""孤军作战"的局面,从而避免信用社自主发放贷款与党委政府惠农政策之间的矛盾,充分发挥基层党组织、村委会是推行金融扶贫的重要环节和关键节点,因此,农村信用社可以授权基层党组织和村委会担负贷前资信审查和贷中资金监管职责,以支持农民群众脱贫奔康为目标,对忠厚老实的低收入群众给予适当支援,变金融"输血"扶贫为金融"造血"扶贫,并以此为突破口,推进乡村振兴信用村镇建设。

六、结语

金融风险防控是一项复杂、专业、动态的工作,要想建立趋于完美的风险防控机制,不仅需要根据权变调适理论不断调整风控机制和监控措施。而且还应当从宏观层面进行理论研究,微观层面进行实践摸索。笔者作为基层法院的法律工作者,也仅仅是将根据案件纠纷的研究提出一些不成熟的想法,难免存在以偏概全之愚见。

藏区法院推进法治化营商环境建设的实践与探索

李严斌*

内容提要 培育法治化营商环境是四川省阿坝藏区深化改革发展的重要目标，也是促进四川省阿坝藏区经济转型升级的重要环节。从目前四川省阿坝藏区总体情况看，优化营商环境的关键任务在于激发地方力量，补齐民营企业发展和社会资本的投资短板。最好的营商环境是法治管控下的市场经济，只有在这样的营商环境中，市场主体才会有公平竞争，稳定预期，可靠信用。法治化环境是最有利于经济发展的营商环境。营商环境的好坏是直接综合体现一个地区经济发展的"硬环境"和"软环境"的，更是一个地区提升综合竞争力的客观需求。本文从四川省阿坝藏区营商环境实践障碍出发，比较借鉴省内外优化营商环境的实践经验，以四川省阿坝藏区实际情况为基石，最后从司法实务的角度阐述四川省阿坝藏区法治优化营商环境建设的实践和探索。

关键词 民族地区 营商环境 探索实践

引 言

近日，笔者在《学习强国》学习过程中，被一篇《秒读

* 四川省阿坝州小金县人民法院。

中国经济：一亩地从30万元涨到300万元，“生态产品溢价”咋这么厉害》深深吸引。文中以山西省会城市太原为例，通过生态产品溢价模式，使环境得到修复，同时这让土地更加增值，不仅企业创造了利润，而且政府也没有太大负担，实现了企业、政府、百姓多方共赢。在川西北藏区经济转型升级的新形势下，笔者作为一名基层法院的员额法官，基于法院在推进法治化营商环境中的作用，对当前四川省阿坝藏区两级法院在推进四川省阿坝藏区法治化营商环境建设中的实践和探索进行必要研究，不仅具有实务价值，更具有理论价值。

一、四川省阿坝藏区法治优化营商环境建设的实践障碍

营商环境其实是包括法治环境、自然环境、政务环境和舆论环境等多个子系统的立体综合性系统，但现实中，一提起优化营商环境，很多人会认为优化营商环境其实就是“放管服”改革，更多依赖于政务环境，而忽视了优化营商环境的核心在于法治建设，只有如此才能有效推动各项制度创新。然而在四川省阿坝藏区优化营商环境的过程中，还存在缺乏相关配套法律支撑、争议解决机制同质化、制度创新与法律“碎片化”等诸多实践问题。

(一)机构改革的脱节

由于目前四川省阿坝藏区对构建法治化营商环境的理论研究较少，导致实务运作仅仅局限于“放管服”改革，并企图通过不断深化“放管服”改革来优化营商环境。虽然政务环境显著改善，但还存在以下一些问题：一是下放“权力”的力度不足，政府职能部门之间“赋权”仍不合理，改革创新举措日渐趋同化，根本没有突出四川省阿坝藏区的地方营商环境特色及特色生态文化旅游产业的发展。二是仍在施行以制度建设为基础的事后监管做法，明显存在监管优化程度不足。三是由于没有比较统一、完整的法律及政策予以保障引导，致使事权分割、制度改革、服务贸易的发展水平始终无法同步和提高。

(二)配套法规的缺位

尽管四川省阿坝藏区作为民族自治地区，在地方经济立法方面不断地发展和完善，但仍存在着很多问题，如对有些问题规定不清、界定不明。加之目前四川省阿坝藏区优化营商环境的很多规定和政策，大多为部门按照

职能制定,"碎片化"现象依然严重。"碎片化"现象导致政府部门职能交叉,程序烦琐,营商环境仍处于"亚健康"状态。加之当前地方经济立法部门没有完全树立民主立法理念,在地方经济立法过程中很少听取企业等市场主体的意见建议,导致企业在立法中的参与度不够。甚至有些立法项目还存在行业部门、重点领域的利益保护问题,没有根本实现立法为商的目的。

(三)解纷机制单一化

目前四川省阿坝藏区化解商事纠纷主要还是通过"打官司",商事纠纷解决机制较单一,商事纠纷非诉化解及商事仲裁等机制建设明显不足。一方面,民商事纠纷一大半是通过司法诉讼予以化解,不仅造成法院负担过重、解决效率下降,不利于商事纠纷解决的效率性和经济性。另一方面,多元化解民商事纠纷机制的构建进展缓慢,例如,临时仲裁等创新性解决方式无法在四川省阿坝藏区内得到有效的适用,导致存在解决结果的认可、执行过程过于冗长等法治建设"短板"。

(四)管理模式落后

当前,由于政府尚未完全转变理念,领导式的政府管理模式仍在一定范围内存在,或多或少存在行政干预市场的现象,这都在一定程度上阻碍了营商环境的优化,并造成了市场主体对政府的不信任。加之部分领导干部在工作中缺乏担当、作为的勇气,使得政商关系进一步恶化。这也成为四川省阿坝藏区制约营商环境优化的突出问题。

(五)同行间恶性竞争

如果有良好的营商环境,企业间不会出现相互倾轧的恶性竞争。但目前的情况是:当一些企业通过低价位、低标准、低层次等手段抢占市场占有率的情况出现时,政府部门却避而不见,存在监管不严、执法不力现象,无法管控和约束这种企业间的恶性竞争。其后果可想而知,不仅致使市场良性竞争机制失效,同时还严重损害了消费者的权益。

二、国内外营商环境优化的实践经验

(一)掠影国际营商环境优化实践

随着全球化进程特别是经济全球化进程的不断推进,当下世界各国都希望通过各种举措不断改善营商环境、积极营造互利共赢的投资环境。目前,世界银行每年发布的《全球营商环境报告》是最权威的营商环境报告,世界银行采用对专业人士进行问卷调查的方式进行评估数据的收集,在对每个一级指标项进行评定时,都在调查问卷中设定关于该指标在其国内的法律规定及具体实施情况等相关问题,可见在世界银行营商环境评估中法治因素的重要作用。[1]

(二)掠影国内营商环境优化实践

国内各自贸试验区为满足营商环境的优化需求,都选择在政务改革基础上摸索和建立何种优化举措,着重从法治层面、便利化层面进行营商环境的重点优化。首先,各地自贸区针对不同问题制定具体政策法律,日渐形成自贸试验区的整体法律框架。如广东自由贸易试验区构建了“条例+办法+指引”的梯次型规则。其次,各地自贸试验区也不断完善司法保障机制,设立专门性法律服务机构来解决自贸区内的民商事纠纷。如上海自贸试验区便设立了知识产权法院、自贸试验区仲裁院调解机构以及商事调解机构。[2]

广东自贸试验区在便利化营商环境的培育过程中,便率先在企业注册制度改革基础上推行一颗印章“管审批”;武汉自贸试验区则以互联网+政务为基础推行马上办、网上办、一次办的优化政策,为区内企业进行投资贸易创设便利条件。此外,各地的自贸试验区还广泛设立综合性行政服务中心,推行容缺审批、多证合一等营商政策,更好地为企业投资贸易需要服务。

在保障企业具有便利化的投资条件以及法治化的投资保障基础上,不仅需要具备国际视野,而且还要为企业提供更为开阔的发展平台。换言之,

---

〔1〕 参见杨亚佳:《法治环境是最需要的发展环境》,载《河北日报》2014年12月24日。

〔2〕 参见沈云樵:《营商环境法治化之理念与路径——以广东省为例》,载《南海法学》2017年第1期。

就是各地自贸试验区不仅要认识到营商环境评估指标体系在优化过程中的重要指引作用，而且还不能忽视国情以及区情的实际现实。由此可见，川西北藏区的营商环境需要在具备发展国际化生态文化旅游目的地视野的同时，还必须重视川西北藏区本土民族特色。

三、四川省阿坝藏区独特的区位优势和特色产业

四川省阿坝藏区幅员面积8.42万平方公里，境内溪流纵横、江河交错，不仅是岷江、大渡河、嘉陵江、涪江的发源地，也是长江、黄河最为重要生态保护区。[1] 境内有一马平川的茫茫草原，时时可见蓝天白云、牛羊牧野的田园风景；有层峦叠嶂的高山峡谷，处处呈现林泉相映，鹃啼猿鸣的诗情画意。可谓是美景如画，不胜枚举。随着国家经济实力不断增强，日益增多的环境问题让民众更渴望能够回归自然、拥抱自然。生态旅游应运而生，成为人类互动包容、修心养性的最佳载体，已然成为当今旅游行业的热点项目。

地处青藏高原东南缘的四川省阿坝藏区不仅自然资源、人文资源极为富集，而且还有着独特的区位优势，紧邻成都平原，东毗成绵，南接德阳，西靠雅甘，北邻甘青。目前，四川省阿坝藏区拥有3处世界自然遗产，开发5A级景区3个、4A级景区11个、自然生态旅游区6个、红色长征旅游景点5个、“5·12”汶川特大地震遗址若干。因境跨中国两个地理台阶和5000米的垂直高差，造就了分异显著的立体气候和复杂多变的局部生态。[2] 得天独厚的地理位置和分异显著的气候条件，让众多的珍稀动植物扎根、汇聚于此，大熊猫、金丝猴、黑颈鹤等珍稀动物在此繁衍栖息、穿行嬉戏；帝王百合、高山杜鹃和草地百花在此生根发芽、绚丽绽放。四川省阿坝藏区还将开发整合各种环境资源，陆续推出文化旅游、探险旅游、休闲旅游等多种旅游形态。

由于四川省阿坝藏区所处的自然地理环境、社会生产状况的独特性和差异性，沉淀了古朴厚重的传统文化，构成了异彩纷呈的民族文化。这里还是“国宝民族”羌族的主要聚居地，遍布羌寨的碉楼建筑文化，热情奔放的独特民族舞蹈、别具一格的藏羌民族服饰等等构成了藏羌文化的丰富内容。2008年以来，四川省阿坝藏区以建设国际旅游胜地为目标，抓住新农村综合

---

〔1〕 载阿坝州政府官网，http://www.abazhou.gov.cn/，2019年3月16日访问。

〔2〕《阿坝州年鉴》2016年7月25日，第239页。

体示范建设的契机,对传统民居进行“外观民族化、内在现代化”风貌改造,全力打造了一批集住宿餐饮、休闲娱乐和人文体验为一体的综合性山水藏寨、酒店羌寨。在保护少数民族传统民居、弘扬少数民族优秀文化、巩固民族团结成果等方面取得了显著成效。2017 年,四川省阿坝藏区 15 个村寨上榜中国少数民族特色村寨。

四、四川省阿坝藏区两级法院在司法实务中的探索与实践

营商环境就是生产力。营商环境的好坏直接影响一个地区经济发展,并间接影响该地区的财政税收和社会就业等民生问题。因此,培育和发展四川省阿坝藏区营商环境的法治化,则是推动四川省阿坝藏区经济转型升级,进而全面建成四川省阿坝藏区小康社会目标的根本所在。最高人民法院周强同志就多次强调,全国法院要立足审判执行工作实际,充分发挥司法职能作用,努力营造稳定、公开、透明的法治化营商环境,积极服务地区社会发展、经济建设大局。为此,四川省阿坝藏区两级法院在推进法治化营商环境建设过程中进行了积极实践和有益探索。

(一)强化服务大局意识,依法保障营商环境优化

近年来,四川省阿坝藏区两级法院不断提高强化服务大局意识,紧扣生态立州工作思路,加大环境资源司法保护力度,在四川省阿坝藏区中院在广泛听取省法院、省环资专家和州内环境资源相关行政部门、各基层法院意见建议的基础上,研究制定了《为全州“国家生态建设示范区、国家全域旅游示范区”建设提供司法服务保障的实施意见》,创新性地提出了全力打造“四圈四同”环资司法品牌,[1]构建四川省阿坝藏区环资保护司法新模式,在很大程度上为推进四川省阿坝藏区“绿色兴州”工作深入提供了强有力的司法保障。按照“均衡设立、兼顾重点、全域覆盖”原则,四川省阿坝藏区两级法院均已设立环资审判庭,并实现了刑事、民事、行政“三合一”归口审理涉环境

---

〔1〕“四圈”:进一步提高环境资源审判工作思想认识的“共识圈”;依法打击生态环境资源犯罪、探索环境保护“禁止令”、注重生态环境恢复性修复和加强司法研究司法建议等全力打造环境资源司法审判“保障圈”;实现沿线半小时纠纷解决司法服务的“纠纷解决圈”;完善协调联动、建立旅游交通事故一体化处理和建立公益诉讼联系的“机制共建圈”。“四同”:结合汶川国际熊猫节、金川古树梨花节、红原雅克音乐季、壤塘壤巴拉节、九寨沟国际冰瀑旅游节等 13 县(市)特色文化旅游节,“线上”+“线下”同时间、“台上”+“台下”同地点、“节前”+“节后”同形式、“同心”+“同力”同内容开展绿色法治服务。

资源案件。同时还设置了涉旅案件巡回审判点、便民法官工作室,实现了对全区域自然风景区、生态保护区、饮用水源保护区等区域的司法全覆盖,与此同时还积极探索智慧法院的构建。

(二)充分发挥审判职能,积极维护市场主体合法权益

市场经济究其本质其实就是法治经济。[1] 因此,四川省阿坝藏区两级法院始终把优化四川省阿坝藏区法治化营商环境的重要目标定位在安定的社会环境和有序的经济秩序。众所周知,法院是维护和修复营商环境的最后一道防线。因此,人民法院在构建和优化法治化营商环境工作中发挥着不可或缺的重要作用。法院通过妥善调处各类商事案件,最大限度建立市场主体较强的投资信心,同时还尽最大努力营造吸纳人才、资金和技术的良好营商氛围;最大限度地保护市场主体的平等地位和意志自由,同时还通过公布失信人名单等方式,不断提升市场主体的诚信意识;同时还通过最大限度地为商事纠纷提供高效、便捷的权利救济途径的方式,积极维护和促进营商环境的良性发展。通过发挥刑事审判职能,依法严惩涉营商环境,例如破坏、妨害市场秩序、侵犯财产等刑事犯罪;通过立审执的协调运行,依法支持和保障各类市场主体投资兴业,为构建安全、安定和安心的营商环境提供强有力的司法保障。

(三)助推依法行政,构建健康、规范的政商关系

"权力就像一把火,企业家离远了得不到温暖,离得太近又会被烧伤。"[2] 良好的政商关系无疑是优化四川省阿坝藏区法治化营商环境最好的润滑剂和助推器。但在行政执法过程中,因部分执法人员法治意识不强,导致不规范执法、不公正执法、不公开执法等现象频发,甚至还滋生出权力寻租等乱象。四川省阿坝藏区两级法院的行政审判工作便成为助推政府职能转变和法治政府建设的重要途径,通过行政审判倒逼政府运用法治思维和方法来厘清政府与市场的边界,消除没有原则的政治与没有道德的商场,不断深化法治政府、阳光政府和服务政府建设,确保政府权力运行和企业营商

---

〔1〕 参见王增杰:《构建新型政商关系的内在要求与对策思考》,载《理论导刊》2017 年第 1 期。

〔2〕 康杰:《新时期下构建新型政商关系的思考》,载民建中央网,www. cndca. org. cn,2017 年 8 月 23 日访问。

行为的在法治轨道良性运行。四川省阿坝藏区两级法院通过行政审判,一方面,充分发挥强化法院行政审判对政府公权力的监督和制约,依法规制政府乱作为和对市场的不当干预,杜绝政商之间出现不良关系,努力克服政府和市场的异化;另一方面,通过行政审判,促进政府与市场各司其责,各负其责,进而有效纠正政府的不作为。

(四)开展内强素质活动,提升保障营商环境司法能力

四川省阿坝藏区两级法院深入开展"规范司法行为、优化营商环境"等内强素质专项活动,通过开展活动进一步转变司法作风,规范司法行为,祛除执法办案顽疾,不断提升法院司法公信力和整体形象来助推营商环境的不断优化。四川省阿坝藏区两级法院根据法治化营商环境需要,在各专项活动中重点打击影响营商环境构建和优化的犯罪行为,切实增强震慑效果,不断净化营商空间,全力创建和优化稳定、安全、规范、有序的营商环境。同时还通过司法公开,切实保障营商主体对法院商事审判工作的知情权、参与权和监督权,及时传播法治好声音,传递法治正能量,集中宣传法院在优化法治化营商环境工作中的先进事迹、典型案件。

(五)加强司法规范引导,服务和促进营商环境发展

四川省阿坝藏区两级法院借助开展"六个实质化"工作契机,不断创新工作机制,主动与政府相关职能部门进行沟通对接。已与政府相关部门构建了全方位、多层次的商事纠纷多元化解机制,实现了商事纠纷诉非对接机制在程序选择、效力确认、释法说理等各方面的"无缝衔接"。此外,还返聘退休法院老法官担任特邀调解员,向涉商事纠纷的双方当事人充分释明诉讼风险,促使更多的商事纠纷通过非诉渠道快速解决。与此同时,还将法院工作与服务乡村振兴、城镇化建设等工作有机结合,审慎妥善地处理好城镇化建设和改造过程中出现的纠纷案件,实现完善城市基础设施建设与保障群众合法权益并重。

五、结语

虽然法院在优化营商环境中有着不可替代的作用和职能。但构建和优化法治化营商环境,毕竟不是法院尽一家之职就可以完成的事情。笔者认为,当前衡量政法机关履职水平高低,不仅要看是否依法履职,同时还要看

是否在促进地方经济社会发展中是否尽职。因此,政法机关要主动担当,自觉做好服务经济发展、优化营商环境的参与者、推动者和保障者,把各项构架和优化营商环境的工作往深里做、往实里落,最终形成合力,积极营造尊商、安商、护商、亲商的良好营商环境,更好地为新时代经济社会持续健康发展提供法治保障和服务。

资管新规下不良资产回表困境和思考

肖　山*

内容提要　《资管新规》落地后对"大资管"业务进行严格规制,"大资管"业务规模有所缩减,但目前我们国家资产管理业务的总规模仍然巨大。在《资管新规》要求的"过渡期"届满时限日益临近以及《九民纪要》等相关法律法规、司法解释、指导意见陆续出台的背景下,商业银行应当思考如何解决业已形成不良的表外资产。通过将表外不良资产回表是一个有利的途径。但其在银行风控指标以及法律效力方面等仍存在一定问题。本文结合商业银行"大资管"业务的特点,分析以表外不良资产回表为手段的风险化解方式必要性以及面临的法律、实务困境,并针对性提出思考和建议。

关键词　商业银行　资产管理业务　不良资产　风险控制

《关于规范金融机构资产管理业务的指导意见》(银发〔2018〕106号,即《资管新规》)落地后规定了2020年底作为资管业务"新老划断"过渡期的时限,至今已临近

* 武汉大学管理学博士,现任成都农村商业银行股份有限公司合规总监兼总法律顾问、中国银行法学研究会常务理事,长期从事金融行业风险合规领域的实务管理与学术研究。

期满。随着银行业新一轮转型和洗牌的大幕开启，近几年，部分中小银行积极探索在统一授信管理的框架下寻求大资管业务的穿透风险化解方案，也做了一些有益的尝试。得益于过渡期间的经验累积以及相关司法解释的出台，特别是去年最高人民法院《全国法院民商事审判工作会议纪要》（以下简称《九民纪要》）的发布，关于不良资产处置的一些关键点在司法实践中得到支撑。本文主要从资管新规下不良资产回表的必要性及所面临的困境方面做了简要的分析和探讨。

目前，我们国家资产管理业务的总规模近100万亿元，其中银行理财产品约22万亿元、[1]证券基金机构资管产品约51.19万亿元、[2]资金类信托资产规模约21.60万亿元。[3] 资管规模的快速增长一方面促进了国民经济和金融市场的发展，另一方面这个生态系统内部的结构性问题、潜在风险也在积累。从2017年3月“三三四十”专项检查起，在两年多的时间里，监管机构出台了诸多直接对银行资管业务产生较大影响的文件。特别是资管新规的正式出台，明确了净值化管理、单独管理、单独建账和单独核算等要求，倒逼刚性兑付的行业规则被打破。

这些监管办法重点在于强调对资管业务要全面压降，要求穿透管理，而对压降、穿透后的不良资产风险暴露和化解却较少提及。资管业务项下的不良资产怎么处理、怎么化解事关我国整个金融体系的系统性风险安全，需要更精细化的制度安排。

一、表外不良资产为什么需要回表

资管新规落地，针对资管产品投资非标准化资产（以下简称非标或非标资产）可能面临的风险（信息披露、信用风险和流动性风险）没有充分传达给投资人的情况，监管明确要求银行回归本源，加强投资者教育，传递“卖者尽责，买者自负”的投资理念，提出了资管业务净值化管理、期限匹配、打破刚性兑付的要求。

---

〔1〕 根据银行业理财登记托管中心发布的《中国银行业理财市场报告》（2019年上半年），截至2019年6月末，非保本理财产品4.7万只，存续余额22.18万亿元。

〔2〕 根据中国证券投资基金业协会发布的《资产管理业务统计数据》（2019年三季度），截至2019年第三季度末，基金管理公司及其子公司、证券公司、期货公司、私募基金管理机构资产管理业务总规模约51.19万亿元。

〔3〕 根据中国信托业协会发布的《2019年4季度末信托公司主要业务数据》，2019年第四季度末全国信托资产余额约21.6万亿元。

在负债端方面,资金来源特别是同业资金可能会存在“断崖式”下跌的风险,影响资管业务的资金来源,造成没有足够资金续接存量资产的情况,资产端只能用自营资金接回表内情况。

在资产端方面,对于质量正常的表外非标资产,在2020年之前到期的,银行可以根据资管新规要求,通过续发老产品对接,至其自然到期兑付;在2020年之后到期的,银行可以用自营资金接回表内,按照正常贷款管理。但从实际层面上来讲,对于此类表外非标资产的处置方式,监管政策并不明确,目前金融机构普遍持一种观望态度,等待后续政策出台对这一类表外业务进一步指明处置方向。对于已出现不良的表外非标资产来说,一方面存在融资方无法给付本息,资产不能自然到期兑付的困难,另一方面还需要协调通道方联合处置不良资产,浪费大量的沟通成本,而如果接回表内,则可以参照表内贷款,在清收、资产质量分类、后续管理方面都有很多经验和案例可以借鉴,所以,表外非标资产出现不良时,银行会首先考虑接回表内处理。

表外非标业务呈现的法律关系、权益以及责任对于金融机构而言并不形成表内资产或负债。但长期以来,金融机构以刚兑承担着实质风险。破除刚兑,不可能一步到位将过去数年来积累的风险都由后续的终极买受人承担。那么对于已经形成风险的,必然要求银行接回表内,从财务和法律上找到化解的途径。

二、表外不良资产回表存在的问题和困难

(一)表外不良资产回表的法律阻碍

由于资管业务中往往涉及大量的金融创新或者交易结构嵌套安排,存在各类交错的法律关系与相应的法律性文件。而目前对于资管业务相关交易模式下的实体权利或诉讼程序方面的诸多问题,在法律上尚存在较大争议,可能对清收过程中的不良资产回表造成阻碍。

1. 合同效力

资管业务中存在多重法律关系,且各项法律关系往往通过一项或多项法律性文件进行约定,从而构成复杂的合同关系。结合目前的法律规定与司法实践,我们可以大致总结出资管业务相关合同在司法程序特别是诉讼阶段的效力认定问题。

一是资管业务模式被认定“违反法律、行政法规的强制性规定”的情况。《民法典》第52条第5项规定“违反法律、行政法规的强制性规定”的合同无效,在司法实践中,对于此规定的适用较为严格。但仍有案例表明司法机关就此作出过对金融机构不利的认定,如(2017)最高法民终353号案中司法机关认定向金融机构出具的回购承诺函为保证担保,同时认定该保证担保由于保证人身份违反法律法规禁止性规定,从而无效,保证人仅就保证担保的无效承担三分之一的赔偿责任。而在实践中,资管业务的交易对手广泛,交易复杂程度高,其中设置的诸多法律关系难免触及法律、行政法规禁止性规定,案例体现的情况绝不是个例。这对资管业务而言是一项重大风险。

二是明确监管规定及司法解释对于资管业务合同效力的影响。在交易中普遍存在一些合同为规避法律法规及监管要求,以表面合同形式掩盖真实交易背景。此类情况在司法实际中有部分被认定为无效,有部分则被认定为可撤销或要求当事人合意处置,从实质上而言对金融机构均较为不利。对此,资管新规规定了资管业务“新老划断”过渡期限,在《九民纪要》中关于“通道业务的效力”相关规定中也援引了“新老划断”原则,但同时有“在过渡期内”的表述。上述监管规定与司法解释均没有对过渡期后的存量业务效力、处置方式进行明确。而对于金融机构现有的资管业务,特别是形成不良资产的业务在难以依照上述时限处置完毕的,相应合同效力是否会因触及监管禁止性规定而受到影响?这需要我们进一步讨论。同时,上述《九民纪要》关于“通道业务的效力”相关规定是归纳在其第7条“关于营业信托纠纷案件的审理”项下。而在实践中,资管业务的通道除信托计划以外还存在证券及其子公司资管计划、基金子公司资管计划、有限合伙等诸多形式,涉及权利义务主体性质各有不同。信托计划以外的其他通道形式,在其效力认定时是否可以参照上述《九民纪要》中关于营业信托的规定适用,这需要进一步明确。

三是资管业务过程中出现操作风险,导致的虚假用印、超越授权、合同欺诈等情况,严重影响资管业务合同效力。以上诸多合同效力方面的问题,不仅对资管业务不良清收构成重大威胁,也造成资管业务法律关系难以厘清,最终影响不良资产回表。

2. 权利效力

资管业务中存在大量的金融创新,而由于金融创新的业务发展需要与立法更新的滞后性存在较大的矛盾,为实现在资管业务开展过程的需要,交易中常常会创设多种新型“权利”,以充当交易载体。如各类信托财产、资产管理计划或股、债权的收(受)益权等。此类权利的法律性质、法律效力并未获得法律法规的明确认定,在面对具体业务时,法律意见大多以“法无明文规定即有效”作为逻辑基点,基于此类权利之上的各项交易同样在法律效力仍存疑。

3. 权利主体错配

在资管业务中存在金融机构充当“通道”的情形,通道业务中名义上应由最终与融资人直接建立法律关系的通道方成为完整的权利主体。如单一资金信托财产用于投放信托贷款的,应当由信托管理人同时也是信托贷款的贷款人成为债权人,并成为该笔债权项下相应担保权人。但实际中存在个别业务通道方为债权人,而银行因委贷业务成为实际投资人及担保权人的情况,形成了权利主体错配。造成主权利与从权利主体割裂,在法律层面存在极大瑕疵,更可能影响进一步的资产及权利分配。

4. 多重嵌套与反复交易

有部分资管业务出于不与监管规定冲突的目的,故意在业务中引入大量交易对手,通过多种投资形式将资金在不同的通道方进行流转,或通过股权投资、有限合伙份额投资等方式加深嵌套。此外,还有投资方与通道方之间开展多次相互交易。以上列举交易模式已经被监管要求整改,但不排除有存量资管业务曾存在此类交易,而这类交易结构的冗长复杂,一方面增加了回表工作的难度,另一方面交易过多,涉及权利转让等交易细节难以完整还原,可能造成权利瑕疵。

5. 原状返还

《信托法》中未对信托财产在信托终止时的原状分配予以限制,而证监会、原银监会等监管机构则曾下发文件对定向资管业务、基金子公司专项资管业务、信托业务等原状分配进行规定。正常情况下通道方根据约定就底层资产收益进行现金分配,交易各方对于依约履行的义务不存疑义。但在资管业务出现风险,特别是已经形成不良的情况下,对于底层资产到期后无法正常履约的,通道方往往会在法律文件中约定按其现状向委托人进行分配,包括债权及相关担保权利等。而在实践中,已经形成不良的委托财产,一方面可能由于前述的本身存在权利主体错配或复杂的交易结构嵌套导致原状返还困难;另一方面可能由于底层资产或担保物涉诉、查封以及其他法律限制等情况无法完整移交相关权利,造成原状分配的实际履行不能。

6. 诉讼主体适格性

根据合同相对性原则，以通道方名义与债务人签署合同，则诉讼的当然主体应当为通道方。但资管业务通道方多认为自身处于被动管理角色，不应当再置于诉累之中，因此，在诉讼过程中作为诉讼主体配合程度不高，难以达到实际债权人要求效果；而若由实际债权人在资产回表及诉讼实际效果的双重要求下突破合同相对性直接参与诉讼，则面临非适格诉讼主体的风险，主体资格可能无法得到司法机关的认定。

另外，即使资产回表之后，对于商业银行代客理财类资管业务形成的不良资产，银行是否应该或者能否代客户对于投资的底层资产行使债权人或者投资人权利代为追偿和清收不良资产这一问题，同样存在着法律瑕疵，对不良资产清收工作造成困扰。

7. 诉讼仲裁管辖

在前述的多层嵌套交易结构中，涉及的交易众多，而实践中往往出现每笔交易的交易文件中均按照各方理解或交易习惯不同各自约定争议解决方式的情形。一旦出现资管业务发生风险乃至产生不良，于诉讼阶段管辖约定混乱的弊端就将显现。各层交易的参与各方均主张以自身诉讼成本最低的方式参与诉讼，而目前法律及相关司法解释并未针对此类复杂交易结构的司法管辖权明确规定，使得仅前期管辖权争议的解决就将浪费大量的司法资源和诉讼成本，同时拖延了实体不良清收工作的进度，降低了效率。

8. 刑民交叉

资管业务数额一般都较大，过程中无法避免出现参与各方工作人员发生道德风险的情况，严重时可能触犯刑法。尤其是在资管业务出现不良时，涉及刑事犯罪案件的概率也更大。而依照法律，出现刑事案件与民事案件交叉的情况，优先处理刑事案件。这样一来，对于民事诉讼而言将会陷入较长的停滞，对于实际债权人权利保护不利。刑事案件的最终结果将对民事诉讼结果造成重大影响，可能使实际债权人无法达成理想的诉讼结果。也容易被其他当事人利用成为阻碍资管业务不良资产清收的工具。

（二）信贷规模和大额贷款监管指标压力

表外不良资产（包括所有的非标资产）用贷款接回资产负债表，就会占用商业银行的信贷规模。由于非标资产的金额通常较大，回表后可能划分为大额贷款，而监管要求农村中小金融机构的大额贷款占贷款总额的比例不得大于30%,若非标大量回表,可能导致部分银行的大额贷款占比指标超过监管规定。

(三)非标资产回表后的资本充足率压力

资本充足率当前的监管要求是除大型银行外按10.5%的标准,对于以非标债权为底层资产的银行资管业务资产回表,若回表资产规模较大,风险权重较高,对于原本资本充足率水平就不高的银行将造成很大压力。

(四)城商行、农商行异地放款限制

2011年之前,很多城商行和农商行表内资产通过信托或其他资管计划绕道放款,为了能够全国找资产,实现资产端的全国扩张。但2011年两会期间,当时副总理点名批评城商行的盲目扩张。随后,银监会禁止了城商行和农商行异地开设分行。

现阶段大部分监管采取窗口指导的方式要求城商行和农商行“贷款不能出市、资金不能出省”,限制了城商行和农商行的异地放款行为,而投资标的或项目在省外的非标资产回表后是否属于突破异地放款限制的监管套利行为,还需要监管进一步出台制度明确。

(五)资产回表的会计处理难题

在实践中,对于商业银行表外理财资产,一般是根据资产穿透底层后的资产性质来进行回表,例如债券类资产,按照持有目的应分别划入持有至到期投资、交易性金融资产、可供出售金融资产等科目;股权类资产,根据持有目的分别划入长期股权投资、应收款项类投资等科目;信贷、类信贷资产则根据具体情况选择贷款类科目或应收款项类投资科目。但对于商业银行表外部分投资的非标资产,由于银行本身无法控制底层资产配置的种类和比例,如底层资产既有同业、债券、非标或股权,则无法按照持有资产的目的来进行会计分类,存在很大的管理困难和风险。同时,回表资产已发生信用风险,是通过交易还是原状返还,是以原始投资成本、原始成本加理财客户投资收益还是按回表资产估值,回表方式和价格都缺乏合理标准。

(六)现行税收优惠政策不利于商业银行不良资产回表

按照国家税务总局《关于金融企业涉农贷款和中小企业贷款损失税前

扣除问题的公告》规定，涉农贷款、中小企业贷款满足一定条件的，可按规定计算确认贷款损失进行税前扣除。而我们知道非标业务底层资产，绝大多数都不会投向涉农和中小企业，这样非标不良按底层资产属性回表后，很难享受到国家的税收减免政策，对于商业银行的盈利水平也会造成额外的压力。

（七）标准化资产的回表也存在政策和违约处置的障碍

根据资管新规要求，非标资产可以在2020年底前逐步回表，但对于标准化资产，监管并未给出回表通道。同时，对于出现风险的标准化资产，其违约处置也存在极大难度。一是债券违约后，债券的流动性完全丧失，很难通过二级市场进行处置；二是违约债券大多采用信用方式发行，无担保措施，资产保全无有效抓手；三是违约债券大多数在异地，银行掌握的发行人资产信息极少，对发行人缺乏充分的了解；四是违约企业通常存在经营已严重恶化、债务规模庞大和实际控制人背景复杂等多种因素，诉讼时间较长，即使胜诉也无可处置资产，清收极为困难。

（八）大规模非标资产回表对宏观层面流动性产生压力

目前银行表外理财尚未搭建起流动性监管体系，如果商业银行大规模表外非标资产回表，或者表外投资标准化资产的理财产品回表，以及部分表外代销回表同时发生，将执行流动性比例、流动性覆盖率等表内流动性管理要求，则可能使整个金融体系流动性收缩压力凸显。

若商业银行通过募集的理财资金发放委托贷款或者信托贷款给授信客户提供融资，则整个过程都在表外进行，而表外资金不需要缴存法定存款准备金，不会被冻结，而一旦商业银行后续进行表外非标资产回表的操作，通过吸收的存款发放表内贷款的形式提供融资，则存款部分由于法定存款准备金的要求，需要被央行冻结约10%，即只要表外资产回表，整个银行业就会被央行冻结很大比例法定存款准备金，也会对整个金融体系的流动性都造成压力。

三、表外不良资产回表的思考和建议

(一)浮亏债券资产的处置

银行理财此前因为可使用摊余成本法估值,实现收益调节,可以将产品浮亏降到最小或无限期延后。但资管新规落地后,监管设定过渡期节点,那么2020年所有隐藏的浮亏都必须浮出水面。

债券资产的浮亏面临着债券价格大幅度偏离市场价格问题。但为了老产品预期收益率必须刚兑的诉求,那么在过渡期后期,能否通过银行自营资金给予补偿,或者通过关联交易将问题资产转入表内,尚需监管机构予以明确。

(二)加强商业银行不良资产回表的积极性

表外不良资产回表面临着诸如央行狭义信贷规模限制、资本充足率、城商行和农商行异地放款等限制,如果过渡期内完成大部分非标资产的回表方式操作,很有可能出现系统性的金融风险,而且不同区域、不同规模的商业银行面临的具体风险情况也不尽相同。

建议监管机构积极与商业银行沟通,考虑多维度加强商业银行对于不良资产回表的积极性。通过完善过渡期间以及之后的配套制度,出台更多个性化的配套安排,例如,定向开放狭义信贷规模、适度放开城商行和农商行的异地放款限制、大额贷款限制等方式帮助各种规模的商业银行顺利完成表外非标资产回表。同时出台如资管业务核销税收抵扣等优惠政策,让金融机构在过渡期内尽快找到执行政策的方法和抓手。

(三)加强表外不良资产清收

表外不良资产回表只是手段不是目的,真正解决银行不良资产问题,还需要加大清收力度。对于表内不良资产的处置清收,不论在不良资产的定价、评估及最后的转让处置方面都有许多案例可以参考借鉴,但对于表外不良资产的清收,现阶段整个行业都处在探索的阶段,表外不良资产存在行业集中度高:多集中在两高一剩、房地产、传统产能过剩行业等表内信贷限制投向的行业;交易结构复杂,多层嵌套,权责关系不明晰;没有明确的估值、定价方法等特点,这些都给银行表外不良资产的处置清收造成了很大的困难。同时结合前述一系列表外不良资产回表处置的法律问题,亟待监管部门与司法机关在监管与法律层面共同为金融机构指出解决路径。

我国证券纠纷调解机制研究*

陈明克**

内容提要　证券纠纷调解机制具有专业化水平高、灵活便捷且能保护双方当事人隐私的特点，因而应当成为证券纠纷解决的重要选择。但我国证券纠纷调解仍然存在调解机构权威性不足、调解协议效力不足以及调解衔接机制不畅等问题。因此，应积极探索建立证券纠纷申诉专员（Financial Ombudsman System，FOS）制度，可将证券业协会调解中心进行机构改造，增强其"准官方"色彩，通过制度切断该机构与金融机构的利益联系，提高证券调解机制的公信力。同时，赋予调解协议"单方强制执行力"，增强调解机制对当事人尤其是证券金融机构的约束力。最后，通过委托调解、发布指导性案例以及联动协调等方式完善诉调对接机制。

关键词　证券纠纷　调解　申诉专员　诉调对接

随金融创新的发展，证券市场越发繁荣。但是另一方面，立法对金融创新产品、工具、技术以及市场变化难以及时跟进，相关监管也明显滞后。因而在证券市场，虚

---

* 本文已发表于《武汉金融》（全国中文核心期刊）2018 年第 4 期，特此声明。

** 中国政法大学民商法博士研究生，四川省高级人民法院法官。

假宣传、内幕交易、市场操纵等违法行为层出不穷。证券投资者、消费者与证券机构产生诸多纠纷。归结起来,这些纠纷呈现如下特点:一是纠纷波及面广,某一类型纠纷往往涉及众多金融投资者和消费者。二是纠纷专业性强,尤其涉及证券产品的复杂知识,也涉及证券经营管理的具体环节。三是纠纷面临法律漏洞,增加了纠纷解决的难度。在证券纠纷多元解决途径当中,调解机制具备较高的专业化水平,灵活便捷且能保护双方当事人隐私,越来越成为证券纠纷解决的重要选择。

一、我国证券纠纷调解机制的现状考察

(一)我国证券纠纷调解机制的实施背景

在纠纷解决多元化背景下,诉讼、仲裁、信访以及调解同为证券纠纷解决的重要方式,但相比证券纠纷调解,其他三种方式皆存在很大的局限性。

其一,诉讼具有较强的程序约束,时间、金钱成本较高。因而,司法救济途径并不适合证券市场对于效率的追求。对此,有的学者评价,“诉讼尽管能处理纠纷,但却难以化解双方当事人的矛盾,券商与投资者之间的对立终究不利于证券市场的发展。”除此之外,最高人民法院通过司法文件或者指导性案例,限制了一些证券纠纷实现司法救济的途径,再加上立法滞后性和证券市场创新的矛盾突出,一些证券纠纷甚至无法可依。

其二,仲裁途径虽然具有保密和时间优势,但局限也非常明显。仲裁以自愿性为前提,在证券纠纷当事人未达成合意的情况下,仲裁并不能发挥其应有的功能。仲裁类诉化倾向明显,由于司法审查的存在,仲裁机构迫于被撤诉的压力,特别在注重法律适用方面与法院保持一致。仲裁裁决的依据通常也是法律,而非证券行业惯例或者标准。在立法滞后于证券市场创新的情况下,仲裁同样陷入无法可依的困境。相比而言,仲裁也不具备成本优势,甚至比诉讼也要昂贵得多。这也造成与证券纠纷的巨大规模相比,仲裁解决的证券纠纷案件并不多见。

其三,信访途径也无法有效解决证券纠纷。根据相关统计,证监会办公厅每年受理群众来访3000余件,有80%属于举报、投诉类事项。这其中又有大半和证券民事纠纷有关。但信访属于非透明的民意表达机制,信访机构也不能启动严格意义上的纠纷处理和案件调查程序。因而无法从根本上解决证券纠纷的事实认定和法律适用问题。

(二)我国证券纠纷调解机制的内部结构

调解机制是证券纠纷解决的重要途径,也是金融投资者保护的重要内容。我国《证券法》第176条赋予了证券业协会对会员之间、会员与客户之间证券业务纠纷进行调解的权力和职责,而中国证券业协会也先后公布了的《中国证券业协会证券纠纷调解工作管理办法》(以下简称《管理办法》)、《中国证券业协会证券纠纷调解规则》(以下简称《调解规则》)等规范性文件,对证券纠纷调解的组织框架、受案范围、调解效力、调解员选任、调解程序、经费来源等工作提出指导和规范,证券纠纷调解机制也由此得以初步建立。

1. 调解对象

顾名思义,证券纠纷是调解工作的对象。从纠纷的类型来看,它包括投资人与经纪商之间的委托合同争议、投资人与证券投资顾问公司之间因投资顾问行为所发生的争议、经纪交易商相互之间的争议、证券发行人与证券承销商之间因承销合同所产生的争议等。而从纠纷双方当事人来看,它广泛存在于证券业协会会员之间,会员与证券投资者之间,以及会员与其他利益相关者之间。例如,在中国证券业协会公布的一件证券纠纷案例当中,某证券公司营业部员工刘某让客户汇款入自己账户并以自己名义购买理财产品,而后刘某代替客户进行理财产品赎回,但发生重大亏损。由于购买理财产品导致投资者与证券公司发生纠纷,在投资者提出调解请求后,中国证券业协会予以了受理。[1]

2. 组织机构

中国证券业协会下设证券调解专业委员会,其基本职能在于建设和落实证券纠纷调解制度,完善调解工作机制,开展证券纠纷调解研究与评估工作,选任调解员,指导调解中心运行,协调调解中心与地方协会工作等。证券纠纷调解中心是调解机制的具体实施部门。调解中心主要承担证券纠纷调解的受理、组织以及实际调解处理等工作。除此之外,它在调解员队伍建设,调解工作协作,调解与诉讼、仲裁、信访等工作对接,以及调解宣传、交流等工作方面承担较多职责,起到投资者风险教育的功能。例如,在天津市证

---

〔1〕 参见《证券纠纷调解典型案例(三)》,载中国证券业协会官网,http://www.csrc.gov.cn/pub/jiangsu/xxfw/tzzsyd/201503/t20150330_274301.htm,2017年6月15日访问。

券业协会受理的一起案件中，由于客户自身操作失误，导致本来为"卖出"的操作成为"买入"。天津市证券业协会在了解事实和证据的前提下，判断上述行为属客户误操作所致，进而向客户做了耐心解释，帮助客户分析了误操作发生的原因及预防措施，客户也接受了建议，撤销了投诉。[1]

在纵向组织架构方面，证券纠纷调解机制注重发挥地方证券协会以及证券协会会员（证券公司）的作用。除了调解中心与地方证券协会存在工作协调和对接关系外，中国证券业协会还要求证券公司指定证券纠纷调解工作联络人，通常由该公司合规部、法律部或投诉处理主管部门负责人承担相应职责。其目的在于加强证券纠纷投诉机制和行业调解机制的衔接，从而为证券纠纷调解提供必要条件。

3. 调解程序

调解程序始于纠纷当事人单方或者双方的申请，当事人可以通过在线申请平台或任何调解中心认可的方式向调解中心提出申请。但在属地原则下，地方证券业协会可以承办调解中心转移过来的证券纠纷。根据当事人申请及案件复杂情况，调解组织可选择简易程序或普通程序开展调解。具体案件调解员既可由当事人选定，也可由当事人委托调解组织代为选定。调解达成一致的，简易程序调解员可要求双方签订调解协议；普通程序调解员应当制作《调解协议书》并要求双方签字，当事人也可以要求调解员和调解组织签字确认。

二、我国证券纠纷调解机制的现实困境

（一）调解机构权威性不足

《证券法》授权证券业协会组织证券纠纷调解工作。但是证券业协会作为自律性组织，其作出的决定效力偏弱，甚至没有强制执行力，因而造成调解权威性不足的缺陷。具体而言，证券业协会作为调解机构，其权威性缺乏表现如下：其一，经调解机构签字盖章的调解协议效力仅相当于民事合同，调解机构缺乏强制手段保障调解协议的执行。证券业协会作为自律性组织应当发挥更多的监督、指导功能，通过违法信息披露等手段督促违法证券金

〔1〕 参见《证券、基金纠纷调解案例选编（一）》，载天津市证券业协会，http://www.tjsa.org.cn/securities/showinfo.do?icode=201703140001&type=160100，2017年6月20日访问。

融机构履行调解协议。长期来看,证券业协会调解中心应当转变为证券纠纷的专门调解组织,通过立法赋予其强制手段,加强对证券金融机构的约束。比如,要求证券公司承担更多的义务,自觉认可并履行调解不成之后作出的决定等。其二,调解机构公信力不足。就证券纠纷调解的各方参与主体来看,包括证券业协会调解中心、投资者、证券公司、证券交易所、证券登记结算机构等。除投资者外,其他主体均为证券业协会的会员,这难免给投资者造成调解机构偏袒证券公司等会员单位的印象。就案件形成来看,往往存在证券公司利用信息优势侵害投资者的现象。在参与调解的能力方面,证券公司又明显高于投资者。在调解机构未对投资者作出倾斜性保护政策情况下,投资者对调节机构公信力普遍存疑。从调解员的组成结构来看,其来源缺乏广泛性。从中国证券业协会公布的第1批调解员工作领域来看,70%的调解员来自证券公司,而来自律师事务所、高校科研机构等领域的调解员不足10%。在人员构成的选择上,投资者并无太多的选择权,造成纠纷当事人对调解机构缺乏信任,最终导致调解机构公信力下降,调解机制功能受到较大限制。

(二)调解协议效力不足

《管理办法》规定,调解协议经各方当事人签字盖章后具有民事合同性质。作为合同,它并不具备强制执行的效力,自然也就存在履行不虞的风险,当事人也可能无法实现合同赋予的权利。调解协议本身不具有司法上的强制执行,客观上造成了调解协议效力不足。就目前实现调解协议效力的途径来看,当事人主要采用以下方式:一是申请公证机关依法赋予强制执行效力。《最高人民法院关于建立健全诉讼与非诉讼相衔接的矛盾纠纷解决机制的若干意见》(以下简称《若干意见》)规定,经行政机关、人民调解组织、商事调解组织、行业调解组织或者其他具有调解职能的组织对民事纠纷调解后达成的具有给付内容的协议,当事人可以按照《公证法》的规定申请公证机关依法赋予强制执行效力。二是申请人民法院确认调解协议效力。《若干意见》还规定,当事人达成的具有民事合同性质的协议,经调解组织和调解员签字盖章后,当事人可以申请有管辖权的人民法院确认其效力。三是申请人民法院强制执行被依法公证或者被依法确认效力的调解协议。无论是公证机关对证券纠纷调解协议进行公证,还是人民法院依法确认证券纠纷调解协议的效力,两者都具备了强制执行的效力。另外,上述程序虽一定程度上有助于调解协议效力的增强,但也存在现实问题困扰调解协议的履行。

第一,调解协议效力确认程序复杂,不利于发挥效率。当事人达成的调解协议需公证机关予以确认其强制执行效力,或者需人民法院确认其效力,进而实现调解协议的可强制执行性。因此,证券纠纷经过调解达成协议、协议被确认效力、协议被最终强制执行这一复杂程序,大大增加了当事人成本。除此之外,由于证券市场行情稍纵即逝,对于程序的效率性要求很高。因此,复杂的程序设计还可能剥夺了投资者的交易机会,悖离纠纷解决机制保护投资者、消费者的初衷。

第二,调解协议效力确认程序需要双方当事人提出申请,这一设计容易导致调解协议效力确认陷入僵局。调解协议双方当事人是否同时向人民法院提出确认协议效力申请,对此立法并无明确规定。但是,根据《人民调解法》第33条的规定,经人民调解委员会作出的调解协议,如需向人民法院申请司法确认,需要双方当事人同时提出。在这种情况下,证券纠纷调解协议的义务方如果既不履行调解协议,也不配合对方当事人提出司法确认申请,那么调解协议仍然无法进入效力确认程序。

第三,调解协议达成以后,当事人仍然可以寻求其他纠纷解决途径,这造成调解协议缺乏权威性,进而破坏证券纠纷调解机制的功能。根据《人民调解法》第32条的规定,即便达成调解协议,当事人就协议内容或协议履行存在争议,当事人亦可向人民法院提起诉讼。根据《若干意见》第20条的规定,对于调解协议的效力问题包括请求变更、撤销调解协议,请求确认调解协议无效,或者请求履行调解协议,当事人均可向人民法院提起诉讼。如此一来,证券纠纷的调解协议面临较大的不确定性,其效力也存在较大不稳定性。这也导致当事人偏向于选择诉讼方式解决自身证券纠纷。

(三)调解衔接机制不畅

证券纠纷的调解衔接机制指的是调解方式与其他纠纷解决方式在证券纠纷处理过程中的对接、合作。由于证券纠纷在"解决链条"上分别与证券机构自身投诉反馈机制、诉讼(仲裁)解决机制相连接,因而处理好与这两种纠纷解决机制的衔接问题也有助于调解机制本身的高效运行。就目前实际情况来看,证券纠纷调解的衔接机制并不完善。

1. 诉调对接机制不畅

一是诉调对接程序繁复,降低了证券纠纷解决的效率。证券纠纷当事人达成调解协议后还面临执行问题,若一方耽于执行,另一方则需通过司法程序解决争议。《人民调解法》以及最高人民法院相关司法解释[1]对此规定了相应程序。当事人首先应当申请人民法院确认调解协议效力,然后可申请人民法院强制执行。但是,当事人对调解协议的内容存在争议,或者要求变更、撤销调解协议的,还需要向人民法院提起诉讼。由此看来,在司法程序和调解机制的对接方面还存在司法确认、强制执行、诉讼等程序,繁复的对接程序不仅降低了调解协议的效力,还增加了当事人解决纠纷的成本,降低了效率。二是诉讼与调解案件"冷热不均",缺乏案件导流机制。就实践来看,大部分案件直接进入诉讼程序,另外,虽然证券业行业协会在调解机构和规则建设取得成绩,但是尚未吸引到足够的案源。以上海市为例,2012～2014年间,上海市法院系统受理证券纠纷类一审案件分别49起、76起、246起。[2] 而2013年上海市证券同业公会证券纠纷调解机制年办案量仅3件,并且有两件系中证协纠纷调解中心转办。三是人民法院和中国证券业协会以及地方证券业协会的诉调对接尚未形成成熟的工作制度,人民法院具备法律专业性,证券业协会调解机制具备技术专业性,尤其是人民法院对证券业协会调解工作的指导和监督较为原则,缺乏明确规定。

2. 信调对接亟待转型

在中国证监会信访局接待的群众信访案件里,绝大部分属于证券民事纠纷。而且《中国证券监督管理委员会信访工作规则》修订后,证券民事纠纷被排除在信访受理事项范围外,这将导致大量案件将由证券纠纷调解机制解决。目前而言,中国证监会并未完全拒绝金融投资者的诉求主张,而是设立"12386"热线,受理证券期货市场投资者投诉、咨询、建议等。但是,该投诉热线面临将案件转移给各纠纷处理程序的问题。中国证券业协会也积极与中国证监会就行业调解机制和"12386"投资者投诉热线受理机制的对接工作进行协调,但上述协调仅局限于信息沟通协调,尚未形成有效的对接制度与机制。

---

〔1〕 指的是2009年《最高人民法院关于建立健全诉讼与非诉讼相衔接的矛盾纠纷解决机制的若干意见》、2010年《最高人民法院关于扩大诉讼与非诉讼相衔接的矛盾纠纷解决机制改革试点总体方案》等。

〔2〕 参见《2012－2013上海法院证券、期货、信托纠纷案件审判情况通报》和《2014年度上海法院金融商事审判情况通报》。

三、证券纠纷调解机制的完善建议

关于证券纠纷调解,金融法制发达的国家已作出相关探索。例如,美国于2007年设立金融业监管局(Financial Industry Regualatory Authority,FINRA),至今发展为全球最大的证券纠纷解决场所,并且它属于非政府金融监管机构。美国金融业监管局目前共监管美国约4250个证券经纪商、162,155个分支机构和629,525名注册证券代理人。除此之外,美国金融业监管局还通过承包协议为全国性证券交易所提供纠纷解决服务。美国金融业监管局的调解坚持自愿、中立和保密原则,美国金融业监管局实际成为美国证券纠纷调解的专门机构。再如,2009年日本在证券业引入金融申诉专员制度,设立证券和金融商品斡旋咨询中心。日本证券和金融商品斡旋咨询中心对金融机构课以单方面的强制性义务,在接受指定纠纷解决协议中,金融机构必须承诺提供资料证据、接受裁决等。这些创新性制度设计对于我国证券纠纷调解机制的完善极具借鉴意义。

(一)探索建立证券纠纷申诉专员(FOS)制度

证券业协会的行业自律组织特点导致其调解公信力不高,以及调解效力不足。对此,国际上通行的申诉专员制度有助于解决调解组织存在的上述问题。因为作为一种可尝试探索的选项,我们有必要进一步了解证券纠纷申诉专员制度的具体构造。首先,申诉专员机构具有"准官方性"。通常而言,申诉专员机构由行业监管部门设立,专司金融(证券)纠纷调解工作。行政色彩的增强提高了该机构的权威性,尤其是证券投资者增强了对于证券纠纷调解的信心。例如,我国台湾地区成立的金融消费评议中心就是从事金融消费纠纷的机构,该中心虽为财团法人,但其组织、设立,财务与业务监管,董事、监察人的任免等均由"'行政院'金融监督管理委员会"决定。[1]其次,程序具有高效性。[2] 能否高效解决投资者和金融机构的证券纠纷是申诉专员制度权威性获得的重要因素。而能否高效解决纠纷,程序设计又非常关键。申诉专员制度往往结合了正式和非正式程序,根据案情对纠纷

---

〔1〕 参见我国台湾地区"金融消费者保护法"第14条。

〔2〕 See Financial Ombudsman Service, http://www.financial-ombudsman.org.uk/about/aims.htm, last visited May.15,2017.

进行分类处理。同时在程序安排方面,申诉专员制度融合了证券金融机构纠纷投诉与处理、磋商协调、调解等多种方式,各种方式既相互独立,又彼此联系,围绕纠纷解决的目标,提高了纠纷解决的效率。以英国金融申诉专员制度为例,该制度程序上包括金融机构内部处理、案件受理、案件调解与案件裁决等程序,但前三者均受到裁决程序影响,因而能够快速高效的处理证券纠纷。在合理程序的设计下,英国金融申诉专员机构有95%的案件在调解下达成和解。最后,申诉专员制度具备公正性。该制度为保证纠纷调解机构的中立性,在人员独立性和经费保障等方面要求与金融机构无利害牵连。同时该制度注意到证券投资者的弱势地位,因而在制度设计时通常对投资者进行倾斜保护。例如,我国台湾地区"金融消费者保护法"在程序上保障投资者利益,其第20条要求金融机构应在投资者要求时提供相关文件资料,否则将面临金融监管机构的相应制裁。

就我国目前的实际情况来看,短期内可将证券业协会调解中心进行机构改造,增强其"准官方"色彩,选择强制或者自愿方式确定该机构对证券纠纷的管辖权。为维护其公信力,应当保证该机构与金融机构无利害关系,对证券投资者进行倾斜保护。长期来讲,可结合银行、保险行业纠纷,建立统合的金融申诉专员制度,有效调解包括证券纠纷在内的金融纠纷。

(二)赋予调解协议"单方强制执行力"

目前,经证券业协会调解达成的协议仅为民事合同性质,并无强制执行效力。这也是造成证券纠纷调解机制实践困境的主要原因。但贸然赋予调解协议同法院判决一样的效力,也背离了现行司法体制的框架。在证券纠纷调解协议效力设计上,国外相关立法确定的"单方强制执行力"有较强的借鉴意义。英国金融申诉专员制度规定,如金融机构未履行与投资者自愿缔结的调解协议,则金融申诉专员有权向金融监管部门通报该情况。金融监管部门则通过取消营业执照等强制措施约束金融机构履行调解协议。如果金融机构因无力支付调解协议约定的对价,金融申诉专员则会将案件转交"金融服务补偿计划"处理,以保障投资者利益。新加坡金融业争议调解中心作出的调解协议对金融机构具有单方约束力,金融消费者如不认同调解协议,仍可向其他纠纷解决途径寻求救济,金融机构则不具有这一权利。同时为保证金融消费者意思自由,新加坡金融业争议调解中心不能向金融消费者提出是否接受金融机构和解条件的建议。

调解协议“单方强制执行力”通常由法律、调解机构章程或者其他约定来保障实施。在英国，调解协议对金融机构的单方强制执行力规定在金融申诉专员章程内。由于金融机构必须成为金融申诉专员的会员，因而它也必须遵守调解协议“单方强制执行力”的章程规定。因而，如果金融机构不履行业已达成的调解协议，那么意味着它违反了章程规定，进而面临着被剥夺会员资格的处境。在我国台湾地区，金融机构遵守调解协议“单方强制执行力”通常是自愿的，它以书面声明的方式表明自愿接受调解协议约束。我国台湾地区“金融消费者保护法”第29条规定，金融机构事前以书面同意或其他方式表明愿接受调解程序，那么对于调解机构作出给付金融消费者一定额度内赔偿的决定也应予以接受。这一书面声明程序对金融机构虽非强制，但在实践中，金融机构也乐于发表该类声明。这一方面增强了金融机构保护消费者的声誉，另一方面也与调解机构的“准官方”性质有关。

在我国，赋予证券业协会作出的调解协议“单方强制执行力”也具备一定的基础。我国《证券法》第176条赋予证券业协会对会员单位一定的监督处罚权力，同时，证券业协会的活动还接受证监会的支持、指导和监督。因而，证券业协会可在章程中规定调解协议对会员证券机构的单方执行力。如违反该章程规定，证券机构将遭受不利法律后果。如此一来，证券纠纷调解协议的效力将大大增强，证券投资者、消费者的权益也将得到有效保障。

（三）完善诉调对接机制

1. 建立委托调解机制

《关于在全国部分地区开展证券期货纠纷多元化解机制试点工作的通知》指出，加强委派调解或者委托调解试点。在处理证券纠纷过程中，试点法院应充分行使释明权，经双方当事人同意可采取立案前委派、立案后委托、诉中邀请等方式，引导当事人通过试点调解组织解决纠纷。实践中，中国证券业协会与北京市高级人民法院、北京市西城区人民法院等签订了委托调解合作协议，通过法院指导、案件交流与合作、调解员任命等方式在证券纠纷诉讼和调解方式间建立了对接。例如，北京市高级人民法院将中国证券业协会证券纠纷调解中心纳入“北京市法院特邀调解组织名册”，因而大大提高了证券业协会调解中心的公信力，有利于调解协议的达成与履行。

2. 建立示范性判决机制

示范性判决机制指的是法院通过个案判决，对同类型、同系列案件起到示范效果的机制。证券纠纷波及面广,受害者众多,具备群体性纠纷的特点,这类纠纷适合通过示范性判决定分止争。示范性判决能够消除当事人、证券业纠纷调解机构等对法律适用认识误区,确立证券纠纷调解的权威。证券期货监管机构在清理处置大规模群体性纠纷的过程中,也可以将涉及投资者权利保护的相关事宜委托试点调解组织进行集中调解。对因虚假陈述、内幕交易、操纵市场等行为所引发的民事赔偿纠纷,需要人民法院通过司法判决宣示法律规则、统一法律适用的,人民法院应当及时作出判决。

3. 建立证券业证券纠纷调解机构与人民法院协调工作机制

证券纠纷调解机构可与人民法院建立联席工作会议机制。证券纠纷调解机构可与人民法院就某类证券纠纷案件进行沟通,请求法院在案件的受理范围、法律责任、赔偿标准等方面作出相对统一的解释,从而为证券纠纷调解创造结案条件。同时,人民法院应当对证券纠纷调解机构业务进行指导,规范程序,明确法律适用,对于重大疑难案件加强沟通协调。

农村金融贷款保险制度：创新与规制*

余嘉勉**

内容提要 农村金融的发展与改革需要配套的政策和其他金融创新产品的支持。农村金融贷款保险制度作为农村金融服务惠农的一个制度创新，是以农村小额信贷为标的，把信贷资金的扶持功能和保险的补偿功能合二为一，既有效地防范了信贷风险，也拓展了保险市场的空间，更为金融业和保险业如何结合、在农村发展混业经营提供了一个新的思路。但是，博弈机制的失效和激励机制的缺失，是我国农村金融贷款保险发展的主要“瓶颈”。目前关于农村金融贷款保险制度的学术研究较少，如何从制度层面完善贷款保险的法律制度，从实际操作层面完善贷款保险的运行程序，最大化体现金融服务惠农的宗旨，是农村金融发展与改革过程中需要思考和研究的重要范畴。

关键词 农村金融 贷款保险 再保险

引 言

我国目前没有专业的系统的农村金融贷款保险制度，比较常见的是小额贷款保证保险，全称为小额贷款借

---

* 本文已发表于《农村经济》2018年第10期，特此声明。

** 西华大学法学院副教授。

款人意外伤害保险,是保险公司在农信社(或银行)向农民发放小额贷款时,专门为贷款农民配套提供的一款意外伤害保险。小额贷款借款人意外伤害保险的推出,给农信社设立了第二道风险防护网,也增加了农信社的中间业务收入;同时,也给贷款人提供了保障。产品一经推出,就受到农信社、保险公司和农民的欢迎。但是小额贷款保证保险在城镇金融贷款中比较常见,在我国农村金融领域,由小额贷款保证保险演变而来的农村金融贷款保险业务,起步较晚,发展缓慢甚至停滞不前,在现实实践中仅有一种形式,在农村金融机构和保险公司中被简称为“安贷保”。更兼因其具有“短期性”“特定性”“地域性”“政策性”“微利性”等特性,农村金融机构、保险公司以及农村金融贷款人积极性和主动性都不高。前述种种因素都制约了农村金融贷款保险的发展。

一、我国农村金融贷款保险的功能分析和制度沿革

我国农村金融贷款保险的发展现状、特点和作用,是分析我国农村金融保险制度禀赋的基础,是对我们农村金融贷款保险制度进行创新研究及规制的初始范畴。

(一)农村金融贷款保险的概念内涵

农村金融贷款保险,是指投保人在向农村金融机构贷款时,为了防止自己贷款后人身出现意外事故,如重大疾病、交通事故等,导致身亡或者丧失部分或者全部劳动能力,无力偿还贷款,向保险公司投保金融贷款保险,当发生约定的保险事故而无力偿还时,由保险公司向农村金融机构直接偿还贷款等一种保险形式。随着我国市场经济的快速发展,农村对金融的需求日益增强,但由于农村金融底子薄弱、供给力度低,农村征信体系和信用体系不完整,农村金融机构的不良资产率较高等因素,在这种特殊的背景下,根据市场的内在需求,保险公司和农村金融机构必然联合,产生一种新的独立的业务种类,专门针对农村金融机构发放贷款时的风险,为此提供保险保障,此种保险业务即是农村金融贷款保险。

(二)农村金融贷款保险的特点

在以“安贷保”为代表的农村金融贷款保险业务类型中,由于其本身是金融保险创新的一个产品,与其他保险类型相比较,具有自己鲜明的特点。

1. 投保主体的特定性

在农村金融贷款保险的法律关系中,投保主体具有相对特定性:一是身份特定,投保人必须是贷款人本人,而且是向农村金融机构申请贷款的人,只有贷款人才能够有资格申请农村金融贷款保险项目,其他人不具有投保人资格;二是债务特定,贷款人必须是向农村金融机构申请贷款成功的人,形成了合法的债权债务关系,保险公司方可为投保人办理农村金融贷款保险,贷款不成功,则无办理保险的必要;三是投保人年龄和健康状况特定,一般而言,农村金融贷款保险的申请人必须符合保险公司要求的年龄范围,并且身体健康状况良好。如中国人寿保险公司在其农村金融贷款保险业务中要求投保人的年龄限制是18周岁到65周岁,且身体健康。

2. 被保险主体的特定性

农村金融贷款保险的法律关系中,被保险主体也具有相对的特定性,即被保险人必须是在农村金融机构申请贷款的人,在城市金融机构申请贷款的人不能成为农村金融贷款保险的被保险人。同时,必须是在农村金融机构申请贷款成功了的人,即和农村金融机构之间建立了合法有效的债权债务关系之后,农村金融贷款保险的被保险人资格才成立。

3. 保险性质的人身特性

农村金融贷款保险具有人身性质,这是与城市中一般商业保险所不同的。目前,经营农村金融贷款保险的保险公司都是人身保险公司,这是因为农村金融贷款保险是以投保人出现特定的人身伤亡事故、重大疾病等为保险对象的特殊险种,是属于人身保险的范围。同时,农村金融贷款保险与一般的人身保险也有所不同,一般的人身保险因出现人身事故概率低而具有长期性;而农村金融贷款保险一般是和农村金融贷款期间一致,这一贷款期间较短,一般最短3个月,最长3年。农村金融贷款保险的保险期间在贷款期间内,具有短期性的特性,属于短期保险,与一般人身保险的长期性特征是有所区别的。

(三)农村金融贷款保险的功能

1. 有利于农民转移风险、维持农村家庭稳定

我国目前的农村生产和农业发展一般是以家庭为单位,农户向农村金融机构申请贷款从事农业生产与家庭的财产关系较为密切,一般而言一个农村家庭的财产都是混同的且大部分都一起用于农业生产和家庭生活。在

我国传统的农村习惯中,农业生产和家庭之间呈正比关系,一般而言,家庭稳定,农业生产自然稳定高效,农业生产稳定高效也会反过来促进家庭稳定幸福。农户向农村金融机构申请贷款,必然对家庭关系产生一定的影响,而农业生产又是一个受自然环境影响极大的行业,农业具有高风险性。若农民贷款后出现人身伤亡或者重大疾病而丧失还款能力,则对整个家庭的影响较为巨大,甚至会导致家庭危机。农村金融贷款保险的产生,在一定程度上可以缓解这一问题,能够在出现极端情形转移农民及其家庭的风险,维持农村家庭的稳定。

2. 有利于化解农村金融风险

在农村金融贷款保险业务推出以前,由于农村的特性,农村金融机构为了防范和规避风险,人为地设置较为苛刻的条件,审查严格,放款率较低,极大地影响了农村金融机构的效率,也阻碍了农村金融的发展以及金融对"三农"发展的支持和促进。农村金融贷款保险的应运而生,其目的是为了创新信贷管理,提高信贷质量,促进农村金融的发展。这是一种"花小钱、保贷款"的创新举措,实现了农村金融机构和贷款农户之间的互惠互利,实现了农户、保险公司、农村金融机构三者之间的"三赢"局面。因此,农村金融贷款保险的发展,有利于化解农村金融风险,也能在效率和安全方面促使农村金融机构可以将更多的贷款发放给农民,促进农村金融的整体发展。

3. 有利于农村金融保险市场的拓展

农村金融和保险行业两者有着不同的业务范围,但都属于金融领域,农村金融强调的是金融对三农的支持,发挥的是金融的支持功能;而保险行业则是在投保人出现约定的保险事故时给予补偿,体现的是金融的补偿功能。农村金融贷款保险是以小额信贷为标的,把信贷资金的扶持功能和保险的补偿功能合二为一,既有效地防范了信贷风险,也拓展了保险市场的空间,"更为金融业和保险业如何结合、在农村发展混业经营提供了一个新的思路"。[1]

(四)对农村金融贷款保险制度的研究分析

在关于农村金融贷款保险的研究中,学者关注度较低,目前少部分学者对小微企业贷款保证保险和小额贷款保证保险相关问题进行了研究,如巴

[1] 参见张少平、卫刚华:《"安贷保"业务的四种积极作用》,载《西部金融》2007年第9期。

曙松、游春在《我国小微型企业贷款保证保险相关问题研究》中指出,“小微型企业的贷款保证保险的出现,为企业提供了一种新型的融资保障方式,在提高企业的信用水平的同时,又为贷款的提供者——商业银行提供了保障。结合保证保险与小微型企业融资现状,针对小微型企业贷款保证保险发展存在的问题和不足,提出了对该业务发展的针对性建议,助力小微型企业贷款保证保险更好更快地发展”;[1] 徐淑芳在《小额保险经营模式研究》一文中研究、分析了小额保险的三种经营模式“互助或合作保险模式、合作—代理模式及独立经营模式”,指出“小额保险的经营模式存在着较大的差异性,这种差异性与各国或地区的社会经济条件、发展阶段及制度环境等的不同密切相关”;[2] 晋阳秋在《小微企业贷款保证保险国际发展经验及借鉴》一文中研究了部分发达经济体贷款保证保险业务的发展、运作模式,提出了可为我国发展贷款保证保险提供借鉴的相关经验;[3] 高琦以四川地区为样本,在《小额贷款保证保险发展制约因素及对策研究》一文中通过对比四川小额贷款保证保险模式共同点及制度差异,对比分析政府、银行、保险公司和企业在不同模式下的行为选择,以期找出短期内快速推动小额贷款保证保险工作的关键点,分析未来工作推动的重点和难点,并结合实际提出快速推动业务的几点措施及长期性发展政策建议。[4]

笔者进行文献梳理和综述,发现关于农村金融贷款保险的学术研究较少。综观为数不多的研究文献,可以看出学者的主要研究点在于“小微企业贷款保证保险”或者“小额贷款保证保险”,这些贷款保证保险制度是大框架的贷款保险制度,其贷款主体为中小企业和城镇居民,一般流行于城镇金融贷款领域,并不是适用于服务“三农”的农村金融这一特殊领域的特殊贷款保险制度。而且这些研究没有明确提炼并研究小额贷款保证保险中关于农村金融贷款保险的概念、内涵、范式和制度禀赋,即使偶然提到,这些研究范式和结果也未必适应农村金融的发展和需要。换言之,贷款保证保险制度是农村金融贷款保险制度的上位概念,农村金融贷款保险应当具有自己独

[1] 巴曙松、游春:《我国小微型企业贷款保证保险相关问题研究》,载《经济问题》2015 年第 1 期,第 1 页。

[2] 徐淑芳:《小额保险经营模式研究》,载《保险研究》2008 年第 10 期,第 93 页。

[3] 参见晋阳秋:《小微企业贷款保证保险国际发展经验及借鉴》,载《时代金融》2017 年第 5 期,第 113 页。

[4] 参见高琦:《小额贷款保证保险发展制约因素及对策研究》,载《保险园地》2015 年第 10 期,第 61 页。

特的概念、内涵、范式和制度禀赋及其规制方法。本文在保证保险的相关制度框架下,基于农村金融的特殊概念内涵和特定属性,对农村金融贷款保险制度进行分析和阐释,以期在农村金融贷款保险制度创新研究方面抛砖引玉。

二、我国农村金融贷款保险发展现状和"瓶颈"

目前,我国还没有开展严格意义上的农业贷款保险,期间只有"安贷保"算是农业贷款保险,从 2004 年开始,我国不少地区(如浙江、广东、山东、陕西等省)陆续开办了"安贷保"业务,到目前为止,全国大多数省份已经开展了该项业务,主要是各地农村信用社与保险公司(主要是太平洋人寿)联合开办该业务。"安贷保"通过借款人、贷款人、保险公司三方合作,部分地解决了农户贷款难、信用社贷款还款难和农业保险公司发展难这一难题,部分地实现了借款农户、放贷机构和保险公司的"三赢"。但在调查中也发现,"安贷保"存在保险获得赔付的条件苛刻、期限短,有时与贷款周期不一致、保费和其他费用是贷款农户的一笔不小开支、不能很好地规避贷款农户的贷款风险等问题。"安贷保"与其他农村人寿等产品一样,借助与农业贷款机构合作进行营销,没有办法真正破解农户贷款的难题,不能从根本上解决农户贷款难的问题,需要不断进行产品、制度和体制的创新,真正解决农户贷款难、农业贷款还款难和农业保险发展难等问题。

究其根本原因,一是在于政府和农村金融贷款保险市场主体之间的博弈机制失效。农村金融贷款保险具有政策性和微利性,政府扶持的政策性和短期性与市场主体的预期稳定性和长期性之间的博弈没有整体的具体的指导和规制;服务"三农"背景下的政府政策指导下的农村金融贷款保险的微利性和市场主体的逐利性之间的博弈缺乏达到平衡和长期发展的机制和平台。二是缺乏正式制度激励机制,没有正式的自上而下的激励机制,农村金融贷款保险的发展缺乏制度性的长效的发展激励机制。因此,博弈机制的失效和激励机制的缺失,是我国农村金融贷款保险发展的主要"瓶颈"。

三、农村金融贷款保险的国外实践经验与启示

(一)贷款保证保险业务起源及发展

农村金融贷款保险是贷款保证保险的一种业务类型,贷款保证保险是

指权利人直接向保险人投保债务人信用风险的一种保险,是一项用于管理企业风险的保险业务,即由投保人(借款人)向保险人交付保费,保险人按照约定,在投保人不能按贷款合同的约定归还被保险人(银行)的贷款时,由保险人在保险金额范围内予以赔付的保证保险合同。[1]

现代保证保险业务起源于英国,并在美国逐渐发展成为一种全球普及的商业模式。18 世纪初,英国开创了忠诚保险业务,设立了雇主损失保险公司,是现代保证保险业务的起源。1876 年,美国一些州开始开展小微企业融资保证保险和住房贷款保险业务。而后各西方发达国家也相继互相借鉴并建立了适合本国国情的保证保险制度。1908 年,保证保险业务的国际组织(信用保证保险协会)成立,全球 650 家保险公司加入该组织,标志着保证保险业务进入加速发展阶段。目前,在一定程度上,保证保险已经发展为继财产保险、人寿保险之后,保险业的第三大核心业务。

国外农村金融贷款保险源于保证保险,经过不断发展,农村金融贷款保险从保证保险产品中衍生出来,并且成为一个相对独特的金融产品。目前主要是在一些发展中国家(如墨西哥、菲律宾、巴西和巴拿马等国家)较为流行。进入 20 世纪 70 年代以来,发展中国家都面临农业和农村发展问题,“农村金融抑制”现象突出是其中一个非常重要的制约因素,为此各国都不断地进行尝试改进,比如发展农业小额贷款、农业保险等,农业贷款保险作为一项有益的尝试和制度创新,在不少发展中国家进行了探索,其中巴拿马农业贷款保险应该是做得比较好的国家,农业贷款保险有大大改善银行的信贷风险能力和提高了银行业务增长的潜力,既直接分担农民支付的保费,又起到了减少政府给予的经营补贴来为自己经营的重要作用。农业贷款保险从根本上消除农业贷款风险的隐患,维护农业贷款者利益和金融业稳健经营与安全。

(二)国外贷款保证保险运作模式

在发达国家中,美国和日本的贷款保证保险业务发展较为成熟,制度完善,最具有代表性。概括而言如下:

1. 美国的贷款保证保险业务模式

美国的贷款保证保险业务发展较早,目前已经形成市场化程度较高,政

---

〔1〕 参见巴曙松、游春:《我国小微型企业贷款保证保险相关问题研究》,载《经济问题》2015 年第 1 期,第 1 页。

府支持力度大的保险业态。在业务管理上,美国联邦政府严格管控贷款保证保险业务的市场准入,仅对符合监管要求的保险公司发放保证保险经营执照。在政策层面上,1953 年颁布的《小微企业法》明确了联邦政府对小微企业融资的扶持态度。联邦政府设立小微企业署,成为扶持小微企业发展的官办机构,为小微企业提供多种金融服务(如直接提供贷款、提供担保、咨询等)。小微企业署在各州设立派出机构。各州根据联邦法律框架设立自己的小微企业担保政策,对担保金额和担保费率作出具体规定。在获得小微企业署担保后,美国的小微企业既可以从银行获得贷款。当小微企业贷款违约时,小微企业署承担代偿责任,损失由州、联邦两级政府补贴。在市场层面,很多保险公司也从事小微企业贷款保证保险业务,银行向保险公司缴纳一定保费,小微企业违约风险就部分或全部分摊至保险公司,银行向小微企业发放高风险贷款的同时降低了自身的风险暴露。

2. 日本的贷款保证保险业务模式

相比美国高度市场化的保证保险业务,日本的小微企业贷款保证体系主要由国家主导。有贷款需求的小微企业向信用保证协会缴纳一定会费,加入信用保证协会。协会会员在协会担保下向银行借款。当贷款形成违约时,信用协会承担代偿责任,向银行偿还贷款本息。信用协会还款来源的70%由中小企业综合事业团(政府官办机构)提供,其他部分则由协会会费弥补。协会在履行代偿职责的同时取得贷款的代位追偿权,若协会最终收回贷款本息,则将中小企业综合事业团补偿金退回,否则,损失由综合事业团和政府共同承担。

四、农村金融贷款保险制度禀赋、创新及规制

在研究分析国外农村金融保险制度的立法和实践经验的基础上,探讨我国农村家金融在本土化的制度禀赋框架下,如何进行法律移植和借鉴,如何进行创新和规制,构建政府与市场主体之间有效的博弈机制和制度激励机制,是农村金融发展与改革过程中需要思考和研究的重要范畴。

(一)完善保证保险法律法规和制度

完善的保险法律制度体系是贷款保证保险有序健康发展的前提。综观贷款保证保险业务发展成熟的国家可以发现,这些国家都建立了比较完善的保证保险相关法律法规,明确了具体实施细则。日本为保证小微企业贷

款担保机制顺利运行,制定了《小微企业信用保险法》《信用保证协会法》《小微企业信用保险公法》。在制定基本法律框架的同时,还通过各类实施细则对业务环节各方面、各环节(如财务制度、内部控制、信息披露要求等)做出具体规定。美国则在《小微企业法》框架内,各州制定各自的法律规章,规范小微企业贷款保证保险相关业务的运作。我国在加强农村金融改革,推行农村金融贷款保险的同时,应当完善保证保险法律法规和制度体系,为其创造制度前提和保障。

(二)完善社会征信体系建设

贷款保证保险承保的是信用风险,这就需要保险公司对贷款人信用风险做出合理评估,进而设定一个合理利率和保费率,因此健全的征信体系是贷款保证保险良性发展的基础。美国拥有完善的信用制度,征信业发展已有上百年历史,公开化和商业化是其显著特征,Experian、Transunion 和 Equifax 三大信用发布主体每年共计发布超 10 亿份信用报告,数据覆盖美国公民所有信用活动,为美国从事贷款保险的公司提供了重要的风险评估依据。此外,美国联邦政府还通过社会安全号系统记录经济活动参与主题在金融市场上的活动,供金融机构评估客户偿债能力。日本征信业在向产品系列化、深入化、高附加价值化方向发展。征信公司除提供一次性的信用调查外,还可提供追踪调查服务。这些对我国征信体系的建立和完善有着极好的借鉴和移植意义,尤其在农村金融信用体系不完整、不发达的背景下。

(三)建立农村金融贷款保险运营体系

在农村金融改革的进程中,为大力推行农村金融贷款保险,我们建议可以组建全国性的、属于国有控股公司性质的中国农村金融贷款保险总公司,以控股公司的经营模式,主要经营农村金融贷款保险业务,下设省、地(市)和县(市)三级分支机构。

中国农村金融贷款保险总公司初始资金由国家承担,可以占控股地位,其他的股份主张采取定向发行的方式,主要对象为农业信贷织和保险机构,适当引入本地民间资本。国家承担的资金可以从国家财政农业贷款保险专项资金、地方财政农业贷款保险专项资金、国家专项农业贷款保险的部分资金、其他资金等渠道筹措资金。在此基础上,引入本地民间资本,盘活民间金融。

中国农村金融贷款保险总公司是专门从事农业贷款保险的独立的法人实体,实行一级法人制度,按照行政区划设置三级分支机构,自成系统,垂直管理。具体来说,其组织体系可分为四个层次,其主要职责执行国家产业政策,并根据企业发展战略,运用占用的资产,自主经营、自负盈亏,并按董事会制定的目标,具体承担资产保值增值的责任。总公司和省级公司不经营具体的业务,县级公司开展具体的业务,可以自己经营农村金融贷款保险业务,也可委托农村信用社、邮政储蓄银行、农村银行等代理农村金融贷款保险产品。

(四)建立农村金融贷款保险协调管理体系

对我国农村金融贷款保险协调管理体系,可以通过建立国家、省、市和县(市)四级农村金融贷款保险协会来实施有效的管理。中国农村金融贷款保险协会是非营利性社会团体法人,要经由银行监管机构批准、在民政部门登记注册,是由农村金融贷款保险机构自愿组成、为实现会员共同意愿、按照章程开展活动的农业贷款保险自律组织。在全国按照现有的行政体系,设立省、市和县(市)三级协会分会。其主要职责是:按照国家金融法规和政策,以促进会员单位共同利益为宗旨,适应农村金融贷款保险改革和发展的需要,认真履行自律、维权、协调和服务职能,为农村金融和保险的健康发展服务。

(五)建立和完善"再保险"制度

小额贷款保证保险是一类风险较大的险种,在农村金融贷款方面尤甚,这就需要通过再保险、共同保险等方法二次分担农村金融贷款保险公司的风险。再保险亦称"分保"。保险人在原保险合同的基础上,通过签订分保合同,将其所承保的部分风险和责任向其他保险人进行保险的行为。[1] 因此,政府要积极出台相关扶持政策,在制度层面铺路搭桥,为保险公司对接再保险公司,加强合作和实现共赢,鼓励再保险公司为小微企业提供再保险支持,鼓励再保险公司加强对农村金融信用风险的研究,引进国外成熟产品,帮助保险公司完善产品开发和风险分散,提供承保、理赔、精算和风险管

〔1〕 再保险的基础是原保险,再保险的产生,正是基于原保险人经营中分散风险的需要。在再保险交易中,分出业务的公司称为原保险人或分出公司,接受业务的公司称为再保险人或分保接受人或分入公司。

理等技术支持,扩大保险公司对农村金融贷款"三农"主体的承保能力。

五、结语

我国农村金融贷款保险制度在目前并未全国普遍推行,在实践中也存在着指导思想不明确、投保主体限制过多、部分免责条款不合理、理赔程序缺乏法定性等问题。作为农村金融发展大背景下的一种创新制度,农村金融贷款保险不仅具有商业性,同时还具有政策性,在坚持农村金融贷款保险的"惠农属性"的基础上,如何从制度层面完善贷款保险的法律制度,以及从实践操作层面完善贷款保险的运行程序,最大化体现金融服务惠农的宗旨,是农村金融发展与改革过程中需要思考的一个重要范畴。

图书在版编目(CIP)数据

中国民间金融的规范化发展. 2019 / 高晋康，汪蕾主编. -- 北京 : 法律出版社，2020
ISBN 978-7-5197-5067-1

Ⅰ. ①中… Ⅱ. ①高… ②汪… Ⅲ. ①民间经济团体—金融机构—研究—中国—2019 Ⅳ. ①F832.35

中国版本图书馆 CIP 数据核字(2020)第202052号

中国民间金融的规范化发展(2019)
ZHONGGUO MINJIAN JINRONG DE GUIFANHUA FAZHAN(2019)

高晋康 汪 蕾 主编

策划编辑 郑 导
责任编辑 郑 导
装帧设计 李 瞻

出版 法律出版社
总发行 中国法律图书有限公司
经销 新华书店
印刷 北京虎彩文化传播有限公司
责任校对 杨锦华
责任印制 张建伟

编辑统筹 独立项目策划部
开本 710毫米×1000毫米 1/16
印张 18.25
字数 295千
版本 2020年11月第1版
印次 2020年11月第1次印刷

法律出版社/北京市丰台区莲花池西里7号(100073)
网址/www.lawpress.com.cn
投稿邮箱/info@lawpress.com.cn
举报维权邮箱/jbwq@lawpress.com.cn
销售热线/400-660-8393
咨询电话/010-63939796

中国法律图书有限公司/北京市丰台区莲花池西里7号(100073)
全国各地中法图分、子公司销售电话：
统一销售客服/400-660-8393/6393
第一法律书店/010-83938432/8433
西安分公司/029-85330678
重庆分公司/023-67453036
上海分公司/021-62071639/1636
深圳分公司/0755-83072995

书号:ISBN 978-7-5197-5067-1
定价:78.00元